AF550320

Gilbert Keith Chesterton

Der Umriss der Vernunft

Gilbert Keith Chesterton

Der Umriss der Vernunft

Aus dem Englischen und
mit Anmerkungen von Julian Voth

Mit einem Nachwort von Gunnar Decker

Inhalt

Kapitel I. Einige allgemeine Ideen

I. Der Anfang des Streits

Ich wurde gebeten, meine in einer Tageszeitung erschienene grobe Skizze über bestimmte Aspekte des Privateigentums, die in dem derzeit angestimmten journalistischen Hohelied auf das Privatunternehmertum völlig untergehen, hier noch einmal zu veröffentlichen. Allein die Tatsache, dass Journalisten heutzutage so viel über Letzteres und so wenig über Ersteres schreiben, sagt viel aus über die Moral unserer Zeit. Der Taschendieb ist zweifellos ein Verfechter des Privatunternehmertums. Aber zu behaupten, er sei ein Verfechter des Privateigentums, wäre sicherlich übertrieben. Das Problem von Kapitalismus und Kommerzialismus besteht darin, dass beide das Wachstum der Geschäfte predigen und nicht den Erhalt des Eigentums; sie haben bestenfalls versucht, dem Taschendieb ein paar Piratentugenden anzudichten. Das Problem des Kommunismus wiederum besteht darin, dass er den Taschendieb umerziehen will, indem er die Taschen verbietet.

Taschen und Besitz im Allgemeinen genießen anscheinend nicht nur einen angemesseneren, sondern auch würdigeren Schutz als der ziemlich schmutzige Individualismus, der von privatem Unternehmertum spricht. In der Hoffnung, es möge anderen zum Verständnis dienen, habe ich mich dazu entschieden, diese Studien unverändert abzudrucken, seien sie auch flüchtig aufs Blatt geworfen und reine Tagespolitik. Es ist durchaus heikel, sie genauso wieder abzudrucken, weil sie Leitartikel zu einer Kontroverse waren, die hauptsächlich von anderen geführt wurde; aber immerhin vermitteln sie die Kernidee. Auf jeden Fall ist die »freie Marktwirtschaft« kein sehr ehrenhafter Weg, um die Wahrheit eines der zehn Gebote zu verkünden. Aber immerhin hat es eine Zeit gegeben, in der die Marktwirtschaft mehr oder weniger verwirklicht war. Die Manchesterschule[1] predigte einen ziemlich kruden und auch unerbittlichen Wettbewerb; aber sie handelte auch nach ihren Worten.

Die Zeitungen, die heute die freie Marktwirtschaft verherrlichen, predigen hingegen das genaue Gegenteil von allem, was man sich überhaupt nur vorstellen kann. Der ganze Handel und das Geschäftsleben laufen heute auf große kommerzielle Zusammenschlüsse hinaus, die kollektiv, wenn nicht gar kollektivistisch sind – oft imperialer, unpersönlicher und internationaler als so manche kommunistische Volksrepublik. Es ist ja schön und gut, hier und da wiederholt zu fragen: »Wo kommen wir denn da hin, mit diesem ganzen Bolschewismus?« Aber es ist genauso wichtig zu fragen: »Wo kommen wir denn da hin, ohne den ganzen Bolschewismus?« Die Antwort liegt klar auf der Hand – zum Monopol. Und das ist ganz bestimmt kein privates Unternehmertum. Der amerikanische Trust ist kein privates Unternehmen. Da könnte man eher die Spanische Inquisition als ein privates Urteil bezeichnen. Ein Monopol ist weder privat noch unternehmerisch. Es dient ausschließlich dazu, Privatunternehmen zu verhindern. Und auf dieses System des Trusts oder des Monopols, auf diese komplette Zerstörung des Eigentums liefe unser derzeitiger Fortschritt selbst dann hinaus, wenn es auf der ganzen Welt nicht einen einzigen Bolschewisten gäbe.

Nun bin ich einer von denen, die glauben, das Heilmittel gegen die Zentralisierung sei die Dezentralisierung. Man hat entgegnet, das sei paradox. Der Vorschlag, das in die Hände von wenigen geratene Kapital in die Hände von vielen zurückzuführen, ist offenbar skurril und weltfremd. Die Sozialisten würden es in die Hände noch wenigerer Leute geben; aber diese Leute wären Politiker, die es (wie wir wissen) immer im Interesse der vielen ausgeben. Aber bevor ich dem Leser hier die im Eifer des Gefechts der gegenwärtigen Kontroverse geschriebenen Vorschläge unterbreite, scheint es mir zwingend notwendig, sie zunächst kurz einzuführen, einige Begriffe zu erklären und einige der Thesen zu erläutern. In der Tageszeitung diskutiere ich mit Leuten, die die Kurzschrift dieser speziellen Diskussion kennen; aber um wirklich verstanden zu werden, muss ich mit einigen Definitionen oder zumindest Beschreibungen beginnen. Ich versichere dem Leser, bestimmte Begriffe in einer sehr expliziten Bedeutung zu verwenden, während er sie möglicherweise in einer ganz anderen verwendet; und ein derart missverständliches Durcheinander würde eine wirkliche Diskussion, die diesen Namen auch verdiente, schlicht unmöglich machen.

Kapitalismus ist zum Beispiel ein äußerst unangenehmes Wort. Es ist auch eine äußerst unangenehme Sache. Was ich im Sinn habe, wenn ich es benutze, ist klar umrissen, doch ist das Wort selbst ein nur schlecht handhabbarer Begriff. Aber irgendein Wort müssen wir schließlich benutzen. Wenn ich also »Kapitalismus« sage, meine ich Folgendes: »Ein Wirtschaftssystem, in dem eine schwierig festzumachende und relativ kleine Gruppe von Kapitalisten eine derart große Menge von Kapital auf sich konzentriert, dass die große Mehrheit der Bürger gezwungen ist, diesen Kapitalisten für Lohn zu dienen.« Genau diese Situation kann bestehen, und sie besteht auch, und wir brauchen irgendein Wort dafür und die Möglichkeit, über sie zu sprechen. Weil andere es aber in einer ganz anderen Bedeutung verwenden, ist es zweifellos ein sehr schlechtes Wort. Einige scheinen damit lediglich das Privateigentum zu bezeichnen. Andere meinen, alles, was mit Kapital zu tun habe, sei Kapitalismus. Aber wortwörtlich genommen ist diese Definition viel zu ungenau und zu weit gefasst.

Wenn das Kapital Kapitalismus ist, dann ist alles Kapitalismus. Der Bolschewismus ist Kapitalismus und der anarchistische Kommunismus ist Kapitalismus und selbst jedes noch so irrwitzige revolutionäre System ist Kapitalismus. Lenin und Trotzki denken wie Lloyd George[2] und Thomas, dass ein wirtschaftlicher Betrieb von heute etwas für den wirtschaftlichen Betrieb von morgen übrig lassen muss. Und das sei alles, was Kapital im ökonomischen Sinne bedeute. In diesem Fall ist das Wort völlig sinnlos. Mein Gebrauch des Wortes mag willkürlich sein, aber er ist nicht sinnlos. Wenn Kapitalismus Privateigentum bedeutet, bin ich ein Kapitalist. Wenn Kapitalismus Kapital bedeutet, ist jeder ein Kapitalist. Aber wenn Kapitalismus Kapital in Form von an die Massen ausgezahlten Löhne bedeutet, dann beschreibt es etwas, selbst wenn es durchaus auch etwas anderes bedeuten könnte.

Streng genommen müssten wir das, was gemeinhin Kapitalismus genannt wird, Proletarismus nennen. Das Problem ist nicht, dass einige Menschen Kapital haben, sondern dass die meisten Menschen nur darum Lohn haben, weil sie kein Kapital haben. Ich habe die heldenhafte Anstrengung unternommen, beim Umherspazieren in der Welt »Proletarismus«

statt »Kapitalismus« zu sagen, und damit einen dornigen und mühsamen Weg voller Missverständnisse eingeschlagen. Kritisierte ich den Herzog von Northumberland wegen seines Proletarismus, schien das völlig falsch anzukommen. Mein Zugeständnis, der *Morning Post*[3] häufiger beizupflichten, wäre sie nicht so schrecklich proletarisch, wurde plötzlich ein unüberwindliches Hindernis zwischen eben noch einmütigen Geistern. Aber meine Aussage ist streng genommen korrekt, weil die derzeit vorgebrachte Verteidigung des existierenden Kapitalismus bloß die Lohnabhängigkeit verteidigt, d. h. das Fernhalten des Kapitals vom Gros der Menschen. Ich bin kein penibler Mensch, der präzise benennen will, was er nicht meint, sondern einer, der präzise benennen will, was er meint.

Im Vergleich zu ihrer Bedeutung sind mir die Begriffe selbst völlig gleichgültig. Mir ist es egal, ob ich dieses oder jenes gedruckte Wort verwende, das mit einem »K« beginnt, solange es nichts als eine konkrete Sache bezeichnet. Meinetwegen kann ein Begriff so beliebig benutzt werden wie ein mathematisches Zeichen, solange er auch wie ein mathematisches Zeichen akzeptiert wird. Eigentum soll meinetwegen mit x und Kapitalismus mit y bezeichnet werden, solange niemand zwingend daraus folgert, dass x = y. Der Kapitalismus kann auch »Katze« und der Distributismus »Hund« genannt werden, solange die Leute wissen, dass die beiden einander spinnefeind sind. Wie auch immer wir dies oder das derzeit bestehende krasse Gegenteil nennen – der Vorschlag, das Kapital zu verteilen, bleibt derselbe, unabhängig davon, ob wir nun mit ihm zum Ausdruck bringen, dass es zu viel Kapitalismus gibt oder zu wenig. Und es ist pedantisch, zu behaupten, allein die Verwendung von Kapital sei kapitalistisch. Wir könnten genauso gut sagen, alles Soziale sei sozialistisch und die sozialistische Vergesellschaftung ein Gesellschaftsabend oder ein geselliges Glas Wein. Was, wie ich zu meinem Bedauern sagen muss, leider nicht der Fall ist.

Auch die schwammige Verwendung des Begriffs Sozialismus macht eine Definition desselben hier unerlässlich. Der Sozialismus ist ein System, in dem die ganze Gesellschaft für alle ökonomischen Prozesse, oder zumindest für all jene, die das Leben und das Lebensnotwendige betreffen, in die Verantwortung gezogen wird. Wird irgendetwas Wichtiges verkauft, hat der Staat es verkauft; wird irgendetwas Wichtiges vergeben, hat der Staat es vergeben; wird irgendetwas Wichtiges auch nur toleriert, ist der Staat für diese Tolerierung verantwortlich. Durch seine extreme Begeisterung für Autorität ist er das absolute Gegenteil von Anarchie. Weil er die kollektive Übernahme von Verantwortung bedeutet, entspricht er in vielerlei Hinsicht der Moral des gesunden Menschenverstandes, aber es ist dumm, wenn die Sozialisten sich über unsere Aussage beschweren, der Sozialismus zerstöre die Freiheit. Genauso dumm wie der Vorwurf der Antisozialisten, die Zerschlagung einer politischen Opposition durch den bolschewistischen Staat sei unmenschlich und brutal. Ein sozialistischer Staat akzeptiert naturgemäß keine echte und ernst zu nehmende Opposition. Hier sorgt der Staat für alles; aber dass er auch für seine eigene Opposition Sorge tragen sollte, ist schlicht absurd.

Man kann doch nicht zum Sultan gehen und ihm vorwerfen: »Sie haben sich nicht darum gekümmert, dass Ihr Bruder Sie entthronen und das Kalifat an sich reißen kann!« Genauso wenig kann man zu einem König aus dem Mittelalter gehen und sagen: »Würden Sie mir freundlicherweise zweitausend Speere und eintausend Bogenschützen leihen, ich möchte nämlich gerne den Aufstand gegen Sie proben.«

Und noch viel weniger kann man einem Staat vorwerfen, der vorgibt, sämtliche Vorkehrungen zu treffen, er habe keine Vorkehrungen getroffen, die seine eigenen Vorkehrungen zunichtemachten. Opposition und Rebellion setzen Eigentum und Freiheit voraus. Sie können nur dort toleriert werden, wo die Rechte anderer neben dem zentralen Recht des Herrschers etabliert sind. Diese Rechte müssen durch eine Ethik geschützt werden, über die selbst der Herrscher sich nicht hinwegzusetzen wagt. Der Regierungskritiker kann nur dort existieren, wo ein gottesfürchtiges Rechtsverständnis den Anspruch auf seinen eigenen Bogen und Speer oder zumindest den Anspruch auf seine eigene Feder oder seine eigene Druckpresse schützt. Es wäre absurd, anzunehmen, er könne sich die königliche Feder ausleihen, um damit für Königsmord zu plädieren, oder die staatliche Druckpresse, um die Korruption der Regierung aufzudecken.

Der springende Punkt, der ganze Sinn des Sozialismus liegt ja eben gerade darin, dass die Drucker nur dann unterdrückt werden können, wenn alle Druckpressen staatlich sind. Alles hängt von der Gerechtigkeit des Staates ab, alles wird auf eine Karte gesetzt, man legt alle Eier in einen Korb. Viele davon sind faul, aber selbst diese dürften wir bei politischen Veranstaltungen nicht werfen.

Vor etwa fünfzehn Jahren begannen einige von uns, im alten *New Age*[4] und *New Witness*[5] eine Politik des knapp bemessenen, zugeteilten Eigentums zu propagieren, die seitdem die etwas ungelenke, aber treffende Bezeichnung *Distributismus* trägt, und zwar, wie wir gleich damals hätten sagen sollen, gegen die beiden Extreme des Kapitalismus und des Kommunismus. Erste Kritik erfuhren wir von den brillanten Fabiern[6], insbesondere von Mr. Bernard Shaw[7]. Und zwar mit der unverblümten Entgegnung, unser Ideal sei utopisch, es handle sich schlicht um einen Fall von katholischer Gutgläubigkeit an Märchen; die Grundrententheorie und andere Wirtschaftsgesetze würden zwingend die dünnen Rinnsale von Besitz in die große Grube der Plutokratie einmünden lassen. Es war wirklich der fabianische Scharfsinn und nicht die Torheit der Tories, der unserer Vision »Wäre morgen alles aufgeteilt, dann – –« entschieden entgegentrat. Und obwohl wir schon damals und auch später noch viele weitere Antworten gefunden hatten, möchte ich noch einmal auf diesen prinzipiellen Punkt zurückkommen, weil er die Frage erhellt: Es stimmt, ich glaube an Märchen – in dem Sinne, dass ich vor Staunen über all die existierenden Dinge umso bereitwilliger auch all das anerkenne, was existieren könnte. Ich verstehe denjenigen, der an das isländische Wurmmonster glaubt, weil es durchaus mehr Fische im Meer gibt, als jemals aus ihm herauskamen. Und ich verstehe ihn umso mehr, wenn der andere in seinem eifrigen Leugnen der Existenz dieser Seeschlange stur darauf beharrt, es gäbe nicht nur in Island keine Schlangen, sondern auf der ganzen Welt keine.

Angenommen, Mr. Bernard Shaw würde diese Leichtgläubigkeit mit dem Vorwurf kommentieren, ich glaubte sogar die Lügengeschichte eines Priesters, einmal in die Luft geworfene Steine würden dort oben hängen bleiben wie ein Regenbogen. Angenommen, er würde mir freundlich zu verstehen geben, dass ich dieser papistischen Fabel über die magischen Steine sicherlich nicht glaubte, hätte mir jemand vorher das Gesetz der Schwerkraft erklärt. Und einmal angenommen, ich fände später heraus, dass er damit bloß von der Unmöglichkeit gesprochen hatte, einen steinernen Bogen zu errichten, würden die meisten unter uns zwei wesentliche Schlüsse über ihn und seine Schule ziehen. Erstens, dass er offenbar sehr schlecht darüber informiert ist, was es tatsächlich bedeutet, ein Naturgesetz anzuerkennen. Ein Naturgesetz kann anerkannt werden, indem man sich dagegen sträubt, ihm ausweicht oder es sogar gegen sich selbst wendet wie im Fall des Steinbogens. Und zweitens würden wir ihn noch viel entschiedener für erstaunlich desinformiert darüber halten, was alles auf Erden schon errichtet worden ist.

In der Diskussion darüber, ob Kleinbesitz existiert, ist die erste festzuhaltende Tatsache, dass er existiert. Ebenso unverkennbar existiert er nicht nur, sondern hat darüber hinaus auch Bestand. Mr. Shaw behauptete in einer Art abstrakter Empörung, dass »Kleinbesitz nie klein bleibt«. Dass die entschiedenen Gegner von allem, was einem Einzelbesitz auch nur ähnelt, zwei vollkommen widersprüchliche Argumente dagegen vorbringen, ist hochinteressant. Sie erzählen uns ständig, das bäuerliche Leben in südlichen oder anderen Ländern sei monoton, rückschrittlich, mit dem Unkraut des Aberglaubens überwachsen und eine Art Überbleibsel aus der Steinzeit. Und noch während sie uns wegen seines Überdauerns verspotten, behaupten sie, es könne gar nicht überdauern. Sie zeigen mit dem Finger auf den Kleinbauern als unbelehrbaren Ewiggestrigen und behaupten im gleichen Atemzug, er könne gar nicht bestehen, weil er nicht ewig gestrig bleiben kann. Nun ist die erste der beiden Anklagen durchaus diskussionswürdig; aber indem er die Kleinbauern anprangert, gesteht der Kritiker ein, dass es anzuprangernde Kleinbauern gibt. Und wäre es wahr, dass sie seit jeher zusehends im Verschwinden begriffen sind, dann wäre es unwahr, dass sie jene primitiven Bräuche und althergebrachten Überzeugungen haben, die sie nicht nur tatsächlich haben, sondern derentwegen die Kritiker sie auch noch beschimpfen. Sie können vernünftigerweise nicht ein und dieselbe

Sache beschuldigen, antiquiert und gleichzeitig ephemer zu sein. Dass der kleinbäuerliche Besitz nicht kurzlebig ist, ist eine schlichte und unübersehbare Tatsache. Jedenfalls können Mr. Shaw und seine Anhänger nicht behaupten, Bögen könnten nicht errichtet werden, und zugleich, dass sie die Landschaft verschandeln. Der distributive Staat ist für ihn keine Hypothese, die er widerlegen, sondern ein Phänomen, das er erklären muss.

In Wahrheit ist die Annahme, Kleinbesitz würde sich zu Kapitalismus entwickeln, eine genaue Darstellung dessen, was faktisch nie passiert. Das wird sogar durch geografische Fakten gestützt, die seltsamerweise immer übergangen werden. Eine moderne, kapitalistische Industriegesellschaft entsteht, wo auch immer sonst sie entstehen mag, neun von zehn Malen nicht dort, wo es bis dato eine Distributivgesellschaft wie die der Kleinbauern gegeben hat. Der Kapitalismus ist ein in Wüsten wachsendes Monster. Die industrielle Knechtschaft entstand fast überall in den Leerräumen, in denen eine ältere Zivilisation entweder dünn gesät oder gar nicht vorhanden war. Gerade weil der Norden Englands seit jeher vergleichsweise unbesiedelt und wenig entwickelt war, während den Süden bereits Zünfte und Bauerntum prägten, konnte sie dort leichterhand Fuß fassen. Gerade weil sie in Amerika nur ein paar Wilde, in Europa aber eine Kultur von unüberschaubar vielen Höfen verdrängen musste, etablierte sie sich viel müheloser auf dem amerikanischen Kontinent als auf dem europäischen. Von der Lehmhütte zur Industriestadt war es überall nur ein kleiner Schritt. Wo immer es Herren und Leibeigene gab, wurden sie von einem Moment auf den anderen zu Arbeitgebern und Arbeitnehmern. Wo immer es hingegen den wenn auch verhältnismäßig wenig reichen und wenig mächtigen, aber freien Menschen gab, hat allein sein

Gedächtnis einen reinen Industriekapitalismus unmöglich gemacht. Ein Feind hat dieses Unkraut gesät; aber selbst als Feind ist er ein Feigling, weil er nur auf Ödland sät, wo kein Weizen gedeihen und es ersticken könnte.

Zurück zu unserem Gleichnis: Wir halten erstens fest, dass Bögen existieren; und sie existieren nicht nur, sie haben auch Bestand. Hunderte römische Aquädukte und Amphitheater bezeugen, dass sie lange und noch länger als alles andere bestehen bleiben können. Wenn uns eine fortschrittliche Person darüber in Kenntnis setzt, dass ein Bogen sich immer in einen Fabrikschornstein verwandelt oder ein Bogen immer zerfällt, weil er schwächer ist als ein Fabrikschornstein, oder sogar behauptet, dass, wo auch immer er zerfällt, die Leute meinen, ihn mit einem Fabrikschornstein ersetzen zu müssen – nun, dann werden wir so kühn sein, diese drei Behauptungen anzuzweifeln. Das einzig denkbare Eingeständnis wäre, dass das stützende Prinzip des Schornsteins sehr viel simpler ist als das eines Bogens und daher sowohl Fabrikschornstein als auch der Feudalturm eher in der heulenden Wildnis wachsen.

Diese Metapher hat noch einen weiteren Aspekt: Die südlichen Länder dienen uns als ein Vorbild in Sachen Kleinbesitz wie zu bestimmten Epochen in Sachen Steinbögen. Es gab eine Zeit, in der alle Bögen ausschließlich römisch waren, und jemand am Liffey oder an der Themse hätte so wenig über sie gewusst wie Mr. Shaw über den bäuerlichen Grundeigentümer. Wir kämpfen nicht für irgendetwas Ausländisches und wollen den Bogen ebenso wenig als italienisches Flaggschiff etablieren, wie wir die Themse nicht gelb wie den Tiber färben möchten oder besonderen Gefallen an Makkaroni oder Malaria gefunden haben. Das Prinzip des Bogens ist menschlich und ist sowohl seit jeher von der

Menschheit angewendet worden als auch auf sie anwendbar. Es entspricht dem Prinzip eines ausgewogen verteilten Privateigentums. Dass einige römische Bögen Englands in Ruinen stehen, beweist nicht, dass Bögen nicht gebaut werden können, sondern vielmehr, *dass* sie gebaut werden können.

Also, um diese Analogie zu Ende zu denken: Worin besteht das Prinzip des Steinbogens? Man könnte es, wenn man so will, einen Affront gegen die Schwerkraft, weitaus treffender aber einen Appell an die Schwerkraft nennen. Durch das Zusammenfügen einzelner Steine von einer bestimmten Form auf eine bestimmte Weise stürzen sie eben gerade deshalb nicht, weil sie stürzen. Und auch wenn mein Bild eher illustrativ ist, so taugt es doch sehr gut als Beispiel für den Erfolg ausgeglichener Besitzverhältnisse. Was den Bogen hält, ist der gleichmäßige Druck der Steine aufeinander, der zugleich stützt und am Stürzen hindert. Dass in einer gesunden Gesellschaft der moralische Druck durch den verschiedensten Privatbesitz genauso funktioniert, ist leicht nachzuweisen. Wenn aber die andere Schule diesen Vergleich nicht hinreichend findet, muss sie einen besseren erbringen. Kein Naturgesetz kann diese Tatsache leugnen. Dass irgendein Gesetz wie z. B. das Mietrecht dem widerspräche, trifft nur insofern zu, als viele Naturgesetze der Moral und dem Wesen des Menschen widersprechen. Daher sind solche wissenschaftlichen Argumente für unsere Verteidigung des Eigentums so irrelevant, wie Mr. Shaw diejenigen bezüglich seiner Argumentation gegen Tierversuche fand.

Schließlich entspricht es nicht nur den Tatsachen, dass der steinerne Bogen des Eigentums erhalten bleibt, sondern auch, dass die Qualität und Quantität solcher Bögen steigt. Der französische Bauer war z. B. vor der Französischen Revolution bereits Grundeigentümer auf unbestimmte Zeit;

sein Besitz wurde durch sie nicht weniger, sondern nur noch privater und unanfechtbarer. Die Franzosen werden das System umso weniger jetzt aufgeben, weil es sich schon zum zweiten, wenn nicht zum hundertsten Mal als die stabilste Form des Wohlstands in Kriegszeiten erwiesen hat. Eine so heldenhafte, wenn nicht gar unbesiegbare Revolution wie die irische überging sowohl den sozialistischen Traum als auch die kapitalistische Realität mit einer Kraft, von der bis heute niemand sagen kann, wohin sie noch führen wird. Der römische oder normannische Rundbogen blieb über lange Zeit ein Relikt, bis das wiedererstarkte Christentum ihn einer anderen Anwendung und einem neuen Nutzen zuführte. Fortan ragte er als gigantisches Sinnbild der Gotik empor, in der der gottgleiche Mensch seine schwebenden Welten im Universum aufhängte, und lüftete auch das uralte Geheimnis ein wenig, warum der Priester ein Brückenbauer genannt wird. Und wenn ich heute einige der in der Luft errichteten Brücken bestaune, dann kann ich denjenigen verstehen, der sie als einzig mögliches Lob »unmöglich« nennt.

Was aber meinen wir mit dem »gleichmäßigen Druck« wie dem der Steine eines Bogens? Mehr dazu später im Detail, aber im Großen und Ganzen meinen wir, dass die moderne Besessenheit, unentwegt hektisch zu kaufen und zu verkaufen, eine extreme Ungleichheit zwischen entweder sehr armen oder sehr reichen Menschen mit sich bringt. Der für seine Gegner schlicht unerklärliche Fortbestand des Bauerntums erklärt sich durch die Wertschätzung der Unabhängigkeit wie die jeder anderen Würde überall dort, wo sie selbstverständlich ist; einfach weil niemand nackt herumlaufen oder wegen der Miete verprügelt werden muss.

Die Theorie, nach der diejenigen, die ungefähr gleich anfangen, nicht ungefähr gleich bleiben können, ist ein Trugschluss, weil er jene sich auf eine Gesellschaft bezieht, in der sie extrem ungleich anfangen. Sobald der Kapitalismus einen gewissen Punkt überschritten hat, können die zersplitterten Fragmente des Eigentums tatsächlich sehr leicht verschlungen werden. Das geschieht allerdings nur, wenn es wenig, nicht aber, wenn es viel Kleinbesitz gibt. Aus der Niederlage zersprengter kleiner Unternehmen unter dem Ansturm der Großgeschäfte zu schließen, es müsse immer darauf hinauslaufen, wenn alle die gleiche Ausgangsposition haben, ist so vollkommen unlogisch wie mit den Niagarafällen beweisen zu wollen, dass es so etwas wie einen See nicht gäbe. Hebt man den See an, strömt das ganze Wasser wie die wirtschaftliche Neigung der kapitalistischen Ungleichheit in eine Richtung. Lässt man den See aber als See und die Ebene als Ebene, dann hält nichts den See davon ab, bis zum Tag des Jüngsten Gerichts See zu bleiben – so, wie viele Ebenen des Bauerntums bis zum Jüngsten Tag bestehen zu bleiben scheinen.

Selbst wenn die Erfahrung diese Tatsache nur beweist und nicht erklärt, ist es durchaus möglich, nicht nur die Erfahrung, sondern auch die Erklärung anzuführen. In Wahrheit gibt es so lange keine wirtschaftlichen Anzeichen für das Verschwinden des Kleinbesitzes, bis das Eigentum so klein wird, dass es nicht mehr Eigentum genannt werden kann. Wenn ein Mann hundert Morgen Land und ein anderer einen halben Morgen besitzt, ist es sehr wahrscheinlich, dass Letzterer nicht in der Lage sein wird, von einem halben Morgen zu leben. Dann besteht für ihn eine wirtschaftliche Notwendigkeit, sein Land zu verkaufen und den anderen Mann zum stolzen Besitzer von hundert und einem halben Morgen Land zu machen. Aber wenn ein Mann dreißig Morgen und ein anderer vierzig hat, gibt es keine wirtschaftliche Notwendigkeit für Ersteren, dem anderen etwas zu verkaufen. Die Behauptung, der erste Mann sei sich seiner dreißig nicht sicher oder der zweite mit seinen vierzig unzufrieden, ist schlichtweg falsch. Das ist blanker Unfug; es ist, als würde man sagen, der Besitzer eines Bullterriers verkaufe diesen zwangsläufig an den Besitzer einer Dogge oder dass jemand kein Pferd besitzen kann, weil sein exzentrischer Nachbar einen Elefanten hat.

Natürlich stützt sich die Argumentation derjenigen, die darauf bestehen, dass es keinen gleich verteilten Besitz geben kann, auf die Vorstellung, dieser habe einmal existiert. Für die Beweisführung müssen sie zwangsläufig davon ausgehen, dass z. B. die Bevölkerung Englands unter den gleichen Voraussetzungen anfing und bald darauf in die Ungleichheit schlitterte. Und die Pointe dabei ist, dass sie von der Existenz dessen, was sie als unmöglich darstellen, ausgerechnet in dem einen Fall ausgehen, in dem es wirklich nie existiert hat. Sie argumentieren so, als hätten zehn Bergarbeiter ein Wettrennen gemacht, und einer wurde am Ende der Herzog von Northumberland; als wäre der erste Rothschild ein Bauer gewesen, der in aller Geduld den besseren Kohl als die anderen Bauern angepflanzt hat. England aber wurde ein kapitalistisches Land, weil es schon vorher über lange Zeit ein oligarchisches Land gewesen war. Warum ein Land wie Dänemark oligarchisch werden musste, wäre weitaus schwieriger nachzuweisen. Dies wird noch deutlicher, wenn wir dem wirtschaftlichen Menschenverstand noch den ethischen beiseitestellen. Sobald der Besitz gerecht verteilt ist, entsteht eine öffentliche Haltung, die stärker ist als jedes Gesetz, und auch häufig (in der heutigen Zeit umso erstaunlicher) ein Gesetz, das tatsächlich die öffentliche Haltung zum Ausdruck bringt. Eine Welt, in der die Menschen nicht für ihre Habsucht und die Vernichtung ihrer Nächsten bewundert werden, wird sich ein moderner Mensch nur sehr schwer vorstellen können, aber ich versichere Ihnen, dass es solche merkwürdigen Flecken eines irdischen Paradieses tatsächlich auf Erden gibt.

Der erste Einwand von der theoretischen Unmöglichkeit fällt sowohl angesichts der praktischen Erfahrung als auch angesichts der menschlichen Natur flach. Es stimmt nicht, dass die meisten Menschen auf Dauer nicht durch eine moralische Gewohnheit eines angemessenen Status, den sie darüber hinaus auch erhalten wollen, zufriedengestellt werden könnten. Das ist, als würde man sagen, unter Königin Viktoria könnten die Bewohner von Balham[8] nicht nach dem monogamen Modell »je ein Mann und mit je einer Frau« verheiratet werden können, weil einige Männer für Frauen attraktiver sind als andere. Früher oder später, könnte man behaupten, würden die Frauen in Trauben an den wenigen faszinierenden Männern hängen, während den vielen Unattraktiven nur noch ein Junggesellenleben bliebe. Früher oder später würde daher die Vorstadt aus hundert Einsiedeleien und drei Harems bestehen. Aber das ist nicht der Fall. Zumindest ist es gegenwärtig nicht der Fall, was auch immer geschehen mag, wenn die Tradition der Ehe in Balham tatsächlich verloren gehen sollte. Solange eine moralische Tradition gelebt wird, solange der Raub anderer Männer Ehefrauen als verwerflich gilt und die eheliche Treue bewundert wird, sind selbst dem wildesten Wüstling Grenzen dabei gesetzt, in Balham das Gleichgewicht der Geschlechter zu stören.

Jeder nach Land gierende Mensch merkte in einer irischen oder spanischen oder serbischen Stadt sehr bald, dass seinen Landaufkäufen Grenzen gesetzt sind. Wo immer es zutiefst verachtet wird, Nabots Weinberg und Urias Frau an sich zu reißen, findet sich ohne Weiteres ein den Richtspruch des Herrn verkündender Prophet vor Ort. In der Welt des Kapitalismus wird einem Feld um Feld raffenden Mann geschmeichelt, während er in einer Welt des Privatbesitzes bald verhöhnt oder sogar gesteinigt wird. Eben darum ist das Dorf nicht in Plutokratie versunken und die Vorstadt nicht in Polygamie. Eigentum ist Ehrensache. Das Gegenteil von »Eigentum« ist »Prostitution«. Und es ist nicht wahr, dass jeder Mensch immer auch das im Sinne des Selbsteigentums[9] Heilige verkaufen wird, sei es nun der Körper oder die Grundstücksgrenze. Manche verkaufen sowohl das eine als auch das andere, und immer werden sie darum zu Außenseitern. Es trifft nicht zu, dass die Mehrheit so handeln muss; und jeder, der das behauptet, ist nicht unseren Plänen und Vorschlägen, nicht irgendjemandes Visionen und Idealen, nicht dem Distributismus oder der Teilung des auf diese oder jene Weise geteilten Kapitals gegenüber ignorant, sondern gegenüber den historischen Tatsachen und der menschlichen Natur. Er ist ein Barbar, der noch nie einen Bogen gesehen hat. In meinen Notizen wird deutlich werden, dass die Wiedereinführung dieses vielleicht schlichten Modells in eine komplexe Gesellschaft äußerst komplex ist. Ich habe es hier nur grob umrissen, so wie es zu Beginn unserer Diskussion da stand und immer noch da steht. Ich bestreite, solch eine »Reaktion« sei nicht möglich, und halte an dem alten mystischen Dogma fest, dass der Mensch durchaus noch einmal tun kann, was er schon einmal getan hat. Meine Kritiker scheinen an dem weitaus mystischeren Dogma festzuhalten, dass der Mensch unmöglich so handeln kann, weil er einmal so gehandelt hat. Darauf fußt offenbar die Behauptung, Kleinbesitz sei »veraltet«. Das aber bedeutete den Tod allen

Eigentums. So wie die Dinge stehen würde nichts weiter erreicht werden als ein zunehmender, allgemeiner Verlust des Eigentums, verschlungen von einem so unpersönlichen wie unmenschlichen System, sei es der Kommunismus oder der Kapitalismus. Wenn wir nicht zurückgehen können, scheint es wenig lohnenswert, voranzuschreiten.

Vor uns liegt nichts als die wüste Ödnis der Vereinheitlichung durch den Bolschewismus oder das Big Business. Aber es ist denkwürdig, dass manche von uns eine Vernunft gesichtet haben sollen, und sei es bloß als Traumbild, während der auf ewig an ein Wachstum ohne Freiheit und einen Fortschritt ohne Hoffnung gekettete Rest weiterstapft.

II. Die Not der Stunde

Wenn wir für einen Augenblick von den jüngsten Neuigkeiten aus den höchsten Gesellschaftskreisen oder den ausführlichen Berichten über die höchst verantwortungsvollen Gerichte genug haben, wenden wir uns auf der Suche nach etwas Ruhigerem und Unauffälligerem, etwas Erholsamem, natürlicherweise den häuslichen Geschichten aus dem wahren Leben zu, den Fortsetzungsgeschichten »Vergiftet von ihrer Mutter« oder »Das Geheimnis des purpurroten Hochzeitsrings«. Und während wir seitenblätternd von unglaublichen Fakten zu vergleichsweise glaubwürdigen Fiktionen übergehen, begegnet uns sehr wahrscheinlich ein Schlagwort über das allgemeine Thema der verkommenen Gesellschaft. Es handelt sich um eines der vielen Schlagworte, die offenbar in den Zeitungsdruckereien schon im vorgefertigten Satz bereitgehalten werden. Wie die meisten dieser Floskeln ist es durchaus beruhigend. In der Schlagzeile »Hoffnung auf Einigung«, erfahren wir von der Uneinigkeit oder wir erfahren etwas über die »Wiederbelebung des Gewerbes«, die das journalistische Gewerbe von Zeit zu Zeit wiederzubeleben pflegt. Der Satz, auf den ich mich beziehe, besagt, dass die Angst vor dem gesellschaftlichen Verfall uns nicht beunruhigen sollte, weil es solche Ängste zu allen Zeiten gegeben hat und es immer romantische und nostalgische Personen, Dichter und ähnliches Gesindel sind, die auf vermeintlich »gute alte Zeiten« zurückblicken.

Dass sie die Gemüter befrieden, ist Kennzeichen solcher Aussagen, anders gesagt ist es das Kennzeichen solcher Gedanken, dass sie uns vom Denken abhalten. Wer den Fortschritt auf diese Weise gelobt hat, findet es unnötig, fortzuschreiten. Wer eine Beschwerde als veraltet abgetan hat, findet es unnötig, etwas Neues zu sagen. Er begnügt sich entschuldigend damit, das Bestehende zu wiederholen, und scheint außerstande, weitere Gedanken an das Thema zu verschwenden. Nun stößt das Thema aber tatsächlich eine ganze Reihe weiterer Gedanken an. Dass die Vorstellung vom Untergang des Staates zu allen Zeiten von vielen Personen und unter ihnen leider Gottes auch Dichtern vorgetragen wurde, stimmt natürlich. So hat sich beispielsweise der notorisch launische und pathetische Byron offenbar in den Kopf gesetzt, die griechischen Inseln hätten in den letzten Tagen der Türkenherrschaft weniger glorreich in Waffen und Künsten gestanden als in den Tagen der Schlacht von Salamis oder der Republik Platos. Auch Wordsworth unterstellt ebenso sentimental, die Republik Venedig sei zu der Zeit, als Napoleon sie austrat wie verglimmende Asche, nicht ganz so mächtig gewesen wie zu jener, als ihr Handel und ihre Kunst die Weltenmeere in eine flammende Farbenpracht verwandelten. Einige Schriftsteller des 18. und 19. Jahrhunderts gingen sogar so wei,t zu behaupten, das moderne Spanien spiele eine weniger wichtige Rolle als das Spanien zur Zeit der Entdeckung Amerikas oder des Sieges von Lepanto. Einige, denen die Seele allen Kommerzes, nämlich der Optimismus, völlig abgeht, haben einen ähnlich absurden Vergleich zwischen der früheren und späteren Lage der holländischen Handelsaristokratie angestellt. Manche behaupteten sogar, Tyrus und Sidon seien nicht mehr ganz so en vogue, wie sie es früher waren, und irgendjemand sprach einmal sogar von den »Ruinen Karthagos«.

Kurzum, die Argumentation ist offensichtlich so löchrig wie Schweizer Käse. Wenn jemand sagt: »In allen, eben gerade nicht untergehenden, vielmehr aufsteigenden Gesellschaften hat es Pessimisten gegeben wie Sie«, dann sei mir die Antwort erlaubt: »Ja, und in tatsächlich verfallenden Gesellschaften waren die Leute wahrscheinlich so optimistisch, wie Sie es sind.« Denn schließlich gibt es tatsächlich Gesellschaften, die untergegangen sind. Horaz behauptete zu Recht, dass jede Generation schlechter zu sein scheine als die vorherige, und damit implizierte er, dass Rom just in dem Moment vor die Hunde ging, als sich alle Nachbarn dem römischen Adler unterwarfen. Sehr wahrscheinlich leugnete der letzte, den letzten vergessenen Augustulus des in Lethargie verfallenen Hofes von Byzanz rühmende und längst vergessene Hofdichter allen Unkenrufen zum Trotz den gesellschaftlichen Untergang wie die Zeitungen heute, indem sie sagen, schon Horaz hätte das Gleiche behauptet. Möglicherweise hatte Horaz Recht, dass schon zu seiner Zeit jene Dinge ihren Lauf nahmen, die von Horatius auf der Brücke zu Heraklius im Palast führten, und dass, wenn Rom auch nicht sogleich auf den Hund kam, so doch die Hunde nach

Rom kamen und ihr fernes Heulen zum ersten Mal just in der Stunde zu hören war, in der die Adler gereckt wurden, und dass der lange Vormarsch zugleich ein langwieriger, im dunklen Zeitalter endender Niedergang war. Rom fiel an die Wölfin zurück.

Meines Erachtens hält diese Sichtweise zumindest stand, auch wenn sie meiner nicht entspricht; aber es scheint durchaus vernünftig, sich nicht mit dem billigen Optimismus, der vorherrschenden Maxime abspeisen zu lassen. Es hat bereits einen gesellschaftlichen Verfall gegeben und es kann ihn auch wieder geben; über alle Zeiten hinweg ist aber die wirklich entscheidende Frage, ob Byzanz unterging oder ob Großbritannien untergeht. Mit anderen Worten, wir müssen jeden vermeintlichen Niedergang gesondert für sich betrachten. Dass bestimmte Menschen zum Pessimismus neigen, beantwortet die Frage nicht. Wir beurteilen nicht sie, sondern die Situation, die sie wiederum richtig oder falsch beurteilen. Auch wenn wir sagen, dass Schulkinder nie gerne zur Schule gegangen sind, so gibt es doch auch so etwas wie eine schlechte Schule. Auch wenn wir sagen, die Bauern klagten seit jeher über das Wetter, gibt es doch so etwas wie eine schlechte Ernte. Wir müssen anhand der mit dem Fall zusammenhängenden Fakten und nicht anhand der Gefühle des Bauern untersuchen, ob die moralische Verfasstheit des modernen Englands womöglich eine schlechte Ernte einfahren wird.

Die Gründe dafür, das gegenwärtige Problem Europas und insbesondere Englands als äußerst bedrohlich und tragisch zu empfinden, sind vollkommen objektiv; sie haben nichts mit einer vermeintlich melancholischen Grundstimmung zu tun. Aber ob wir es nun als Kapitalismus oder anders bezeichnen, das gegenwärtige System ist insbesondere in seiner in den Industriestaaten vorherrschenden Ausprägung schon jetzt eine Gefahr und kann schnell zur Todesfalle werden. Das Übel offenbart sich in der konkreten privaten Erfahrung wie auch in der nüchternsten Wirtschaftswissenschaft. Diese These wird nicht nur von den Feinden des Systems verfochten, sondern von ihren Verteidigern selbst bestätigt. Nicht die Angestellten, sondern die Arbeitgeber erklären uns in den derzeit tobenden Arbeitskämpfen, dass die Geschäfte schlecht laufen. Der erfolgreiche Geschäftsmann erklärt seinen Bankrott, nicht seinen Erfolg. Das Argument der Kapitalisten ist ein Argument gegen den Kapitalismus. Dass sein Repräsentant dabei auf die Rhetorik des Sozialismus zurückgreift, ist überaus erstaunlich. Er spricht davon, dass die Berg- oder Bahnarbeiter »im Interesse der Öffentlichkeit« weiterarbeiten sollen. Es ist bemerkenswert, dass die Kapitalisten nie mit dem Privateigentum argumentieren. Sie beschränken sich auf eine gefühlsduselige Version von einer allgemeinen gesellschaftlichen Verantwortung. In der kapitalistischen Presse über Sozialisten zu lesen, diese würden aus Gefühlsduselei »gescheiterte« Menschen verteidigen, ist in diesem Zusammenhang überaus amüsant. Das Hauptargument beinahe jedes Kapitalisten in jedem Streik heute ist, er selbst stünde kurz vor dem Scheitern.

Gegen diese simple, in den Zeitungen verfochtene These zu den Streiks und der sozialistischen Gefahr habe ich ein ganz simples Argument. Mein Einwand besteht darin, dass ihre Argumentation auf direktem Weg in den Sozialismus führt. Sie kann zu gar nichts anderem führen. Wenn die Arbeiter arbeiten sollen, um der Öffentlichkeit zu dienen, ist die einzige logische Konsequenz, dass sie Staatsdiener werden sollen. Wenn die Regierung im Interesse der Öffentlichkeit handeln soll, und mehr gibt es dazu nicht zu sagen, dann sollte der Staat natürlich die ganze Angelegenheit übernehmen, und mehr gibt es nicht zu tun. Ich glaube nicht, dass die Sache so einfach ist; aber *sie* tun es. Ich glaube nicht, dass diese Argumentation für den Sozialismus schlüssig ist. Aber folgt man den Antisozialisten, dann sind die Argumente für den Sozialismus sogar ziemlich schlüssig. Es geht ausschließlich um die Öffentlichkeit, und der Staat kann tun, was er will, solange es ihm um die Öffentlichkeit geht. Vermutlich kann er auch die Freiheit der Angestellten ignorieren und sie womöglich sogar in Ketten zur Arbeit zwingen. Vermutlich kann er auch das Eigentum der Arbeitgeber ignorieren und aus deren Tasche das Proletariat auszahlen. All dies sind Konsequenzen aus der ehrenwerten bolschewistischen Lehre, die uns allmorgendlich aus der kapitalistischen Presse anbrüllt. Das ist alles, was sie zu sagen haben, und wenn dies das Einzige ist, was man sagen kann, dann ist jenes alles, was zu tun übrig bleibt.

Wenn wir also der Logik der Leitartikelschreiber über die sozialistische Gefahr folgen, landen wir direkt im Sozialismus. Und da einige von uns sich ganz entschieden und vehement dagegen wehren, in den Sozialismus geführt zu werden, haben wir schon seit Langem eine schwierigere Alternative gewählt: das sogenannte Darüber-Nachdenken. Wenn wir uns nicht bemühen, die Situation als Ganzes und ohne Berücksichtigung der mit ihr verbundenen, auf der Hand liegenden Ärgernisse zu betrachten, werden wir unweigerlich im Sozialismus oder in etwas weitaus Schlimmerem, das bloß Sozialismus genannt wird, wenn nicht gar im reinen Chaos und Verfall enden.

Das kapitalistische System, sei es nun gut oder schlecht, richtig oder falsch, beruht auf zwei Ideen: dass die Reichen immer reich genug sein werden, um die Armen anzustellen, und die Armen immer arm genug sein werden, um angestellt werden zu wollen. Es geht zugleich davon aus, dass jede Seite ohne einen Gedanken an das Gemeinwohl mit der anderen feilscht. Trotz der im lateinischen Namen des Vehikels liegenden Idee von einer weltweiten Bruderschaft betreibt der Eigentümer des Omnibusses ihn nicht zum Wohl der gesamten Menschheit. Er will mit ihm vielmehr Profit erwirtschaften, und ein ärmerer Mann willigt ein, ihn zu fahren, um seinen Lohn zu verdienen. Auch der Omnibusfahrer ist nicht von einem abstrakten, altruistischen Verlangen nach der wunderbaren Fahrzeugführung eines vollgestopften Omnibusses getrieben, statt mit dem Spazierstock umherzuspazieren. Er will den Omnibus nicht lenken, weil er das Steuer gern selbst in die Hand nimmt. Er feilscht um den besten Lohn, den er bekommen kann.

Dem Argument des Kapitalismus zufolge dient dieses private Feilschen der Allgemeinheit. Und eine Zeit lang tat es das auch. Doch sobald wir eine der Parteien bitten, für das Wohl der Öffentlichkeit weiterzumachen, fällt dieses einzige Kernargument des Kapitalismus komplett in sich zusammen. Wenn der Kapitalismus nicht zahlen kann, um die Menschen zur Arbeit zu verführen, dann ist er nach kapitalistischen Prinzipien schlichtweg bankrott. Wenn der Teehändler keine Angestellten bezahlen und ohne Angestellte keinen Tee importieren kann, ist sein Geschäft schlicht pleite und am Ende. Im ursprünglichen Kapitalismus hat niemand behauptet, die Angestellten würden für weniger arbeiten, damit die arme alte Lady ihre Tasse Tee bekommt.

Es ist also tatsächlich die kapitalistische Presse, die nach kapitalistischen Prinzipien das Entgegensteuern des Kapitalismus auf sein Ende beweist. Sonst müssten sie nicht derart soziale und gefühlsduselige Aufrufe publizieren. Es wäre unnötig, dass sie wie die Sozialisten an die Regierung appellieren, sie solle intervenieren. Es wäre unnötig, dass sie das Unbehagen der Passagiere anführen wie das der Sentimentalisten oder Altruisten. In Wahrheit hat jeder das alte Argument, die Allgemeinheit würde automatisch profitieren, wenn die Menschen individuell verhandeln können, verworfen. Wir müssen ein neues Grundprinzip finden; und der gewöhnliche Konservative greift auf die kommunistischen Prinzipien zurück, ohne es zu merken. Ich lehne es höflichst ab, auf diese kommunistischen Prinzipien zurückzugreifen, wobei mir völlig klar ist, dass man unmöglich weiterhin auf die alten kapitalistischen Grundlagen zurückgreifen kann. Diejenigen, die das versuchen, verstricken sich in unauflösbare Widersprüche. Die konkreten und drängenden Probleme dieser Zeit bringen diese Widersprüche Tag für Tag ans Licht.

Findet zum Beispiel in einem Großunternehmen wie einer Mine ein großer Streik oder eine Aussperrung statt, wird uns stets versichert, dass durch eine Kürzung der privaten Profite keine echten Einsparungen erreicht würden, da die Profite aktuell so gering seien, dass das betreffende Gewerbe die wenigen derzeit kaum bereichert. Worin auch immer der Nutzen dieses konkreten Arguments liegen mag, hebt es ganz offensichtlich das Kernargument aus den Angeln. Nach diesem Kernargument für den Kapitalismus oder Individualismus gehen Menschen kein Risiko ein, wenn in der Lotterie keine großen Gewinne zu erwarten sind, es fehlt eben das, was in allen sozialistischen Debatten als »Gewinnanreiz« bekannt ist. Wo es keinen Gewinn gibt, da gibt es auch keinen Anreiz. Wenn Lizenzinhaber und Anteilseigner nur einen kleinen, ungesicherten und zweifelhaften Profit aus der Profitmacherei ziehen, könnten sie auch gleich Soldat oder Staatsdiener werden. Ich habe, nebenbei bemerkt, noch nie verstanden, warum die Tories immer so eifrig gegen den Sozialismus anführen, »Staatsbedienstete« seien inkompetent und träge. Es könnte doch anderen überlassen bleiben, auf die Lethargie Nelsons oder die stumpfe Routine Gordons aufmerksam zu machen.

Dieser Kollaps des industriellen Individualismus, der darüber hinaus ein Widerspruch gegen sich selbst ist (denn er muss all seinen eigenen Maximen widersprechen), ist kein unvorhergesehener Unfall in unserer Gesellschaft, auch wenn er in unserem Land am klarsten zutage tritt. Dass diese Lähmung des Systems früher oder später unausweichlich ist, weiß jeder, der in solch äußerst praktischen Dingen wie Theorien denken kann. Der Kapitalismus ist ein Widerspruch in sich, ein Selbstwiderspruch.

Eine volle Kehrtwende zu machen, dauert lange, und die Erkenntnis, dass sie vollbracht worden ist, noch länger; aber der Kreis hat sich geschlossen. Sobald er sich vollends durchgesetzt hat, ist der Kapitalismus ein Widerspruch in sich, weil er das Gros der Menschen gleichzeitig auf gegensätzliche Art behandelt. Sind die meisten Menschen Lohnarbeiter, wird es für sie immer schwieriger, Kunden zu sein. Mit dem Versuch des Kapitalisten, das Gehalt seines Dieners zu kürzen, kürzt er zugleich die potenziellen Ausgaben seines Kunden. Sobald sein Geschäft in Schwierigkeiten gerät wie gegenwärtig das Kohlegeschäft, versucht er, seine Lohnausgaben zu reduzieren, und reduziert damit, was andere für Kohle ausgeben können. Er will, dass derselbe Mann arm und zugleich reich ist. Dieser Widerspruch im Kapitalismus tritt nicht in seinen frühen Stadien zutage, solange weite Teile der Bevölkerung noch nicht zu Proletariern gemacht wurden. Aber sobald die Wohlhabenden alle anderen als Lohnarbeiter angestellt haben, starrt ihnen dieser Widerspruch ins Gesicht wie ein ironisches Jüngstes Gericht. Arbeitgeber und Arbeitnehmer werden auf die Beziehung von Robinson Crusoe und Freitag reduziert und festgenagelt. Robinson Crusoe braucht zweierlei: eine billige Arbeitskraft und den Handel mit einem Eingeborenen. Wenn er beides von demselben Mann verlangt, steckt er in einer Zwickmühle. Robinson Crusoe könnte natürlich Freitag mit den Waffen des weißen Mannes dazu zwingen, für nicht mehr als das Lebensnotwendige zu arbeiten. Wie im Roman mag er dabei mit einer Axt vorliebnehmen. Aber er kann Freitags Lohn nicht auf ein Nichts reduzieren und gleichzeitig erwarten, dass er Rum und Musketen gegen Gold, Silber und Perlen tauscht. Und je mehr der Kapitalismus die ganze Erde überzieht und die Vernetzung zentral großer Bevölkerungsgruppen steuert, umso ähnlicher wird er den einsamen Figuren auf der fernen Insel. Müssen infolge des abnehmenden Handels mit den Einheimischen deren Löhne reduziert werden, dann bleibt uns nur noch festzuhalten, dass der Fall sogar noch weitaus tragischer ist, wäre diese Ausrede wahr als falsch. Crusoe und Freitag sind nun tatsächlich allein und zweifelsohne vom Glück verlassen.

Ich finde es äußerst wichtig, dass die Menschen das Prinzip hinter den derzeitigen wirtschaftlichen Schwierigkeiten Englands erkennen und dass, wer auch immer in diesem speziellen Fall richtig oder falsch liegt, keine bestimmte Person oder Partei für das offensichtliche Aus unseres Wirtschaftsexperiments verantwortlich ist. Eine Lohnarbeitergesellschaft gerät schlicht in einen Teufelskreis, sobald sie weniger Profit macht und die Löhne senkt. Und der Grund, warum andere Industrienationen derzeit noch zu reich sind, um in diesen Schwierigkeiten zu stecken, liegt nur darin, dass sie noch nicht so weit vorangeschritten sind; sie werden vor demselben Paradox stehen, sobald sie weiter vorangeschritten sind. In unserem Land, dessen Schicksal die meisten von uns am meisten betrifft, befinden wir uns bereits in dem Dilemma sinkender Löhne und sinkender Nachfrage. Und weil ich hier, wenn auch nur in groben Zügen, einen Ausweg aus dieser allmählich zuschnappenden Falle vorschlage und einige der Argumente, die gewöhnlich gegen diese Vorschläge vorgebracht werden, kenne, halte ich es für notwendig, den Leser zu diesem Zeitpunkt an all diese Dinge zu erinnern.

»Sicher? Natürlich ist es nicht sicher! Es ist nur eine erbärmliche Chance, den Kopf aus der Schlinge zu ziehen!«, war der unbeherrschte Ausruf von Käpt'n Wick im Roman von Stevenson[10]; und derselbe Autor lässt Alan Breck Stewart ebenso geradeheraus sagen: »Aber merk dir, es ist keine Kleinigkeit. Du wirst oft hart und nackt und hungrig daliegen müssen ... und du wirst lernen müssen zu schlafen, mit den Waffen in der Hand. Ja, Mensch, und manche wundgelaufenen Füße wird es kosten, bis wir durchkommen. Ich sage dir dies gleich zu Anfang, denn ich kenne dies Leben. Aber wenn du mich fragst, welche Wahl dir bleibt, so antworte ich dir: keine.«

So rückhaltlos will ich auch gern sprechen, nachdem ich langatmigen und ausgeklügelten Ausführungen habe lauschen müssen, die die profunde Vollkommenheit eines distributistischen Staates im Vergleich zur absoluten Glückseligkeit und letzten Ruhe, die den gegenwärtigen kapitalistischen und industrialistischen Staat krönen, anzweifelten. Diese Leute fragen uns, wie wir mit den Hilfsarbeitern an den Docks verfahren würden und was wir anstelle der strahlenden Beliebtheit von Lord Devonport[11] und dem dauerhaften sozialen Arbeitsfrieden am Londoner Hafen zu bieten hätten.[12] Diejenigen, die uns fragen, was wir mit den Docks machen würden, scheinen sich selbst nie zu fragen, was die Docks mit sich selbst anstellen werden, wenn unser Handel abnimmt wie zuletzt in so vielen Handelsstädten.

Andere fragen uns, was wir mit den Arbeitern vorhaben, die Anteile an einem bankrottgehenden Geschäft haben. Es kommt ihnen gar nicht in den Sinn, ihre eigene Frage zu beantworten; und das in einem kapitalistischen Staat, in dem ein Geschäft nach dem anderen bankrottgeht. Wir sollen uns mit noch so kleinen und unwahrscheinlichen Eventualitäten in unserer weitaus einfacheren und stabileren Gesellschaftsform beschäftigen, während sie sich nicht mit den größten und eklatantesten Tatsachen ihrer eigenen komplexen und kollabierenden Gesellschaftsform auseinandersetzen. Sie sind wissbegierig, was die Einzelheiten unseres Systems anbelangt, und verlangen vorab eine wissenschaftliche Kasuistik für jeden Ausnahmefall. Doch ihre eigenen Systeme ins Visier zu nehmen, in denen Ruin die Regel ist, wagen sie nicht. Wieder andere wollen wissen, ob denn hier oder da eine Maschine als Ausstellungsstück in einem Museum, als Spielzeug in einem Kinderzimmer oder in einer Kammer des Schreckens als »Folterinstrument des 20. Jahrhunderts« in unserem Utopia erlaubt wäre. Aber die uns so sorgenvoll fragen, wie Männer denn ohne Maschinen arbeiten sollen, sagen uns nicht, wie Maschinen ohne Menschen arbeiten sollen, oder wie Mensch und Maschine arbeiten sollen, wenn es gar keine Arbeit gibt. Sie sind derart darauf versessen, die Schwachstellen unseres Vorschlags ausfindig zu machen, dass sie noch keine Stärken in ihrer eigenen Praxis gefunden haben.

Es ist doch merkwürdig, dass sich diesen Realisten unsere unrealistische und sentimentale Utopie so lebendig darstellt, dass sie sie en detail vor Augen haben, während ihnen die eigene Realität so verschwommen erscheint, dass sie sie überhaupt nicht erkennen können; und dass sie die offensichtlichste und überwältigendste Tatsache nicht erkennen können, dass es sie schon gar nicht mehr gibt. Dass ihr Vorwurf an uns vor allem sie selbst betrifft, ist das Groteske an der ganzen Situation. Sie werfen uns ständig vor, das Rad der Geschichte zurückdrehen und die barbarische Einfachheit und den Aberglauben der Vergangenheit wiedereinführen zu wollen, als wollten wir das 9. Jahrhundert zurückholen, während sie ernsthaft glauben, das 19. Jahrhundert zurückholen zu können. Sie erzählen uns ständig, diese oder jene Tradition, dieses oder jenes Handwerk oder oder jene Glaubensrichtung seien für immer verloren; sehen aber nicht der Tatsache ins Auge, dass ihr eigener vulgärer und verlogener Kommerz für immer dahin ist. Sie nennen uns Reaktionäre, wenn wir von der Wiederbelebung des Glaubens oder des Katholizismus sprechen, pflastern ihre Zeitungen aber in aller Seelenruhe mit Überschriften über eine Wiederbelebung des Handels. Welch ein Ruf aus der fernen Vergangenheit! Welch eine Stimme aus dem Grab! Für eine mögliche Wiederbelebung des Handels haben sie, abgesehen davon, dass ihre Urgroßväter die Idee von dem Rückgang des Handels absurd gefunden hätten, keinerlei Anhaltspunkt. Sie haben keinen erdenklichen Grund zur Annahme, wir würden reicher werden, abgesehen davon, dass unsere Ahnen uns nie darauf vorbereitet haben, ärmer zu werden.

Und doch sind sie es, die uns ständig vorwerfen, wir hingen den sentimentalen Überlieferungen unserer Vorfahren an. Sie sind es, die unentwegt soziale Ideale allein deshalb ablehnen, weil sie selbst das soziale Ideal eines vergangenen Zeitalters sind. Wenn sie uns vorhalten, dass die Mühle nicht mit dem Wasser von gestern mahlen kann, merken sie nicht, dass ihre eigenen Mühlen bereits stillstehen und gar nichts mehr mahlen wie die zerfallenen Mühlen in irgendeiner kitschigen frühviktorianischen Landschaft aus ihren kitschigen frühviktorianischen Fantasien. Sie sagen, dass wir gegen die Zeichen der Zeit kämpfen wie Mrs. Partington gegen die Meeresflut mit ihrem Besen[13], und sehen nicht, dass die Zeit selbst Mrs. Partington zu einer ebenso antiquierten Figur gemacht hat wie Mother Shipton[14].

Sie erzählen uns ständig, unser Widerstand gegen den Kapitalismus und Kommerzialismus gleiche König Knuts Schimpftiraden gegen die Wellen, und wissen dabei nicht einmal, dass Cobdens[15] England längst so tot ist wie das England Knuts. Sie versuchen uns immer in den Wasserfluten zu überwältigen und uns mit diesen leidigen und verwaschenen Metaphern von Gezeiten und Zeit hinwegzufegen, als könnten sie für alles Geld der Welt die Flüsse zurückrufen, die unsere Städte so weit hinter sich gelassen haben, oder die sieben Weltmeere wieder unter die Gefolgschaft des Dreizacks stellen; als könnten sie den tosenden Fluss Clyde mit Gold für die wenigen und Eisen für die vielen zähmen. Wir hätten durchaus Anlass zu Käpt'n Wicks Ausruf. Wir wählen nicht zwischen einem möglichen Bauerntum und erfolgreichem Kommerz. Wir wählen zwischen einem vielleicht erfolgreichen Bauerntum und einem bereits gescheiterten Kommerz. Wir locken die Menschen nicht aus dem florierenden Geschäft in eine Art Urlaub in Arkadien oder der kleinbäuerlichen Variante Utopias. Wir machen vorsichtige Vorschläge für einen Neuanfang, nachdem ein in den Konkurs schlingerndes Geschäft bankrottgegangen ist.

Wir sehen keinen Anlass zur Annahme, der englische Handel könne seine Vorherrschaft des 19. Jahrhunderts wiedererlangen wie in den sentimentalen Vorstellungen vom viktorianischen Zeitalter und der speziellen, von den Zeitungen »Optimismus« genannten Art von Lüge. Sie verspotten uns dafür, dass wir wieder mittelalterliche Verhältnisse einzuführen versuchen, als meinten wir damit die mittelalterlichen Bögen oder Harnische. Nun, die Helme sind bereits zurückgekehrt und der Harnisch kann ihnen folgen; und Pfeil und Bogen werden lange vor der von ihnen erhofften Erlösung zurückkehren müssen. Wie auch das Schlachtschiff trotz des Flugzeugs weiterhin die Weltmeere beherrscht, wird vielleicht der Langbogen als dem Gewehr überlegen vorgezogen. Das Handelssystem erforderte die Sicherheit unserer Handelsrouten, was wiederum die Überlegenheit unserer Kriegsmarine erforderte. Jeder, der diesen Tatsachen ins Auge sieht, weiß, dass die Luftfahrt das ganze Konzept der maritimen Sicherheit verändert hat. Das ganze gigantische schreckliche Problem einer großen Bevölkerung auf einer kleinen, von unsicheren Importen abhängigen Insel ist für Kapitalisten, Kollektivisten und Distributisten gleichermaßen problematisch. Wir wählen nicht zwischen Modelldörfern einer beschaulichen Städteplanung. Wir wagen den Ausfall aus einer belagerten Stadt, mit dem Schwert in der Hand; einen Ausfall aus den Ruinen Karthagos. »Sicher? Natürlich ist es nicht sicher!«, ruft Käpt'n Wicks.

Ich halte es nicht für unwahrscheinlich, dass wir in jedem Fall zu einem einfacheren gesellschaftlichen Leben zurückkehren werden, und sei es über den Ruin. Ich denke, dass die Seele wieder zur Einfachheit finden wird, und sei es in einem dunklen Zeitalter. Aber wir sind als Christen um Leib und Seele besorgt; wir sind Engländer und wollen nicht, wenn wir es denn verhindern können, dass das englische Volk ein Volk der Ruinen[16] wird. Und wir wünschen uns aufrichtig eine ernsthafte Prüfung, ob dieser Wandel nicht im Licht der Vernunft und der Tradition stattfinden kann; ob wir nicht jetzt wohlüberlegt und gewissenhaft das tun können, was das Verderben ohnehin rückhalt- und gnadenlos erledigen wird; ob wir nicht in dieser heiklen Lage eine Brücke bauen können hin zu offenerem und festerem Land, ohne dass unsere edle Nation in das Jammertal eingehen muss, in dem Völker aus der Historie verschwinden. Tief überzeugt von unseren Prinzipien und vorbehaltlos offen, sie zu diskutieren, haben wir darum unsere Mitstreiter zurate gezogen.

III. Die Möglichkeit der Besserung

Es war einmal, oder sicherlich mehr als einmal, ein Mann, der in eine Kneipe ging und ein Glas Bier bestellte. Ich werde seinen Namen hier aus vielen auf der Hand liegenden Gründen nicht nennen; es könnte heutzutage als Verleumdung gelten, so etwas über jemanden zu sagen; oder es könnte ihn, gemäß den humaneren Gesetzen unserer Tage, einer polizeilichen Strafverfolgung aussetzen. Was die oben erwähnte Handlung anbelangt, könnte er jeden Namen getragen haben: William Shakespeare oder Geoffrey Chaucer oder Charles Dickens oder Henry Fielding oder jeden beliebigen anderen Allerweltsnamen. Weitaus wichtiger aber ist, dass er das Bier trank; und das Wichtigste dabei, dass er es (ich bedaure, das sagen zu müssen) wieder ausspuckte und dem Wirt den Zinnkrug an den Kopf warf. Denn das Bier war furchtbar schlecht.

Sicher, noch hatte er es nicht einer chemischen Analyse unterzogen, aber nachdem er ein wenig davon getrunken hatte, wuchs in ihm die tiefe innere Überzeugung, dass etwas damit nicht stimmte. Nachdem er für eine Woche krank darniedergelegen hatte und es ihm immer schlechter ging, brachte er ein Schlückchen von dem Bier zum amtlichen Lebensmittelprüfer; und dieser gelehrte Mann, nachdem er es aufgekocht, eingefroren und grün, blau, gelb usw. gefärbt hatte, bestätigte ihm, es enthielte tatsächlich eine große Menge tödlichen Gifts. »Es weiterhin zu trinken«, riet dieser fürsorgliche Wissenschaftler, »wäre zweifellos ein großes Risiko, aber das Leben ist voller Risiken. Und bevor Sie sich entscheiden, es zu unterlassen, müssen Sie sich darüber klarwerden, welches Getränk Sie als Ersatz für das, was sich aktuell (mehr oder weniger) in Ihrem Inneren befindet, wählen wollen. Wenn Sie mir eine Liste Ihrer Auswahl in dieser schwierigen Angelegenheit vorbeibringen, werde ich Ihnen gerne die verschiedenen wissenschaftlichen Einwände nennen, die gegen jedes vorgebracht werden können.«

Der Mann ging wieder fort und wurde kränker und kränker, da fiel ihm auf, dass es allen anderen auch nicht besonders gut ging. Als er an der Kneipe vorbeikam, fiel sein Blick auf seine sich vor Schmerzen auf dem Boden krümmenden Freunde, einige lagen tatsächlich schon tot und steif in Haufen auf der Straße. Einfach gestrickt, wie er war, schien ihm dies von einiger Bedeutung für die Gemeinschaft zu sein. Also ging er zum nächsten Amtsgericht und legte dem Friedensrichter eine Beschwerde gegen das Wirtshaus vor. »Es scheint tatsächlich so zu sein«, sagte der, »dass in dem von Ihnen erwähnten Haus Menschen systematisch mit Gift ermordet werden. Aber bevor Sie eine so drastische Maßnahme fordern, wie es abzureißen oder gar zu schließen, müssen Sie ein nicht weniger schwerwiegendes Problem bedenken. Haben Sie schon genau überlegt, welches Gebäude Sie an seiner Stelle aufstellen würden, ob es ein …« An dieser Stelle bedaure ich sagen zu müssen, dass der Mann einen spitzen Schrei von sich gab und unter Gebrüll, er werde verrückt, gewaltsam aus dem Gerichtsgebäude entfernt wurde.

Tatsächlich wuchs mit seinem körperlichen Leiden die Überzeugung, geistig krank zu sein, so stark, dass er einen angesehenen Doktor der Psychologie und Psychoanalyse zurate zog, der ihn im Vertrauen wissen ließ: »Was die Diagnose angeht, steht es außer Frage, dass Sie an Bink'scher Umnachtung leiden; aber was die Behandlung betrifft, muss ich offen zugeben, dass es sehr schwierig wird, etwas zu finden, um dieses Leiden zu ersetzen. Haben Sie sich überlegt, was eine Alternative zum Wahnsinn sein könnte …?« Woraufhin der Mann aufsprang, wild mit den Armen ruderte und schrie: »Es gibt keine. Es gibt keine Alternative zum Wahnsinn. Er ist unausweichlich. Er ist überall. Wir müssen das Beste daraus machen.«

Also machte er das Beste daraus und ermordete den Doktor und ging zurück und ermordete den Richter und den amtlichen Lebensmittelprüfer und befindet sich nun in einer Irrenanstalt und schwebt im siebten Himmel.

Wie es auch für eine grobe Skizze der gesellschaftlichen Erneuerung unerlässlich ist, wird in dieser Fabel zunächst der Fall dargelegt. Es geht also um einen Mann, der gefragt wird, womit er das ihm verabreichte Gift ersetzen würde oder welchen architektonischen Entwurf er anstelle der Mörderhöhle vorschlägt. Wer die Plutokratie als Gift oder den gegenwärtigen plutokratischen Staat als Räuberhöhle betrachtet, dem wird eine ähnliche Forderung gestellt. Es ist denkbar, dass beim Giftgleichnis der Leser die Ungeduld des Protagonisten womöglich bis zu einem gewissen Grade teilt. Er wird sagen, niemand wäre so dumm, Blausäure oder Berufskriminelle nicht zu beseitigen, nur weil es Meinungsverschiedenheiten darüber gibt, was zu tun wäre, nachdem man sie beseitigt hätte. Aber ich möchte den Leser um noch weitaus mehr Geduld bitten, und zwar nicht nur mit mir, sondern auch mit sich selbst; und darum, dass er sich selbst fragt, warum wir auf Gift und Verbrechen so prompt reagieren. Auch uns ist das Substitut nicht gleichgültig. Wenn es das Leiden verschlimmerte, würden wir ein Gift nicht als Gegengift vorschlagen. Wir würden nicht den Bock zum Gärtner machen, wenn der Garten am Ende schlimmer aussähe als vorher. Das Prinzip, nach dem wir handeln, selbst wenn wir schneller handeln, als wir denken, oder schneller denken, als wir definieren können, ist allerdings ein Prinzip, das wir definieren können. Wenn wir jemandem ein Brechmittel geben, nachdem er Gift geschluckt hat, glauben wir nicht, dass er sich ein Leben lang von Brechmittel ernähren könnte; genauso wenig, wie wir glauben, dass er sich vom Gift ernähren könnte. Wir denken vielmehr, dass er sich erst vom Gift erholen muss, und dann, wenn er sich auch vom Brechmittel erholt hat, irgendwann der Zeitpunkt kommen wird, an dem er selbst gerne wieder etwas Normales essen will. Das ist Ausgangspunkt unserer ganzen Spekulation. Es stellt sich weniger die Frage, was wir nach einer Beseitigung der Hindernisse täten, sondern vielmehr, was *er* selbst täte. Wenn wir etliche Leute aus der Giftmischerhöhle retten, fragen wir sie in dem Moment nicht, was sie mit ihren Leben anstellen werden. Wir vermuten, dass sie etwas ein klein wenig Vernünftigeres tun werden, als Gift zu sich zu nehmen. Kurzum, die erste einfache Prämisse unserer Reformen besteht darin, dass alles Lebendige genesen will, sobald wir den von einer unmittelbaren Gefahr oder einem Schmerz ausgehenden Druck beseitigen. Am Anfang dieser hier von mir umrissenen Skizze einer Sozialreform will ich vor allem dieses allgemeine Prinzip der Besserung betonen; wir glauben (und das ist auf praktischer Ebene sehr bedeutsam), dass die Dinge in dem Moment anfangen sich zu erholen, in dem sie befreit werden. Hört ein Mann auf, schlechtes Bier zu trinken, wird sein Körper alles daransetzen, zum Normalzustand zurückzukehren. Sobald der Mann denen entflieht, die ihn langsam vergiften, wird in gewissem Sinne sogar die Luft, die er atmet, zum Gegengift.

Dass meines Erachtens eine grundlegende gesellschaftliche Reform in zwei verschiedene Phasen und Ansätze unterteilt ist, werde ich im Folgenden darlegen. Die eine besteht darin, das rasante Zusteuern auf das wahnwitzige Monopol aufzuhalten, diese Revolution umzukehren und zu etwas mehr oder weniger Normalem, wenn auch nicht Idealem, zurückzukehren. In der zweiten Phase sollte diese normalere Gesellschaft zu etwas inspiriert werden, das im wahrsten Sinne ideal, wenn auch nicht notwendigerweise utopisch ist. Aber das Entscheidende, das verstanden werden muss, ist, dass jede Linderung des gegenwärtigen Drucks einen größeren moralischen Effekt haben wird, als unsere Kritiker es sich je vorstellen können. Bislang war jeder Triumph ein Triumph des plutokratischen Monopols und jede Niederlage eine Niederlage des Privateigentums. Ich wage die Behauptung aufzustellen, dass die echte Niederlage eines Monopols eine sofortige und unkalkulierbare, derart weit über sich hinausreichende Wirkung hätte wie die ersten Niederlagen des sich für unbesiegbar haltenden Militärimperiums Preußen. Sobald jede Gruppe oder Familie wieder die grundlegende Erfahrung von Privateigentum macht, wird sie zu einem Einflusszentrum, zur Mission. Es geht hier nicht um eine Parlamentswahl, die von einer Maschine ausgezählt werden kann. Hier geht es um eine Volksbewegung, die niemals in nackten Zahlen zu erfassen ist.

Deswegen haben wir uns als Arbeitsmodell so eingehend mit der Bauernschaft beschäftigt. Der springende Punkt bei der Bauernschaft ist, dass sie keine Maschine ist wie praktisch jeder andere ideale gesellschaftliche Zustand; d. h., etwas, das nur funktioniert, wenn man es so einrichtet, dass es nach einem bestimmten Schema arbeitet. Man macht Gesetze für eine Utopie; und allein durch die Einhaltung dieser Gesetze wird es ein Utopia bleiben. Für das Bauerntum macht man keine Gesetze. In einem Bauernstand machen die Bauern die Gesetze. Spätestens wenn ich ins Detail gehe, wird klar werden, dass für die Einrichtung eines Bauernstandes oder sogar für dessen Schutz keine Gesetze erlassen werden müssten, weil der Charakter des Bauernstandes nicht von Gesetzen abhängt, sondern ausschließlich vom Bauern. Menschen lebten jahrhundertelang Seite an Seite auf ihren jeweiligen und ziemlich gleichberechtigten Höfen, ohne dass viele von ihnen ihr Land verloren, indem irgendeiner von ihnen das Gros des eigenen Landes verkauft hätte. Dabei gab es meist kein Gesetz gegen den Landverkauf. Die Bauern konnten nicht kaufen, weil die Bauern nicht verkauften. Das bedeutet, dass die ausgewogene Gleichstellung, sobald sie einmal existiert, nicht eine Gesetzesformel, sondern vor allem eine moralische und psychologische Tatsache ist. In dieser Situation verhalten sich die Menschen so wie zu Hause, d. h. sie bleiben da; oder zumindest benehmen sie sich dort normal. Der abstrakten Logik nach spricht nichts dagegen, dass die Menschen sich in einem sozialistischen Utopia auch zu Hause fühlen. Aber weil die diese Utopie beschreibenden Sozialisten im Allgemeinen eine diffuse Ahnung haben, dass die Menschen sich darin nicht wirklich wohlfühlen würden, müssen sie ihre Gesetze zur Wirtschaftskontrolle so aufwendig und präzise ausgestalten. Sie benutzen ihre Armee von Beamten, um die Menschen wie Gefangenenhaufen von alten Quartieren in neue (und fraglos bessere) Quartiere zu treiben. Wir aber glauben, dass die von uns befreiten Sklaven wie Soldaten für uns kämpfen werden.

Mit anderen Worten, alles, worum ich den Leser in diesen Vorbemerkungen bitte, ist zu verstehen, dass wir einen Selbstläufer zu etablieren anstreben. Eine Maschine läuft nicht von selbst. Ein Mensch hingegen schon; sogar dann, wenn er sich in Dinge verrennt, denen er besser hätte ausweichen sollen. Wenn er von bestimmten Nachteilen befreit wird, kann er teilweise Verantwortung übernehmen. Allen Modellen kollektiver Konzentration ist zu eigen, dass sie den Menschen sogar dann kontrollieren, wenn er frei ist; wenn man so will, kontrollieren sie ihn, damit er frei bleibt. Sie glauben, der Mensch würde nicht vergiftet werden, wenn beim Abendbrot ein jeden Bissen kontrollierender und jeden Schluck Wein abmessender Arzt hinter seinem Stuhl stünde. Wir glauben, dass der Mensch sicherlich einen Arzt braucht, wenn er vergiftet wurde, aber nicht mehr, sobald er entgiftet ist.

Wir sagen nicht, wie jene womöglich versprechen, dass er immerzu vollauf glücklich sein oder bei ihm immer alles zum Besten stehen wird; denn es gibt noch andere Bereiche des Lebens als die wirtschaftlichen, und selbst die wirtschaftlichen sind von der Erbsünde gezeichnet. Wir sagen nicht, dass er, nur weil er keinen Arzt braucht, deshalb keinen Priester oder keine Frau oder keinen Freund oder keinen Gott bräuchte oder dass seine Beziehung zu diesen durch irgendein Gesellschaftssystem gewährleistet werden könnte. Aber wir sagen, dass es etwas sehr viel Realeres und sehr viel Zuverlässigeres gibt als jedes soziale System, nämlich eine Gesellschaft. Es gibt so etwas wie Menschen, die ein gesellschaftliches Leben entwickeln, das zu ihnen passt und das sie einigermaßen vernünftig miteinander umgehen lässt. Man muss nicht abwarten, bis solch eine Gesellschaft überall aufgebaut wurde. Es macht bereits einen entscheidenden Unterschied, wenn sie irgendwo existiert. Wenn ich also gleich zu Beginn gefragt werde: »Glauben Sie etwa nicht, dass der Sozialismus oder der reformierte Kapitalismus England retten wird; glauben Sie wirklich, dass der Distributismus England retten wird?«, dann antworte ich: »Nein, ich denke, dass Engländer England retten werden, wenn sie die Chance dazu bekommen.«

Deshalb bin voller Zuversicht. Ich glaube, dass der Zusammenbruch ein Zusammenbruch der Maschinen war und nicht der Menschen. Und ich bin der tiefen Überzeugung, dass es etwas entschieden anderes ist, einem Mann Arbeit zu geben, als einer Maschine einen Plan vorzulegen. Ich bitte den Leser, diese Unterscheidung an diesem Punkt der Erläuterungen im Hinterkopf zu behalten, wenn ich nun einige mögliche Reformen eingehender beschreibe. Ich scheue mich nicht vor einleuchtenden Argumenten und habe keine Angst, jederzeit Korrekturen vorzunehmen; es ärgert mich nicht, dass sich die konkreten Programme derjenigen, die sich auf diese grundlegenden Prinzipien berufen, in vielerlei Hinsicht unterscheiden.

Mir ist die Sache viel zu ernst, als dass ich mein persönliches Programm für ein Parteiprogramm hielte und glaubte, mein Entwurf müsse vom Parlament unverändert als Gesetz verabschiedet werden. Aber ich habe in diesem speziellen Fall einen besonderen Grund, in diesem Kapitel darauf zu bestehen, dass es einen vernünftigen Ausweg gibt, sowie darauf, dass er mit angemessener Heiterkeit betrachtet wird. Ich halte nicht sehr viel von dieser amerikanischen Tugend, die heute Optimismus genannt wird. Sie schmeckt zu sehr nach der Christlichen Wissenschaft[17], um einem Christen zu behagen. Aber es gibt hinsichtlich dieses konkreten Falles allen Grund, die Menschen vor einem allzu voreiligen Pessimismus oder Stolz über das eigene Unvermögen zu warnen. Weil es um nichts anderes geht als um die menschliche Fähigkeit zur Erkenntnis, bitte ich jeden, frei und offen zu überlegen, ob nicht das, was hier angeführt wird, auch ausgeführt werden könnte, selbst wenn es im Detail unterschiedlich ausgeführt werden kann. Die Lage ist viel zu ernst für den Menschen, als dass er nicht heiter sein sollte. Und daher wage ich es, eine Warnung auszusprechen.

Ein Mann wurde von einem unvernünftigen Führer oder einem selbstgerechten Reisegefährten an den Rand eines Abgrunds geführt, in den er im Dunkeln zu stürzen droht. Es liegt auf der Hand, dass nun nichts weiter getan werden kann, als sich hinzusetzen und auf das Tageslicht zu warten. In den Stunden der Dunkelheit abzuwägen, wie er am besten wieder sicheren Boden unter den Füßen finden kann, und irgendwelche konkreten Wegmarken zu erinnern und einen schlüssigen Plan zu fassen, wäre sicher äußerst ratsam und keine Zeitverschwendung – vor allem, weil es ohnehin nichts anderes zu tun gibt. Aber da gibt es noch einen Ratschlag, den wir dem Führer, der den schlichten Fremden irregeleitet hat – insbesondere, wenn der im Wortsinne ein schlichter Fremder ist, einfach gestrickt und derb im Umgang –, geben sollten. Wir sollten ihm eindringlich raten, die Zeit nicht damit zu verschwenden, dem anderen nachdrücklich zu beweisen, der Rückweg sei versperrt und es gäbe keinen sicheren Grund hinter ihm und keine Möglichkeit, den

Weg nach Hause zu finden, die kürzlich unternommenen Schritte seien unwiderruflich und Fortschritt bedeute immer voranzuschreiten und niemals zurück. Ist er taktvoll, wird er trotz seiner vorangegangenen Fehler solche Bemerkungen vermeiden. Ist er weniger taktvoll, wird möglicherweise einer der beiden noch vor Beendigung des Gesprächs über den Rand des Abgrunds stürzen; und es wird nicht der schlichte Fremde sein, der da stürzt.

Eine Armee marschiert unter einem Kommandeur, der davon ausgeht, dass er neue Befehle erhalten wird, die besser sind als die alten, durch die Wildnis ins Blaue hinein. Als die Truppe schließlich völlig erschöpft ist und die einfachen Soldaten nach furchtbaren Entbehrungen vor Hunger und Anstrengung völlig entkräftet sind, finden sie heraus, unwissentlich in Feindesland vorgedrungen zu sein; und die einzigen sichtbaren Zeichen einer militärischen Besatzung bestehen darin, dass der Feind sie umzingelt. Der Marsch wird gestoppt und der Kommandeur spricht zu seinen Männern. Es gibt vieles, was er wohl sagen könnte. Einige werden denken, er solle besser den Mund halten. Viele werden denken, es wäre umso besser, je weniger er sagen würde. Andere würden zu Recht darauf bestehen, dass in dieser Lage ein Rückzug mehr Mut erfordert als ein Angriff. Er wäre gut beraten, seine enttäuschten Männer anzufeuern, indem er dem Feind mit einer weitaus drastischeren Niederlage droht; indem er erklärt, dass sie den Feind noch besiegen, den Kopf aus der Schlinge ziehen können und ihr Entkommen durch Rückzug ein größerer Sieg wäre als der des Feindes. Auf jeden Fall gibt es Worte, die der Kommandeur nicht an seine Männer richten wird, es sei denn, er wäre ein noch größerer Narr, als den sein ursprünglicher Fehler ihn bereits ausweist zu sein. Er wird nicht sagen: »Wir haben nun eine Stellung bezogen, die euch womöglich deprimiert; aber ich versichere euch, es ist nichts gegen die Depression, die ihr mit Sicherheit erleiden werdet, wenn ihr eine Reihe von unweigerlich vergeblichen Versuchen unternehmt, sie zu verbessern, oder wenn ihr zu den Stellungen zurückfallt, die ihr aus Dummheit für sicherer haltet. Mich amüsiert euer absurder Vorschlag, wieder dem alten Marschbefehl zu folgen; denn ich habe sowieso nie sehr viel von diesen schäbigen alten Marschbefehlen gehalten.« Man hat schon von Meutereien in der Wüste gehört und möglicherweise wird der General seinen Tod nicht unbedingt im Gefecht finden.

Eine große Nation und Zivilisation folgte über einhundert Jahre oder länger noch einer Art Fortschritt, der sich von bestimmten alten Marschbefehlen in Gestalt von tradierten Vorstellungen über das Land, das Heim und den Altar losgesagt hat. Sie schritt voran unter Führern, die sich ihrer selbst sehr sicher waren, um nicht zu sagen todsicher. Sie waren überzeugt davon, dass ihr Wirtschaftssystem solide, ihre politische Theorie richtig, ihr Kommerz segensreich, ihre Parlamente beliebt, ihre Presse erleuchtet und ihre Wissenschaft human sei.

In diesem Selbstvertrauen verpflichteten sie ihr Volk zu gewissen neuen und gewaltigen Experimenten; dazu, ihre eigene unabhängige Nation zum ewigen Schuldner einiger weniger Reicher zu machen; dazu, im Vertrauen auf die Finanziers massenhaft Privateigentum anzuhäufen; dazu, ihr Land mit Stein und Eisen zu überziehen und es von Weiden und Weizen zu befreien; dazu, die Nahrungsmittel aus dem eigenen Land zu verbannen in der Hoffnung, dass sie am anderen Ende der Welt wieder zurückgekauft werden könnten; dazu, ihre kleine Insel derart mit Eisen und Gold zu beladen, dass sie tonnenschwer war wie ein sinkendes Schiff; dazu, die Reichen immer reicher und zahlloser und die Armen ärmer und zahlreicher werden zu lassen; dazu, in einem Krieg die ganze Welt in Herren und Diener aufzuteilen; dazu, jede Form von moderatem Wohlstand und aufrichtigem Patriotismus zu verlieren, bis es keine Unabhängigkeit ohne Luxus und keine Arbeit ohne Hässlichkeit mehr gab; dazu, Millionen von Menschen abhängig zu machen von einer indirekten und entfernten Führung und indirekten und entfernten Ernährung; Millionen, die sich für jemanden zu Tode arbeiteten, den sie nicht kannten, und ihren Lebensunterhalt von irgendwoher bezogen und nicht einmal wussten woher – und alle hingen am immer dünner und dünner werdenden seidenen Faden des Auslandshandels. Den in diese Lage gebrachten Menschen wird immer noch so manches erzählt. Es mag richtig sein, sie daran zu erinnern, dass eine offene Revolte alles nur schlimmer machen würde und nicht besser. Es mag ehrlich sein, ihnen zu sagen, dass gewisse komplexe Schwierigkeiten eine Zeit lang toleriert werden müssen, weil sie mit anderen komplexen Schwierigkeiten zusammenhängen, die behutsam nach und nach vereinfacht werden müssen.

Aber wenn ich ein Wort an die Fürsten und Herrscher solch eines Volkes richten dürfte, die sie in solch eine Situation gebracht haben, dann würde ich ihnen so eindringlich sagen, wie nur irgendetwas je von Mann zu Mann gesagt worden ist: »Um Gottes Willen, um unseretwillen, aber vor allem um eurer selbst willen, sagt ihnen nicht so voreilig, es gäbe keinen Ausweg aus der Falle, in die euer Irrsinn sie geführt hat, und es gäbe keinen Weg als den, durch den ihr sie ruiniert habt, es gäbe keinen Fortschritt als den, der nun sein Ende gefunden hat. Beweist euren unseligen Opfern nicht so überstürzt, dass alles, was unselig ist, auch hoffnungslos sei. Seid nicht so eifrig bemüht, sie davon zu überzeugen, dass ihr nun am Ende eures Experiments auch am Ende eurer Möglichkeiten wäret. Beweist nicht so derart eloquent, so derart raffiniert, so wahnsinnig sachlich und glänzend überzeugend, dass euer Fehler noch unwiederbringlicher und unabänderlicher sei, als er es tatsächlich ist. Versucht nicht, die industrielle Krankheit kleinzureden, indem ihr behauptet, sie sei unheilbar. Erhellt nicht das dunkle Problem der Kohlengrube, indem ihr beweist, dass diese Grube ein Loch ohne Boden ist. Erzählt den Menschen nicht, es gäbe nur diesen einen Weg; denn schon jetzt werden ihn viele nicht durchstehen. Sagt den Menschen nicht, darin bestünde die einzige Möglichkeit, denn für viele ist es schon jetzt nicht mehr möglich, all das zu ertragen. Denn wenn später zur elften Stunde die Schicksale dunkler geworden sind und das Ende klar vor Augen steht, werden die Menschen womöglich plötzlich begreifen, in welche Sackgasse euer Fortschritt sie geführt hat, und sich womöglich noch in der Falle gegen euch erheben. Denn wenn sie auch alles ertragen haben, so vielleicht nicht diesen letzten Hohn, dass ihr nichts tun könnt, dass ihr nicht einmal versucht, etwas zu tun. ›Was bist Du, Mensch, und warum verzagst Du?‹, schrieb der Dichter[18], ›Alles wird Gott Dir vergeben, allein die Verzweiflung nicht.‹ Auch der Mensch kann euch euren Fehler vergeben, eure Verzweiflung aber vielleicht nicht.«

IV. Über den Sinn für das Maß

Wer die Zeitungen und die Parlamentsreden aufmerksam studiert, müsste inzwischen eine ziemlich genaue Vorstellung von der Art des Übels im Sozialismus gewonnen haben. Er ist ein abseitiger, utopischer Traum, der unmöglich in Erfüllung gehen kann, und zugleich eine große und uns in jedem Augenblick drohende konkrete Gefahr, die so fern liegt wie das Ende der Welt und zugleich so nah wie das Ende der Straße. Das ist klar; aber der Aspekt, der mich in diesem Augenblick am meisten umtreibt, ist der utopische. Ein ehemaliger Journalist der *Daily Mail* widmete sich diesem Aspekt und stellte dieses Gesellschaftsideal wie tatsächlich fast jedes andere auch als eine Art Paradies für die Memmen das. Er behauptete, »Schwächlinge« wollten vor der Belastung und dem Stress unseres kraftvollen Individualismus beschützt werden, und riefen aus diesem Grund nach jener paternalistischen Regierung oder großmütterlichen Gesetzgebung. Während ich diese Bemerkungen mit äußerstem, unablässigen Vergnügen las, hatte ich den wahren Individualisten vor Augen; diese Art von Mensch, der vermutlich solche Ergüsse schreibt und sie mit Sicherheit liest.

Dieser Mensch faltet seine *Daily Mail* zusammen und erhebt sich von seinem ungemein individualistischen Frühstückstisch, an dem er gerade sein verwegenes und abenteuerliches Frühstück verputzt hat mit vom wilden, kürzlich in seinem Vorgarten zur Strecke gebrachten Eber in Scheiben heruntergeschnittem Speck und Eiern, die er unter Gefahren aus einem schaukelnden Nest zwischen schlagenden Flügeln hoch oben in der Krone jener schwankenden Bäume, nach denen das Haus angemessenerweise *Pine Crest*, Kiefergipfel, genannt wird, geschnappt hatte. Er setzt seinen ausgefallenen und kreativen Hut auf, der nach einem kühnen Entwurf seines eigenen ausgefallenen und kreativen Kopfs angefertigt wurde, und verlässt sein einzigartiges und unvergleichliches Haus, das nach seinem eigenen wohldurchdachten architektonischen Entwurf mit seinem eigenen wohlverdienten Geld erbaut wurde und dessen sich gegen den Himmel abzeichnende Silhouette seiner eigenen leidenschaftlichen Persönlichkeit Ausdruck zu verleihen scheint. Er schreitet die Straße hinab, folgt seinem eigenen Weg über Stock und Stein hin zu einem Ort seiner eigenen Wahl und seiner geliebten Arbeit, der Werkstatt seines kreativen Handwerks. Er trödelt auf dem Weg, um hier eine Blume zu pflücken und dort ein paar Verse zu reimen, denn er ist Herr über seine eigene Zeit; er ist ein individueller und ein freier Mann und nicht wie jene Kommunisten. Er kann nach eigenem Gutdünken in seinem eigenen Beruf arbeiten, wann immer er das möchte, und bis spät in die Nacht hinein werkeln, um den müßigen Morgen wieder wettzumachen. Somit ist das Leben eines Angestellten in einer Welt der freien Wirtschaft und des gelebten Individualismus sein Weg vom trauten Heim zur Arbeit. Unbeschwert schreitet er immer weiter voran, bis er in der Ferne den pittoresken und emporragenden Turm seiner Werkstatt sieht, in der er mit den schöpferischen Streichen eines Gottes …

Er sieht ihn, wie gesagt, in der Ferne. Dieser Ausdruck ist nicht ganz zufällig gewählt. Denn der Fehler dergleichen journalistischer Philosophie des Individualismus und der freien Wirtschaft liegt genau darin, dass diese Dinge zur Zeit noch weitaus ferner und weitaus unwahrscheinlicher sind als gemeinschaftliche Utopien. Die fürchterliche bolschewistische Republik ist nicht weit entfernt. Der sozialistische Staat ist keine Utopie. Nicht einmal Utopia ist utopisch. Der sozialistische Staat kann vielmehr als schrecklich und bedrohlich nah bezeichnet werden. Der sozialistische Staat gleicht dem kapitalistischen Staat, in dem der Büroangestellte liest und der Journalist schreibt, bis aufs Haar. Utopia ist der gegenwärtige Zustand, bloß schlimmer.

Für den Angestellten machte es keinen Unterschied, wenn sein Arbeitsplatz schon morgen Teil eines Staatsministeriums würde. Er wäre genauso zuvorkommend und genauso wenig zuvorkommend, wenn die ferne und schattenhafte Person an der Spitze der Abteilung ein Regierungsbeamter wäre. Tatsächlich macht es schon jetzt für ihn kaum einen Unterschied, ob seine Söhne und Töchter nach kühnen und revolutionären sozialistischen Prinzipien bei der Post angestellt sind oder nach den wilden und abenteuerlichen individualistischen Prinzipien in einem Laden. Ich habe noch nie von so etwas wie einem Bürgerkrieg zwischen der Tochter im Laden und der Tochter auf dem Postamt gehört. Ich bezweifle, dass das junge Fräulein auf dem Postamt so tief von bolschewistischen Prinzipien durchdrungen ist, dass sie es als Ausdruck einer höheren Moral ansähe, ohne zu zahlen etwas aus den Geschäftsregalen zu entwenden. Und ich bezweifle, dass das junge Fräulein aus dem Laden erschrickt, wenn sie an roten Briefkästen vorbeikommt, weil sie in ihnen die Vorposten der roten Gefahr sieht.

In Wahrheit sind wir sehr weit entfernt von dieser in der *Daily Mail* so gepriesenen Individualität und Freiheit. Sie ist nur ein in weiter Ferne sichtbarer, von einem Mann erbauter Turm. Das Privatunternehmertum liegt so fern wie ein Utopia. Es ist das Privateigentum, das für uns ein Ideal, für unsere Kritiker aber eine Unmöglichkeit ist und das tatsächlich fast genauso diskutiert werden kann, wie der Schreiber der *Daily Mail* den Kollektivismus diskutiert. Für die einen ist es das Ziel aller Wünsche und für die anderen eine Schimäre. Seine Fürsprecher halten es für die endgültige Erfüllung aller Hoffnungen und Befriedigungen des Hungers der Moderne und seine Feinde für einen Widerspruch zum gesunden Menschenverstand und den allgemeinen menschlichen Möglichkeiten. Alle sich des tatsächlichen Problems bewusst gewordenen Polemiker sagen genau das über unser Ideal, was sie schon über das sozialistische Ideal gesagt haben, dass nämlich die Idee vom Privateigentum zu ideal sei, um nicht unmöglich zu sein. Sie sagen, die freie Wirtschaft sei zu utopisch, um wahr zu sein. Sie sagen, dass allein die Vorstellung, gewöhnliche Menschen verfügten über gewöhnlichen Besitz, gegen die Gesetze politischer Ökonomie verstoße und eine Änderung der menschlichen Natur erfordere. Dieselben wohlmeinenden Leute sagen, alle Geschäftsleute wüssten, dass diese Sache so nie funktionieren könne, so wie sie wissen, dass eine staatliche Führung nie funktionieren kann. Sie halten nämlich am einfachen und ergreifenden Glauben fest, dass kein anderes Management als ihr eigenes je funktionieren kann. Sie nennen das ein Gesetz der Natur und jeden, der das anzuzweifeln wagt, einen Schwächling. Aber der entscheidende Punkt ist, dass selbst obwohl die normale Lösung des Privateigentum für alle *selbst jetzt* nicht annähernd verwirklicht ist, weil sie nur von den Herrschern des modernen Marktes (und demzufolge der modernen Welt) auf sich angewendet wird, sie diese ganz normale Auffassung von Besitz auf dieselbe Weise kritisieren wie die unnormale Auffassung des Kommunismus. Sie sagen, es sei utopisch und sie haben Recht. Sie sagen, es sei idealistisch, und sie haben Recht. Sie sagen, es sei naiv, und sie haben Recht. Es verdient jede Bezeichnung, die zeigt, wie gründlich sie die Gerechtigkeit bereits aus der Welt vertrieben haben; jede Bezeichnung, die bemisst, wie weit sie und ihresgleichen sich von einem ehrbaren Leben entfernt haben; jede Bezeichnung, die die Tatsache aufzeigt und wiederholt, dass Eigentum und Freiheit von ihnen und ihresgleichen durch den Abgrund zwischen Himmel und Hölle getrennt sind.

Das ist der eigentliche mit unseren Gegnern auszufechtende Streitpunkt; und ich habe eine Reihe von Artikeln verfasst, die sich eingehend damit beschäftigen. Die Frage ist, ob dieses Ideal etwas anderes als bloß ein Ideal sein könnte und nicht, ob es mit der gegenwärtigen verachtungswürdigen Wirklichkeit verwechselt werden kann. Es handelt sich schlicht um die Frage, ob diese gute Sache wirklich zu gut ist, um wahr zu sein. Vorläufig möchte ich nur festhalten, dass, sollten die Pessimisten von ihrem Pessimismus überzeugt sein und die Skeptiker wirklich daran festhalten, unser Gesellschaftsideal wegen struktureller Schwierigkeiten oder wegen materieller Verhängnisse als völlig unmöglich abzutun, sie damit zumindest eine bemerkenswerte und kuriose Schlussfolgerung gezogen haben. Die Äußerung, der Mensch solle ab sofort von seinen Armen und Beinen getrennt werden, weil es ein besseres Modell von Rädern gäbe, ist nicht weniger absurd als die Behauptung, er solle sich für immer von zwei so natürlichen Stützen wie seinem Willen zu eigenen Entscheidungen und eigenem Besitz verabschieden. Ob diese Kritiker nun als Kritiker des Sozialismus oder des Distributismus daherkommen, so sprechen sie doch liebend gern von extravaganten, überspannten Vorstellungen oder unmöglichen Verrenkungen der menschlichen Natur. Zugegebenermaßen muss ich meine eigene menschliche Vorstellungskraft und menschliche Natur sehr weit überspannen und verrenken, um mir etwas so Verbogenes und Frappierendes wie eine ihre eigenen Possessivpronomen vergessende Menschheit vorzustellen.

Nichtsdestotrotz befinden wir uns mit ebendiesen Kritikern in einer Kontroverse. Die gerechte Verteilung mag ein Traum, drei Morgen Land und eine Kuh mögen ein Scherz und die Kuh selbst ein Fabelwesen sein, Freiheit bloß ein Name und das Privatunternehmen ein hoffnungsloses Unterfangen, das die Welt darum nicht weiterverfolgen sollte. Doch sind diejenigen, die so argumentieren, als wären Eigentum und Privatunternehmertum die derzeit geltenden Prinzipien, so blind und taub und abgestumpft gegen alle Gegebenheiten ihres eigenen alltäglichen Lebens, dass sie schlicht aus dieser Debatte entlassen werden können.

In diesem Sinne sind wir tatsächlich Utopisten, weil unsere Aufforderung womöglich abseitiger und sicherlich schwieriger scheint. Wir sind revolutionär in dem Sinne, dass eine Revolution eine Umkehrung bedeutet: eine mit einer Verlangsamung des Tempos einhergehende Richtungsumkehr. Die von uns gewollte Welt unterscheidet sich sehr viel mehr von der bestehenden Welt als die bestehende Welt von der Welt des Sozialismus. Der Unterschied zwischen der gegenwärtigen Welt und dem Sozialismus ist, wie bereits erwähnt, äußerst gering, wenn wir die weniger wichtigen und eher schmückenden Ideen des Sozialismus, Kinkerlitzchen wie Gerechtigkeit, Staatsbürgertum, die Abschaffung von Hunger usw. ausblenden. Wir haben bereits alles akzeptiert, was jeder vernünftige Mensch am Sozialismus auszusetzen hatte, all das, worüber sich die Kritiker von *Ein Rückblick*[19] des desolaten Nutzwerts und der Hermetik wegen beschwert haben. Die Kritik an den Welten von Wells oder Webbs als zentralisierte, unpersönliche und gleichgeschaltete Zivilisationen ist eine exakte Beschreibung der derzeit bestehenden Zivilisation. Mit Ausnahme irgendwelcher hirnrissigen Schwärmereien wie der Ernährung der Armen und Übertragung von Rechten an die Bevölkerung wurde nichts ausgelassen. In jeder anderen Hinsicht ist die Vereinheitlichung und Reglementierung bereits vollzogen. Utopia hat ihr Schlimmstes vollbracht. Der Kapitalismus hat alles getan, was der Sozialismus zu tun drohte. Der Angestellte hat genau die Art passiver Funktion und freizügiger Vergnügen, die er im monströsesten Modelldorf hätte. Ich mokiere mich nicht über ihn; er hat trotz der Zivilisation, die er genießt, durchaus vernünftigen Geschmack und häusliche Tugenden. Es sind der gleiche Geschmack und dieselben Tugenden, die er auch als Mieter und Diener des Staates hätte. Aber vom Moment seines Erwachens bis zum Zeitpunkt seines Zubettgehens verläuft sein Leben in Bahnen, die andere Leute ihm vorgegeben haben, die er zumeist nicht einmal kennt. Er lebt in einem Haus, das ihm nicht gehört, das er nicht gebaut hat, das er nicht will. Er bewegt sich überallhin auf eingefahrenen Bahnen, zur Arbeit geht es stets auf Schienen. Was es für seine Väter, die Jäger und Pilger und fahrenden Sänger, bedeutet hat, sich ihren Weg zu einem Ort zu bahnen, hat er vergessen. Er denkt in Löhnen, hat vergessen, was wahrer Reichtum ist. Sein oberstes Ziel ist es, diesen oder jenen untergeordneten Posten in einem Unternehmen zu ergattern, das bereits eine reine Bürokratie ist. Es gibt bereits innerhalb der Firma einen Wettbewerb um diese Stelle, wie es ihn auch in jeder Bürokratie gäbe. Ein Punkt, den die Verteidiger des Monopols oft außer Acht lassen. Sie führen manchmal an, es gäbe in solchen Systemen immer noch einen Wettbewerb unter den Dienern; offenbar ein Wettbewerb der Dienstbarkeit. Aber genauso gut könnte es auch einer der Regierungsbeamten nach einer Verstaatlichung sein. Wenn das die Antwort auf unseren Einwand sein soll, verschwindet der ganze Einwand gegen den Staatssozialismus. Und selbst wenn jeder Laden so staatlich wäre wie eine Polizeiwache, würden solch wunderbare Tugenden wie Eifersucht, Intrigen und selbstsüchtiger Ehrgeiz unter den Angestellten blühen und gedeihen, wie sie es manchmal sogar unter

Polizisten tun. Gleichwohl existiert diese Welt; und es mag utopisch sein, diese Welt herauszufordern, sie gar ändern zu wollen, sogar wahnsinnig utopisch. Insofern kann diese Bezeichnung unbestritten auf mich und alle Gleichgesinnten angewendet werden. In anderer Hinsicht aber ist diese Bezeichnung höchst irreführend und äußerst unzutreffend. Das Wort »Utopia« impliziert nicht nur die Schwierigkeit seiner Verwirklichung, sondern auch die mit solchen Utopien wie denen des Herrn Wells verbundenen Aspekte. Und es ist sehr wichtig, jetzt gleich zu zeigen, warum sie nicht auf unser Utopia zutreffen – wenn es denn ein Utopia ist.

Es gibt etwas, das wir den idealen Distributismus nennen sollten; wenngleich wir in diesem Tal der Tränen nicht erwarten sollten, dass der Distributismus ideal ist. Genauso gibt es sicherlich so etwas wie den idealen Kommunismus. Aber es gibt keinen idealen Kapitalismus und nichts, das man ein kapitalistisches Ideal nennen könnte. Wie wir bereits bemerkt haben (wenn auch nicht oft genug), spricht der Kapitalist immer dann wie ein Sozialist, wenn er idealistisch und vor allem wenn er sentimental wird. Er redet immerzu über »Sozialfürsorge« und »Gemeinnutz«. Daraus folgt, dass insofern solch eine Person so etwas wie ein Utopia kennt dieses mehr oder weniger dem sozialistischen Utopia entspräche. Der erfolgreiche Finanzier kann eine unvollkommene Welt ertragen, ganz unabhängig davon, ob er sich selbst in christlicher Demut als eine ihrer Unvollkommenheiten erkennt. Aber wenn von ihm gefordert würde, sich eine perfekte Welt vorzustellen, dann wäre es etwas wie der Musterstaat der Fabier oder der Sozialistischen Arbeiterpartei. Er würde nach etwas Systematisiertem, etwas Vereinfachtem verlangen, in dem alle auf dem gleichen Stand wären. Und er würde es nicht bekommen, zumindest nicht von mir. Ich bete darum, vor genau dieser Vereinfachung und Gleichmacherei gerettet zu werden, und wäre stolz, auch nur einen Einzigen davor retten zu können. Ich flehe im Namen der Freiheit, uns von genau dieser Ordnung und Einheitlichkeit zu erlösen.

Wir versprechen keine Perfektion, wir versprechen das Maß. Wir wollen die Verhältnisse im modernen Staat korrigieren, wenn auch Verhältnisse zwischen den verschiedensten Dingen bestehen und ein Maß nur selten ein Muster ist. Es ist, als skizzierten wir das Bild eines lebendigen Menschen, und sie denken, wir zeichneten ein Diagramm von Rädern und Stangen für die Konstruktion eines Roboters. Wir sagen nicht, dass in einer gesunden Gesellschaft alles Land gleich bestellt werden oder aller Besitz unter den gleichen Bedingungen besessen werden sollte oder dass alle Bürger die gleiche Beziehung zur Stadt haben müssen. Unser einziges Anliegen besteht darin, dass die Zentralgewalt ihr untergeordnete, sie ausbalancierende und kontrollierende Gewalten benötigt, die vielgestaltig sein müssen: einige individuell, einige kommunitär, einige behördlich usw. Sicherlich werden einige von ihnen ihr Privileg missbrauchen, aber wir ziehen dieses Risiko einem Staat oder einem Trust vor, der seine Allmacht missbraucht.

Mir wird z. B. manchmal vorgeworfen, ich würde nicht an mein eigenes Zeitalter, und sogar noch vehementer, an meine eigene Religion glauben. Ich werde als mittelalterlich bezeichnet, und manche entdeckten bei mir sogar eine Voreingenommenheit aus Sympathie für die katholische Kirche, der ich angehöre. Ziehen wir einmal eine Parallele. Wenn jemand einem mittelalterlichen König oder einer modernen Landbevölkerung vorwirft, sie tolerierten vom Bolschewismus durchdrungene Orte, wären wir doch sehr überrascht, herauszufinden, dass er damit deren Tolerierung von Klöstern meint. Dass in Klöstern Kommunismus gelebt wird und alle Mönche Kommunisten sind, trifft allerdings zu. Ihr wirtschaftliches und ethisches Leben stellt eine Alternative zu einem Leben in der Feudalgesellschaft oder der Familie dar. Und trotzdem wurden sie in ihrer privilegierten Position immer als Stütze der gesellschaftlichen Ordnung betrachtet. Sie geben gewissen Vorstellungen von gemeinschaftlichem Zusammenleben einen eigenen und angemessenen Stellenwert im Staat, wie die Allmende es tut. Wir sollten die Möglichkeit begrüßen, allen gemeinschaftlichen Zünften oder Gruppen ihren eigenen und angemessenen Platz im Staat einzuräumen, und auch bereit sein, einen Teil des Landes als Allmende abzustecken. Eine umfassende Verstaatlichung des gesamten Landes allerdings machte unseres Erachtens lediglich alle Menschen zu Mönchen und würde damit diesem Ideal einen völlig unverhältnismäßigen Platz im Staat einräumen. Kommunismus bedeutet nicht, dass einige Menschen Kommunisten sind, sondern alle Menschen. Wir würden aber nicht in demselben strengen und wörtlichen Sinne daraus schließen, Distributismus bedeute, alle Menschen wären Distributisten. Wir sagen auf keinen Fall, in einem Bauernstaat seien alle Menschen Bauern gewesen. Wir wollen damit vielmehr zum Ausdruck bringen, dass er den allgemeinen Charakter eines Bauernstaates hatte, dass das Land größtenteils auf diese Art genutzt und das Gesetz im Allgemeinen auf ihn ausgerichtet wurde und alle anderen Institutionen als erkennbare Ausnahmen wie eine Landmarke auf dem hohen Plateau der Gleichheit herausragten.

Wenn das inkonsistent ist, ist nichts konsistent; wenn das undurchführbar ist, dann ist das ganze menschliche Leben undurchführbar. Wenn ein Mann das will, was er einen Blumengarten nennt, dann pflanzt er Blumen, wo er kann, und insbesondere dort, wo sie den Charakter von Landschaftsgärten ausmachen. Sie überziehen den Garten nicht komplett, sie geben ihm nur eindeutig mehr Farbe. Er erwartet nicht, dass Rosen aus Schornsteinen wachsen oder Margeriten die Geländer emporranken und noch weniger, dass Tulpen auf Kiefern wachsen oder der Affenbaum wie ein Rhododendron blüht. Aber er weiß sehr genau, was er mit einem Blumengarten meint, und jeder andere auch. Wenn er keinen Blumen-, sondern einen Küchengarten will, geht er anders vor. Aber er erwartet nicht, dass der Küchengarten eine Küche ist. Er gräbt nicht alle Kartoffeln aus, bloß weil es kein Blumengarten ist, die Kartoffel aber eine Blüte trägt. Er weiß um den Kern der von ihm angestrebten Sache, aber da er von Haus aus kein Narr ist, erwartet er nicht, sie überall in gleichem Maße oder ohne Beimischung von anderen Dingen zu erreichen. Der Blumengärtner wird die Kapuzinerkresse nicht in den Küchengarten verbannen, nur weil bekannt wurde, dass irgendwelche merkwürdigen Leute sie essen. Genauso wenig wird er ein Gemüse als Blume ansehen, weil es den Namen Blumenkohl trägt. Demnach sollte aus unserem Gesellschaftsgarten nicht notwendigerweise jede moderne Maschine verbannt werden, so wie wir auch nicht jede mittelalterliche Abtei ausschließen sollten. Tatsächlich passt das Gleichnis recht gut; denn dies ist die Art von tief verwurzeltem Menschenverstand, den die Menschen nicht verloren hatten, bis sie die Gärten verloren, wie ihnen auch jene übermenschliche höhere Vernunft vor langer Zeit mit dem Garten Eden verloren ging.

Kapitel II. Einige Aspekte des Big Business

I. Der Bluff der Großgeschäfte

Zweimal in meinem Leben hat mir ein Redakteur ausführlich dargelegt, dass er meinen Artikel nicht zu drucken wagt, weil er die Inserenten seines Blattes verärgern würde. Derlei Zwänge herrschen überall, wenn auch in einer leiseren und subtileren Form. Aber ich habe großen Respekt vor der Ehrlichkeit dieses Redakteurs, weil er offensichtlich der absoluten Ehrlichkeit so nahekam, wie der Redakteur einer wichtigen Wochenzeitschrift ihr nur nahekommen kann. Er erzählte die Wahrheit über die Lüge, die er erzählen muss.

In beiden Fällen verweigerte er mir die Meinungsfreiheit, weil ich geschrieben hatte, dass die überall beworbenen Kaufhäuser und großen Geschäfte schlimmer seien als kleine Läden. Es ist nicht uninteressant, dass dies eines der Dinge ist, die man nun nicht mehr sagen darf, wenn nicht sogar das Einzige, das man wirklich nicht mehr sagen darf. Ein Angriff auf die Regierung wäre toleriert worden, einem Angriff auf Gott wäre respektvoll und höflich applaudiert worden. Hätte ich auf die Ehe oder den Patriotismus oder die sittliche Moral geschimpft, wäre ich in den Schlagzeilen gepriesen worden und hätte mich fortan in den Sonntagszeitungen ausbreiten dürfen. Gerade weil die große Zeitung selbst ein großes Geschäft ganz eigener Art und immer mehr ein Monument des Monopols geworden ist, wird sie das große Geschäft sicherlich nicht attackieren. Aber es ist nur recht und billig, wenn ich hier wiederhole, was ich im Artikel auf keinen Fall wiederholen durfte:

Das große Geschäft ist meines Erachtens ein schlechtes Geschäft, nicht nur in einem moralischen, sondern auch in einem kaufmännischen Sinne, und dort einzukaufen ist nicht nur eine schlechte Handlung, sondern zugleich ein schlechtes Geschäft. Ich denke, das riesige Warenhaus ist nicht nur vulgär und anmaßend, sondern auch inkompetent und völlig unzweckmäßig, und bestreite, dass seine enorme Organisationsstruktur effizient ist. Eine große Organisation ist eine schlaffe Organisation. Ja, man kann sogar sagen, dass Organisation immer Desorganisation ist. Das einzig vollkommen Organische ist ein Organismus wie der groteske und obskure Organismus Mensch. Er allein kann sich relativ sicher sein, zu tun, was er will; jeder zusätzliche Mensch könnte ein zusätzlicher Fehler sein.

Auf die Geschäfte übertragen ist die ganze Angelegenheit ein gewaltiger Trugschluss. So etwas wie eine Armee muss organisiert sein und tut demzufolge gut daran, sich gut zu organisieren. Zur Verteidigung der Front braucht es eine lange, schnurstraffe Linie, die demzufolge auch straff gezogen werden muss. Aber dass man zum Hütetrimmen oder Blumenstraußbinden eine lange, schnurstraffe Linie von Menschen braucht, damit ordentlich getrimmt oder gebunden wird, trifft nicht zu. Die Arbeit ist vielmehr dann ordentlich, wenn sie von einem bestimmten Handwerker für einen bestimmten Kunden mit bestimmten Bändern und Blumen ausgeführt wird. Eine Person, die angewiesen wird, den Hut zurechtzumachen, wird es nie zur Zufriedenheit der

Person machen, die ihn zurechtgemacht haben will; und die hundertste Person mit demselben Auftrag wird ihn genauso schlecht erledigen. Würden wir alle Geschichten von all den Hausfrauen und Haushältern über Großgeschäfte sammeln, die falsche Waren verschicken, die richtigen beschädigen oder sogar versäumen, überhaupt irgendwas auf den Weg zu bringen, hätten wir ein ganzes Füllhorn von Ineffizienz vor uns. Es gibt sehr viel mehr Fehler in einem großen Geschäft, als sie jemals einem kleinen unterlaufen, wo der individuelle Kunde den individuellen Ladenbesitzer dafür verantwortlich machen kann. Angesichts der modernen Ineffizienz hält der Kunde den Mund, weil er sich sehr wohl des Talents dieser Organisation dafür bewusst ist, den falschen Mann rauszuschmeißen. Kurz gesagt, Organisation ist ein notwendiges Übel, das in diesem Fall nicht notwendig ist.

Weil sie uns allen geläufig und vertraut sind, habe ich mit diesen Bemerkungen über Großgeschäfte begonnen und bin nicht näher auf die weitaus unterhaltsameren Behauptungen über die radikalen Zusammenlegungen von verschiedenen Geschäften eingegangen. Eine der lustigsten Aussagen ist die, es sei doch praktisch, alles im selben Geschäft bekommen zu können, also praktisch, eine Straße unter einem Dach entlangzugehen (oder noch häufiger unterirdisch), anstatt die gleiche Distanz von einem kleinen Geschäft zum nächsten an der frischen Luft zu gehen. Und in der Tat sind die Geschäfte der Monopolisten äußerst praktisch – für die Monopolisten. Sie haben den Vorteil, das Geschäft auf immer weniger Bürger zu konzentrieren, wie den Reichtum auch. Ihr Reichtum erlaubt es ihnen, sowohl leidliche Löhne zu zahlen als auch bessere Unternehmen aufzukaufen und schlechtere Produkte zu bewerben. Dass aber ihre eigenen Produkte besser wären, hat noch niemand auch nur versucht zu beweisen; und die meisten von uns kennen eine ganze Reihe von konkreten Fällen, in denen sie definitiv schlechter sind. Nun habe ich diese meine Meinung (die den Zeitschriftenredakteur und seine Inserenten so schockiert hatte) nicht nur deshalb vorgebracht, weil sie meine These zur Wiederbelebung des Kleinbesitzes stützt, sondern weil sie für das Verständnis einer weiteren und noch kurioseren Wahrheit wesentlich ist. Es betrifft die Psychologie all dieser Dinge: der schieren Größe, des schieren Reichtums, der schieren Werbung und Arroganz. Es dient als erstes Arbeitsmodell, anhand dessen wir sehen können, wie die Dinge heute laufen und wie sie (so gebe es Gott) morgen rückgängig gemacht werden können.

Es gibt eine so offensichtliche und ungeheuerliche wie vollkommen vernachlässigte Tatsache, die hier erwähnt werden muss, bevor wir uns den zur Erneuerung des Staates notwendigen Gesetzen zuwenden. Nämlich die, dass eine große Revolution ganz ohne Gesetze auskommt. Es geht nicht um ein bestehendes Gesetz, sondern vielmehr um einen bestehenden Aberglauben. Und das Merkwürdige daran ist, dass seine Anhänger sich dessen rühmen, dass er ein Aberglauben ist. Gestern genoss ich eine Vorstellung des beliebten Theaterstücks *It Pays to Advertise* (»Werbung zahlt sich aus«)[20], in dem ein junger Geschäftsmann das Seifenmonopol seines Vaters, einem eher altmodischen Geschäftsmann, mit den wildesten amerikanischen Theorien der Werbepsychologie zu brechen versucht. Was mir daran besonders auffiel, war Folgendes: Abwechselnd Sympathien für den jungen und den alten Mann zu wecken, war dramaturgisch äußerst gut gemacht. Es war sehr amüsant, dass der alte und der junge Mann abwechselnd vorgeführt wurden. Aber niemandem schien aufzufallen, was mir als herausragende und offenkundige Pointe ins Auge stach: Alle verspotteten den alten Mann, weil er alt war, weil er altmodisch war, weil er seine Sinne genug beisammen hatte, um die faulen Tricks der irrwitzigen Werbung zu erkennen. Aber niemand kritisierte ihn für die künstliche Warenverknappung, für die er einst vielleicht am Pranger gestanden hätte. Niemand hatte hinreichend Sinn für Freiheit und Menschenwürde, um sich darüber zu ärgern, dass ein arroganter alter Mann uns alle, wenn ihm danach ist, davon abhalten kann, einen Artikel des täglichen Gebrauchs zu erwerben.

Und genauso verhielt es sich auch mit dem jungen Mann. Ihm wurde von seinem amerikanischen Freund beigebracht, dass Werbung das menschliche Gehirn hypnotisieren kann, dass Menschen von einer tödlichen Faszination in einen Laden gezogen werden wie in den Schlund einer Schlange; dass das Unterbewusstsein durch Wiederholung gebannt und der Wille gelähmt wird; dass wir uns wie mechanische Puppen zu bewegen beginnen, wenn ein Yankee-Werbefachmann sagt: »Tu es jetzt.« Aber niemandem kam in den Sinn, ihm das übelzunehmen. Niemand schien geistesgegenwärtig genug zu sein, um sich zu ärgern. Man hielt den jungen Mann zum Besten, weil er arm war, weil er pleite war, weil er an den Rand des Konkurses gebracht wurde usw. Auch er selbst schien nicht zu wissen, dass er etwas Schlimmeres als ein Schwindler, nämlich ein Zauberer war. Ihm war nicht klar, dass er mit seiner Angeberei ein Hypnotiseur und Mystagoge war, ein Zerstörer der Vernunft und des Willens, ein Feind der Wahrheit und der Freiheit. Ich finde, diese Leute überschätzen, wie sehr es sich auszahlt, Werbung zu machen, selbst wenn nur der Teufel zahlt. Aber in einer Hinsicht ist dieses psychologische Argument für die Werbung sehr gut auf jedes Reformprogramm übertragbar. Wenn auch die amerikanischen Werbeleute den kürzeren Stab gezogen haben, so bleibt er doch ein Stab, der durchaus zu etwas anderem benutzt werden kann, als ihre eigene absurd große Trommel zu rühren. Es ist ein Stab, mit dem man außerdem ihre absurde Geschäftsphilosophie zerschlagen kann. Sie wollen uns ständig weismachen, kommerzieller Erfolg hänge heute davon ab, ob man eine besondere Atmosphäre erzeugen, eine Geisteshaltung kreieren und den Menschen eine bestimmte Perspektive aufdrängen kann. Kurz gesagt, sie bestehen darauf, ihr Kommerz sei nicht nur kommerziell oder gar ökonomisch oder politisch, sondern rein psychologisch. Ich hoffe, sie werden nicht aufhören, das zu sagen, damit eines Tages womöglich jeder plötzlich erkennt, dass das stimmt.

Der Erfolg großer Geschäfte und dergleichen ist tatsächlich reine Psychologie, um nicht zu sagen Psychoanalyse, oder in anderen Worten, ein Schreckgespenst. Er ist unecht und deshalb unzuverlässig. Er betrifft nur unsere unmittelbare Haltung, in diesem Augenblick an Ort und Stelle zu der ganzen Geldherrschaft, deren knallbuntes Aushängeschild ebendiese Werbung ist. Was als Erstes getan werden muss, noch bevor wir zu irgendwelchen unserer politischen und gesetzlichen Vorschläge kommen, ist etwas tatsächlich (um ihr geliebtes Wort einmal zu benutzen) vollkommen Psychologisches. Als Erstes muss all diesen amerikanischen Pokerfaces gesagt werden, dass sie gar nicht wissen, wie man Poker spielt. Denn sie bluffen nicht nur, sie geben sogar damit an, dass sie bluffen. Auf diese Frage der unmittelbar wirksamen psychologischen Methode muss es eine unmittelbar wirksame psychologische Antwort geben, und es gibt sie auch. Anders gesagt, weil sie nach eigener Aussage bluffen, können wir ihren Bluff durchschauen.

Weiter oben habe ich gesagt, jedes konkrete Programm zur Wiederherstellung der normalen Eigentumsverhältnisse bestehe aus zwei Teilen, die im gegenwärtigen Jargon destruktiv und konstruktiv genannt werden können, treffender aber als defensiv und offensiv bezeichnet werden müssen. Der erste besteht darin, den blanken Wahnsinn der Monopolisierung aufzuhalten, bevor die letzten Traditionen von Eigentum und Freiheit verloren gehen. Zunächst widme ich mich also der Frage, wie wir den weltweit vorherrschenden Trend zum Monopol aufhalten können. Auf diese Frage erhalten wir immer die gleiche simple Antwort: Uns wird gesagt, wir könnten nichts tun. Es sei ein natürlicher und unabwendbarer Vorgang, dass die großen Dinge die kleinen verschlingen wie der große Fisch den kleinen. Der Trust kann sich einverleiben, was er will, so wie ein Drache fressen kann, was er will, weil er die größte noch lebende Kreatur an Land ist.

Einige Menschen akzeptieren diesen Befund so fest entschlossen, dass sie sogar so gnädig sind, ihn ehrlich zu bedauern. Sie sind so tief davon überzeugt, dies sei Schicksal, dass sie sogar zugeben würden, es sei ein fatales Verhängnis. Sehen sie kleine, von großen aufgekaufte Läden, werden die Fatalisten fast immer zu Sentimentalisten. Sie sind bereit, zu weinen, solange ihnen zugestanden wird, darüber zu weinen, dass sie es vergebens tun. Dass der Verlust des kleinen Spielzeugladens ihrer Kindheit oder des kleinen Teeladens ihrer Jugend sogar im Wortsinne eine wahre Tragödie ist, geben sie gerne zu. Bedeutet die wahre Tragödie doch immer den Kampf eines Menschen mit etwas, das stärker ist als er. Und es sind die Füße der Götter selbst, die hier auf unseren Traditionen trampeln; es sind Tod und Verderben selbst, die unsere kleinen Spielzeuge wie Streichhölzer zerknicken, denn gegen das in den Sternen stehende Schicksal kann niemand etwas ausrichten. Es ist doch erstaunlich, was ein kleiner Bluff in dieser Welt anrichten kann.

Sie wiederholen unermüdlich, die großen Fische fräßen die kleinen, ohne zu fragen, ob die kleinen Fische zu den großen Fischen schwimmen, um gefressen zu werden. Sie akzeptieren den alles verschlingenden Drachen, ohne sich zu fragen, ob ein Haufen schicker Prinzessinnen hinter dem Drachen herlief, um verschlungen zu werden. Sie haben noch nie von einer Mode gehört und kennen den Unterschied zwischen Schick und Schicksal nicht. Die Deterministen haben dieses unnötige Beispiel mit Bedacht ausgewählt – was auch immer sonst nötig gewesen wäre. Sie haben ausgerechnet diesen einen immer noch freiwilligen Akt als Beweis für die unzerstörbaren Ketten ausgewählt, in denen alle Dinge liegen. Es gibt sehr wenig, was in der modernen Welt noch freiwillig getan wird, privater Kauf und Verkauf sollten es aber doch immer noch sein und sind es auch, solange es Menschen gibt, die frei genug sind, ihre Freiheit zu nutzen. Kinder können gewaltsam zum Besuch einer bestimmten Schule gezwungen, Männer gewaltsam aus Kneipen geworfen, alle möglichen Leute aus allen möglichen neuen und unsinnigen Gründen gewaltsam ins Gefängnis gebracht werden, aber noch ist niemand gewaltsam in ein bestimmtes Geschäft gezerrt worden.

Ich werde später auf die konkreten Abhilfemaßnahmen und möglichen Reaktionen auf den Trend zu Kartellen und Warenhortungen eingehen. Aber vorher sollten wir einen Moment über eine grundlegende moralische Tatsache nachdenken, die so vollkommen ignoriert wird. Von allen Dingen auf der Welt ist ausgerechnet der Ansturm auf die Großgeschäfte das, was am leichtesten aufgehalten werden könnte – von ebenden Leuten, die dorthin stürmen. Wir können nicht wissen, was darauf folgt, aber bislang können sie nicht durch Bajonette dort hineingezwungen werden. Das amerikanische Business hat bereits britische Soldaten für Werbezwecke eingesetzt und mag zweifellos bald auch britische Soldaten für solche Zwangsmaßnahmen einsetzen, aber noch können wir nicht mit Waffen und Säbeln in Yankee-Läden oder internationale Geschäfte getrieben werden.

Eine ganz andere Sache ist die vermeintliche wirtschaftliche Anziehungskraft, mit der ich mich zu gegebener Zeit auseinandersetzen werde. Vorerst weise ich nur darauf hin, dass, sollten wir zu dem Schluss gelangen, dass die großen Geschäfte boykottiert werden müssen, wir sie so leicht boykottieren können, wie wir (so hoffe ich) Läden boykottieren würden, die Folterinstrumente oder Gift für den Privatgebrauch verkaufen. Diese erste und grundsätzliche Frage ist also keine Frage der Notwendigkeit, sondern des Willens. Wenn wir schwörten, ausschließlich mit den kleinen und niemals mit den großen, zentralisierten Läden ein Bündnis einzugehen, könnte diese Kampagne so effektiv sein wie die Landkampagne in Irland.[21] Und wahrscheinlich fast genauso erfolgreich. Es wird natürlich erwidert werden, die Leute gingen immer zum erstbesten Geschäft. Dem widerspreche ich; die irischen Boykotteure haben auch nicht das erstbeste Angebot angenommen. Dass das große Geschäft auch das beste ist, bestreite ich, und insbesondere, dass die Leute dorthin gehen, weil es das beste Geschäft ist. Und wenn ich gefragt werde warum, dann antworte ich mit der unwiderlegbaren Tatsache, die ich zu Beginn angeführt habe. Ich weiß, dass es keine Frage des Geschäfts ist, weil die Geschäftsleute mir selbst gesagt haben, es sei nur ein Bluff. Sie sind es, die sagen, nichts sei so erfolgreich wie der bloße Schein des Erfolgs. Sie sagen, dass die Reklame unseren Willen unwissentlich beeinflusst. Sie sagen, dass »es sich lohnt, zu werben«, d. h. den Leuten auf schikanöse Weise zu suggerieren, dass sie es »jetzt tun müssen«, während sie es in Wahrheit überhaupt nicht tun müssen.

II. Ein methodisches Missverständnis

Bevor ich mit dieser Skizze fortfahre, muss ich einen meine Arbeit grundlegend betreffenden Einschub machen, ohne den alles Weitere missverstanden werden könnte. Und zwar dass ich, ohne irgendwelche Erfahrungen in Staats- oder Wirtschaftsdingen vorzutäuschen, hier sehr viel mehr tue, als jemals von den Literaten (wenn ich mich für einen Augenblick dazu zählen darf) gefordert wurde, die voller Zuversicht soziale Bewegungen anführten oder gesellschaftliche Ideale entwarfen. Ich verspreche dem Leser, dass er am Ende seiner Lektüre sehr viel genauer wissen wird, wie er die Errichtung eines distributiven Staats vorantreiben kann, als die Leser von Carlyle je wissen werden, wie sie einen *Heldenkönig* oder *Wahren Oberen* finden können.

Wir können meines Erachtens besser erklären, wie man ein kleines Geschäft oder einen kleinen Bauernhof zum Kern unserer Gesellschaft macht, als Matthew Arnold erklären konnte, wie man den Staat zum Organ *unseres besten Selbst* machen soll. Ein Bauernhof ist auf einer groben Landkarte leichter zu finden als das *Irdische Paradies* auf den Navigationskarten von William Morris und könnte, im Gegensatz zu seiner *Kunde von Nirgendwo*, womöglich eine *Kunde von Irgendwo* genannt werden. Rousseau und Ruskin waren viel vager und visionärer als ich, wenn auch Rousseau weitaus kompromissloser in seinen Visionen und Ruskin weitaus verliebter ins Detail war. Dass ich mich mit diesen großen Männern vergleiche, steht außer Frage, ich weise hier nur darauf hin, dass von diesen so viel wirkmächtigeren Männern mit einer weitaus respekt- und verantwortungsvolleren Rolle als Publizisten nie in dem Maße eingefordert wurde, ihre generellen Überzeugungen zu konkretisieren, wie von uns. Während diesen weitaus bedeutenderen Propheten niemals abverlangt wurde, ihre eigenen Visionen zu verwirklichen und zu einem Ende zu führen, fiel diese Aufgabe einem sehr viel unbedeutenderen Dichter zu. Unsere Väter haben es offenbar nicht sinnlos gefunden, auch ohne eine detaillierte Wegbeschreibung ein großes Ziel vor Augen zu haben oder einen Skandal zu benennen, ohne gleich mit einer Alternative aufwarten zu können. Wie dem auch sei, fest steht, dass selbst wenn ich tatsächlich bedeutend genug wäre, um den Tadel der Utilitaristen zu verdienen, wenn ich tatsächlich so idealistisch oder fantasievoll wäre, wie sie mich finden, wenn ich mich tatsächlich darauf beschränken würde, eine Richtung vorzugeben, ohne den Weg zu vermessen; wenn ich gen Haus oder Himmel zeigte und den Menschen sagte, dass sie ihren eigenen Verstand benutzen sollten, um dorthin zu gelangen – wenn das alles wäre, was ich tun könnte, dann wäre es bereits alles, was jemals von weitaus bedeutenderen Männern als mir, von Platon und Jesaja bis Emerson und Tolstoi, erwartet worden ist.

Aber ich kann noch weitaus mehr tun, selbst wenn diejenigen, die es nicht taten, so viel mehr getan haben. Ich kann auch etwas anderes tun; aber ich kann es nur tun, wenn verstanden wird, was ich tue. Gleichzeitig ist mir bewusst, dass es für jemanden, der die Verbesserung einer so elaborierten Gesellschaft erläutert, schwer ist zu erklären, was genau er da tut, bis es getan ist. Ein halbes Dutzend Möglichkeiten und alle zu derselben Wahrheit führenden Wege, dieses Problem zu erörtern, habe ich abgewogen und wieder verworfen. Ich hatte überlegt, mit dem Bauern als einfaches Beispiel zu beginnen, und wusste sofort, dass hundert Journalisten über mich herfallen und mich beschuldigen würden, sie allesamt in Bauern verwandeln zu wollen.

Ich hatte überlegt, mit der Beschreibung eines ordentlichen, in seiner ganzen Ausgewogenheit der verschiedensten Dinge zueinander Wirklichkeit gewordenen Distributivstaates zu beginnen, wie es die Sozialisten mit ihrem Utopia in der völligen Konzentration auf eine Einzelheit tun, und wusste sofort, dass hundert Journalisten mich einen Utopisten nennen und sagen würden, mein Plan könne ganz offensichtlich nicht funktionieren, weil ich ihn nur beschreiben kann, als hätte er funktioniert. Aber was sie wirklich mit der Behauptung meinen, ich sei Utopist, ist, dass bis zum Inkrafttreten des Plans nichts getan werden kann. Letztlich habe ich mich dann entschieden, die Schilderung der sozialen Lösung folgendermaßen anzugehen: Zunächst werde ich zeigen, dass die Dynamik des Monopolismus nicht unaufhaltsam ist, dass selbst hier und jetzt von vielen bereits viel dagegen getan werden kann, und sogar fast alles von allen. Dann werde ich zeigen, dass nach der Beseitigung des plutokratischen Drucks naturgemäß das Verlangen nach Besitz und dessen Wertschätzung zurückkehren wird. Dann wäre meines Erachtens der Vorschlag sinnvoll, zur Vernunft zurückzukehren, und sei es nur ab und an, zu einer vernünftigen Gesellschaft, die das Eigentum gerecht verteilt und die Maschinen kontrolliert. Mit der Beschreibung dieser ultimativen Gesellschaft mit ihren Rechten und Pflichten werde ich schließen.

Dies mag oder mag keine gute Zusammenstellung oder Abfolge der Ideen sein, aber sie ist nachvollziehbar, und ich beharre in aller Demut auf dem Recht, meine Erklärungen in dieser Folge vorzubringen, und kein Kritiker hat das Recht zu der Unterstellung, ich brächte sie nicht in Unordnung, um keine Fragen außerhalb ihrer Ordnung beantworten zu müssen. Wenn er die Geduld aufbringt, sie zu lesen, schreibe ich ihm meinetwegen eine ganze Enzyklopädie des Distributismus; aber er muss die Geduld zum Lesen wirklich aufbringen. Seine Beschwerde, dass ich mich nicht ausreichend mit »Zoologie, Staatliche Fürsorge für, unter dem Buchstaben B« befasst oder noch nicht den ehrbaren Stand der Xylographen beschrieben habe, während ich mich immer noch nach alphabetischer Reihenfolge bei der Zunft der Architekten aufhalte, ist völlig ungerechtfertigt. Ich habe nichts dagegen, ein so großer Langweiler wie Euklid zu sein, aber der Kritiker darf sich nicht darüber beschweren, dass die achtundvierzigste Proposition des zweiten Buches nicht Teil des *Pons Asinorum*[22] ist.

Die altehrwürdige Zunft der Brückenbauer wird noch viele solcher Brücken bauen müssen. Aus den mir gegenüber geäußerten Einwänden schließe ich, dass noch unklar ist, wo in diesem Entwurf meine Vorschläge welchen Zweck haben. Ich weise lediglich darauf hin, dass das Monopol auch jetzt und hier nicht allmächtig ist und jedem spontan viele Möglichkeiten einfallen könnten, wie sein endgültiger Triumph aufgehalten und vielleicht verhindert werden kann. Angenommen, ein Monopolist, also mein Todfeind, will mich dadurch ruinieren, dass er mich am Verkauf von Eiern an meine Nachbarn hindert. Ich könnte ihm entgegnen, ab sofort von meinen eigenen Rüben aus meinem eigenen Gemüsegarten zu leben. Nun will ich mich nicht auf Rüben festlegen oder schwören, meine eigenen Kartoffeln und Bohnen nie mehr anzurühren. Die Rüben dienen nur als Beispiel für etwas, das ich ihm an den Kopf werfen kann.

Angenommen also, der fragliche niederträchtige Millionär kommt vorbei und sagt mit breitem Grinsen über meine Gartenmauer hinweg: »Aus Ihrer ausgehungerten und abgemagerten Erscheinung schließe ich, dass Sie auf der Stelle ein paar Schilling brauchen; aber die können Sie unmöglich bekommen.« Dann könnte ich versucht sein, zu antworten: »Doch, kann ich. Ich kann meine Erstausgabe von Martin Chuzzlewit verkaufen.« Ich meine damit nicht, dass ich mich schon im Armengrab liegen sehe, wenn ich Martin Chuzzlewit nicht verkaufe. Und auch nicht, dass mir nichts anderes einfällt, als Martin Chuzzlewit zu verkaufen. Ich will nicht wie jeder gewöhnliche Politiker damit angeben, mir das Martin-Chuzzlewit-Programm auf die Fahnen geschrieben zu haben. Dem ausfälligen Pessimisten will ich damit nur klarmachen, dass ich noch längst nicht am Ende meiner Mittel bin, dass ich ein Buch verkaufen, oder wenn es hart auf hart kommt, sogar selbst eines schreiben kann. Ich könnte unzählige Dinge tun, bevor ich zweifellos asoziale Maßnahmen ergreife wie eine Bank auszurauben oder (noch schlimmer) in einer Bank zu arbeiten. Ich könnte zahllose völlig unterschiedliche Dinge tun und beginne nur mit einem Beispiel, um zu zeigen, dass es darüber hinaus noch weitaus mehr und nicht nichts mehr zu tun gäbe. Abgesehen von meiner Martin-Chuzzlewit-Ausgabe gibt es noch unzählige, völlig verschiedene Dinge in meinem Haus. Die meisten sind nur für mich von Wert, aber manche haben auch einen gewissen Wert für jedermann. Der ganze Sinn eines Hauses liegt nämlich darin, ein großer Eintopf mit verschiedensten Zutaten zu sein. Meines zumindest kommt diesem strengen häuslichen Ideal sehr nah. Der ganze Sinn eines eigenen Hauses liegt aber nicht nur darin, die Summe völlig verschiedener Dinge zu sein, die dennoch eins sind, sondern darin, dass wir in ihm sogar die bereits vergessenen Dinge wertschätzen.

Brennt ein Mann mein Haus zu einem Häuflein Asche herunter, bin ich nicht deshalb weniger zu Recht über ihn entrüstet, weil ich im ersten Moment nicht alles erinnere, was er verbrannt hat. Mit dieser häuslichen Religion oder ihren Überbleibseln ist es wie mit den Hausgöttern – sie leistet dem zerstörerischen Industriekapitalismus Widerstand. In einer primitiveren Gesellschaft liefe ich schnurstracks aus den Ruinen, riefe die Ortsgemeinschaft oder den König um Hilfe an und schrie: »Oh weh! Ein Räuber hat mein Haus niedergebrannt!« Ich könnte natürlich auch die Straße hinunterrennen und in einem einzigen leidenschaftlichen Atemzug rufen: »Oh weh! Ein Räuber hat meine Eingangstür aus alter Eiche mit den marktüblichen Beschlägen, vierzehn Fensterrahmen, neun Vorhänge, fünfeinhalb Teppiche, 753 Bücher, davon vier Prachtausgaben, und ein Bild meiner Urgroßmutter verbrannt«, und fortfahren, alle Gegenstände aufzuzählen, aber irgendetwas fehlte im Gegensatz zum leidenschaftlichen und vorzeitlichen Zetern. Und so hätte ich diesen Umriss auch mit einer Aufzählung all der Veränderungen beginnen können, die ich für eine wirtschaftliche Gleichberechtigung gerne in die englischen Gesetze aufgenommen wissen möchte. Aber ich bezweifle, dass der Leser dann eine bessere Vorstellung davon bekäme, was ich letztlich erreichen will, und es entspräche zudem nicht dem von mir verfolgten Ansatz. Später wird noch Gelegenheit sein, gewisse Details näher zu beleuchten, aber die von mir hier angeführten Fälle dienen lediglich der Illustrationen meiner grundsätzlichen These: dass wir noch nicht einmal gegenwärtig alles daransetzen, dem Ansturm der Monopolisierung zu widerstehen; und dass die Aussage, man könne nichts tun, schon im Ansatz falsch ist und spontan alle möglichen Einwände provoziert.

Der Kapitalismus löst sich auf, und in gewisser Weise tun wir nicht einmal so, als machte es uns etwas aus. Tatsächlich würden wir unseren Standpunkt ziemlich genau umreißen, wenn wir sagten, dass wir seine Auflösung durchaus befürworten, aber nicht wollen, dass er zusammenbricht. Das ist das Erste, was man sich klarmachen muss: dass es einen Unterschied gibt zwischen seiner Auflösung und seinem Zusammenbruch. Es macht einen Unterschied, ob er sich freiwillig in seine Bestandteile auflöst und jeder das Seine zurückbekommt oder ob er regellos in einem Crash über unseren Köpfen in seine einzelnen Teile zerbirst, was manche Kommunismus und andere Chaos nennen. Ersteres ist genau das, was alle vernünftigen Leute zu erreichen versuchen sollten. Letzteres ist genau das, was alle vernünftigen Leute zu verhindern versuchen sollten. Aus diesem Grund werden beide häufig in einen Topf geworfen.

Ich habe mich hier auf die Beantwortung der offenbar drängendsten Frage beschränkt: »Und was müssen wir jetzt tun?« Ich antworte: »Was wir jetzt tun müssen, ist, die anderen Leute davon abzuhalten, was sie jetzt tun.« Die Initiative liegt beim Feind. Er ist es, der bereits etwas tut, und er wird es schon lange getan haben, bevor wir auch nur damit anfangen können, irgendetwas zu tun, weil er das Geld, die Maschinen, zahlenmäßig die Mehrheit und andere Dinge hat, die wir erst erlangen und dann benutzen müssten. Er hat seine monopolistische Eroberung fast abgeschlossen, aber noch nicht ganz, und kann immer noch daran gehindert und aufgehalten werden. Die Welt ist sehr spät erwacht, aber das ist nicht unsere Schuld. Es ist die Schuld all der Idioten, die uns zwanzig Jahre lang erklärt haben, Trusts könne es nie und nimmer geben, und die uns jetzt genauso allwissend erklären, dass es überhaupt nie etwas anderes geben kann.

Es gibt noch weitere Dinge, die ich den Leser bitte im Hinterkopf zu behalten. Erstens sind einige Kurven und Schleifen nicht zu vermeiden, obwohl es sich bei diesem Umriss nur um einen Umriss handelt. Alle bei diesen Fragen womöglich auftauchenden Hindernisse beseitigen zu können, gebe ich nicht vor, da so viele von ihnen für einige wieder ganz andere Fragen aufwerfen werden. Was zum Beispiel hätte der kritische Leser gedacht, wenn ich diese Skizze mit einer langen Einführung in das Verleumdungsgesetz begonnen hätte? Und doch, wenn ich ganz konkret vorginge, hielte ich dies für eines der konkretesten Hindernisse.

Dass dem Monopol als soziale Sprengkraft nichts entgegengesetzt wird, während es vor Gericht als Beschuldigung vorgebracht wird, zeigt den ganzen Irrwitz der Situation. Will man jemanden bezichtigen, Milch künstlich zu verknappen, wird zuallererst eine deftige Verleumdungsklage dagegen erhoben, den Begriff »künstliche Verknappung« zu verwenden. Offenbar geht nur der gesunde Menschenverstand davon aus, dass es ohne Straftat auch keine Verleumdung geben kann. Wie die Dinge stehen, wird nicht der Mann bestraft, der verknappt, sondern derjenige, der dies aufdeckt. Auch wenn ich durchaus bereit bin, es an anderer Stelle zu tun, befasse ich mich hier nicht mit all den Schwierigkeiten, die die gegenwärtige Gesellschaft einer solchen Gesellschaft in den Weg legen würde, wie wir sie erschaffen wollen. Würde sie nach den von mir vorgeschlagenen Prinzipien errichtet, würden einzelne Probleme im Moment ihres Auftretens gemäß jener Prinzipien gelöst.

Eine solche Gesellschaft würde z. B. dem Unsinn ein Ende setzen, dass Männer, die mächtiger sind als Kaiser, vorgeben, an privater Bosheit leidende Privatunternehmer zu sein. Sie würde klarstellen, dass öffentliche Personen als potenzielle öffentliche Übel kritisiert werden müssen. Sie würde die Absurdität abschaffen, dass ein »wichtiger Fall« vor einer *special jury*[23] verhandelt wird, also jeder ernste Streitfall zwischen Arm und Reich ausschließlich vor Reichen verhandelt wird. Aber der Leser wird einsehen, dass ich hier nicht all die zehntausend möglichen Fälle anführen kann; ich muss davon ausgehen, dass ein Volk, das größere Risiken auf sich zu nehmen bereit ist, auch die kleineren auf sich nimmt. Nun ist dieser Umriss ein Umriss, ein Entwurf, und wer denkt, es gäbe eine praktische Umsetzung ohne theoretischen Entwurf, der kann sich gerne mit dem nächsten Ingenieur oder Architekten darüber streiten, warum sie dünne Linien auf dünnem Papier ziehen.

Aber mein Vorschlag ist insofern in ganz anderer und spezieller Hinsicht ein Umriss, als er bewusst eine umfassende Einschränkung umreißt, innerhalb derer eine große Vielfalt herrscht. Den mich durchaus amüsierenden realistischen Menschenschlag, der sicherlich einwenden wird, dass ich nur deshalb verallgemeinere, weil es keinen konkreten Plan gibt, kenne ich schon lange. In Wahrheit verallgemeinere ich, weil es so überaus viele konkrete Pläne gibt. Ich selbst kenne vier oder fünf mehr oder weniger radikale Pläne zur Verteilung des Kapitals. Der aus kapitalistischer Sicht behutsamste sieht eine schrittweise Ausdehnung der Gewinnbeteiligung vor. Die stringent demokratische Form desselben ist die Führung jedes Unternehmens (wenn es kein kleines Unternehmen sein kann) durch eine Zunft oder Gruppe, die Einzelbeiträge zusammenlegt und die Erträge aufteilt.

Einigen Distributisten gefällt die Vorstellung vom Arbeiter nicht, der nur dort Anteile besitzt, wo er Arbeit hat; aber auch wenn sie denken, er wäre unabhängiger, wenn er sein kleines Kapital woanders anlegt, stimmen sie doch alle grundsätzlich darin überein, dass er Kapital zum Investieren haben sollte. Wiederum andere nennen sich Distributisten, weil sie jedem Bürger eine Dividende eines sehr viel größeren nationalen Produktionssystems zuteilen würden. Um so viele verschiedene Konzepte wie möglich abzudecken, fasse ich meine allgemeinen Prinzipien bewusst allgemein und widerspreche entschieden der Unterstellung, ich deckte so viele ab, weil ich wüsste, dass es überhaupt keine gibt.

Wenn ich jemandem sage, er lebe zu luxuriös und ausschweifend und solle etwas kürzer treten, verpflichtet mich das nicht dazu, ihm eine Auflistung all seiner Luxusgüter vorzulegen. Es ginge ihm schlicht besser, wenn er auf eines dieser Luxusgüter verzichtete. Und ich will darauf hinaus, dass es der modernen Gesellschaft wesentlich besser ginge, wenn sie das Eigentum mit einer dieser Methoden aufteilte. Nicht, dass ich keine davon bevorzugte; persönlich bevorzuge ich unter den oben angeführten Beispielen die zweite Art der Besitzverteilung. Aber mein Hauptanliegen besteht in dem Hinweis, dass jede Umkehrung des vorherrschenden Trends, allen Besitz zusammenzuführen, eine Verbesserung der derzeitigen Situation wäre. Sagte ich jemandem, sein Haus in Putney[24] brenne, wird er mir danken, obwohl ich ihm keine Liste aller Fahrzeuge, die Nummern all der Taxis und die Fahrpläne all der nach Putney fahrenden Straßenbahnen vorlege. Das Wissen um die große Auswahl Fahrzeuge genügt, damit er nicht schlussendlich per pedes nach Putney eilen muss. Es genügt, dass jedes dieser Fahrzeuge im Großen und Ganzen weniger unangenehm ist als ein brennendes Haus oder gar ein Haufen Asche. Lägen undurchdringliche Wälder und zerstörerische Fluten zwischen hier und Putney, könnte ich zugegebenermaßen realitätsfern genannt werden; da hätte ich statt Putney genauso gut das Paradies anpreisen können. Aber ich bin nicht deshalb unrealistisch, weil ich ein halbes Dutzend konkrete Alternativen kenne, die tragbarer sind als der gegenwärtige Stand der Dinge. Daraus folgt noch lange nicht, dass ich nicht weiß, wie man nach Putney gelangt. Hier sind zum Beispiel ein halbes Dutzend Dinge, die den Distributismus auf den Weg bringen würden, abgesehen von denen, auf die ich noch an anderer Stelle genauer eingehen werde. Nicht alle Distributisten würden jedem dieser Vorschläge zustimmen, aber alle würden darin übereinstimmen, dass sie in Richtung Distributismus gehen. (1) Die Besteuerung von Verträgen, um den Verkauf von kleinem Besitz an Großeigentümer zu verhindern und die Verteilung von großem Eigentum an viele Kleineigentümer zu fördern. (2) Etwas in der Art des napoleonischen Testamentsgesetzes und die Zerschlagung des Anerbenrechts[25]. (3) Die Einführung eines unentgeltlichen Rechtsbeistands für die Armen, um Kleinbesitz gegen Großbesitz verteidigen zu können. (4) Der gezielte Schutz gewisser Experimente beim Kleinbesitz, nötigenfalls durch Zölle, ggf. sogar lokale Zölle. (5) Subventionen zur Förderung solcher Experimente. (6) Ein Verband für gemeinnützige Tätigkeiten und dergleichen. Aber ich habe dieses Kapitel eben deshalb hier eingefügt, um zu erklären, dass es sich um eine Skizze der vorrangigsten Prinzipien des Distributismus handelt und nicht um eine der letzten Details, über die sogar Distributisten streiten würden. Hier werden Beispiele als Beispiele angeführt und nicht als exakte und erschöpfende Liste sämtlicher Regelfälle. Wenn dieses Grundprinzip der Erläuterung nicht verstanden wird, muss ich mich damit zufriedengeben, von dem realistischen Menschenschlag eine unrealistische Person genannt zu werden. Und diese Anschuldigung hat durchaus ihre Berechtigung. Aber ob ich nun ein unrealistischer Mensch bin oder nicht, so bin ich auf jeden Fall kein sogenannter Realpolitiker. Ich kann keinen Anteil an der rühmlichen Großtat für mich beanspruchen, unser Land in seine gegenwärtige verheißungs- und hoffnungsvolle Lage gebracht zu haben. Klügere Köpfe als ich haben die derzeitige Blütezeit der Kohle verursacht. Tatkräftige Männer von weitaus mehr Energie haben die angenehme Situation herbeigeführt, dass wir von unserem Kapital leben können. Ich hatte weder Anteil an der großen industriellen Revolution, die die Landschaft so viel schöner macht und alle Bevölkerungsschichten miteinander versöhnt, noch muss der allzu begeisterte Leser mir für dieses aufgeklärtere England danken, in dem der Arbeitnehmer von den Almosen des Staates und der Arbeitgeber von Überziehungskrediten lebt.

III. Ein typischer Fall

Für unsere Wirtschaftskritiker ist es so selbstverständlich, im Kreis zu argumentieren, wie im *Inner Circle*[26] zu fahren. Nicht aus reiner Dummheit, sondern aus reiner Gewohnheit; und es ist genauso schwer, in diesen eisernen Ring einzudringen, wie ihm zu entkommen. Wenn wir sagen, dass

Dinge getan werden können, meinen wir damit in der Regel, dass sie entweder vom Volk oder vom Herrscher getan werden können. Ich führte bereits ein Beispiel an, was ohne Weiteres konkret vom Volk getan werden könnte; hier werde ich ein Beispiel dafür anbringen, was ohne Weiteres von den Herrschern getan werden könnte.

Aber wir müssen auf die Behauptung unserer im Kreis argumentierenden Kritiker vorbereitet sein, dass die gegenwärtige Bevölkerung dem niemals zustimmen oder der gegenwärtige Herrscher so niemals handeln würde. Dabei handelt es sich allerdings um eine Verwechslung. Wir antworten denjenigen, die unser Ideal an sich als unerreichbar bezeichnen. Wenn man dieses ablehnt, dann wird man natürlich auch nicht versuchen, es zu erreichen; aber man darf nicht behaupten, aus der eigenen Ablehnung folge, dass man es auch dann nicht erreichen könnte, wenn man es tatsächlich wollte. Weder wird eine Sache an sich unmöglich, weil der Mob sie nicht zu erreichen versucht, noch hört etwas auf, reale Politik zu sein, nur weil kein Politiker realistisch genug ist zu handeln.

Ich beginne mit einem konkreten und vertrauten Beispiel. Um sicherzustellen, dass unser riesiges Proletariat einen Feiertag hat, haben wir ein Gesetz, das alle Arbeitgeber dazu zwingt, ihre Geschäfte einmal die Woche für einen halben Tag zu schließen. Gemäß des proletarischen Prinzips ist das für einen proletarischen Staat eine so gesunde und notwendige Sache wie die Saturnalien im Sklavenstaat. Über diese Regelung für das Proletariat würde eine realistische Person natürlich sagen: »Das hat noch andere Vorteile; es ist eine Chance für jeden, der seine Drecksarbeit selbst erledigt; für jeden, der ohne Diener klarkommt.« Dieses entartete Geschöpf, das tatsächlich weiß, wie man etwas selbst macht, bekommt endlich eine Chance. Dieser entrückte Sonderling, der wirklich für seinen eigenen Lebensunterhalt arbeiten kann, bekommt tatsächlich die Chance, womöglich sogar zu leben. Man muss kein Distributist sein, um das zu sagen; es ist das Naheliegendste und Banalste, das jeder sagen würde. Wer Bedienstete hat, muss aufhören, sich seiner Bediensteten zu bedienen. Natürlich kann derjenige, der keine Bediensteten hat, nicht damit aufhören, sich ihrer zu bedienen. Aber das Gesetz ist tatsächlich so festgeschrieben, dass es diesen Menschen ebenfalls zwingt, dem Bediensteten, den er nicht hat, einen Tag frei zu geben. Er fordert nicht existierende Phantomsklaven auf, noch nie gefeierte Saturnalien einzuhalten.

In dieser Regelung steckt nicht ein Funken Verstand. Sie ist in jeder Hinsicht, ob nun in materieller, in abstrakter oder in mathematischer Hinsicht, sogar ziemlich irre. Wir leben in Zeiten einer gefährlichen Aufteilung der Interessen auf Arbeitgeber auf der einen und Arbeitnehmer auf der anderen Seite. Daher müssen wir sie selbst dort aufspalten, wo sie nicht auf zwei aufgeteilt sind, sondern in einer Person liegen. Wir zwingen eine Person, sich selbst etwas zu geben, was sie nicht will, weil jemand anders, der nicht existiert, es womöglich würde haben wollen. Wir empfehlen ihm, eine Abordnung von sich selbst zu empfangen, damit er sich nicht am Ende selbst bestreikt. Vielleicht wird er sogar zum Bolschewisten und wirft eine Bombe auf sich selbst; in diesem Fall würde sein eigener strenger Sinn für Recht und Ordnung ihn dazu verpflichten, den *Riot Act*[27] zu lesen und sich zu erschießen. Uns nennen sie unrealistisch; aber ein realitätsfernes Hirngespinst wie dieses haben wir bislang noch nicht ausgebrütet. Sie behaupten manchmal, unsere Sorge über das Verschwinden des Freibauern oder des Lehrlings sei reines Sentiment. Sentiment! Noch sind wir nicht derart tief im Gefühlsdusel versunken, dass uns Lehrlinge leidtun, die noch nie existiert haben. Wir haben noch nicht die volle Höhe romantischer Empfindungen erreicht, um mehr Tränen über einen Phantomlehrling als über den Verkäufer aus Fleisch und Blut zu vergießen. Noch sind wir nicht so rührselig, dass wir doppelt sehen, wenn wir in unseren kleinen Lieblingsladen schauen, oder den kleinen Ladenbesitzer mit seinem Schatten kämpfen ließen.

Lassen wir die nüchternen und realistischen Geschäftsmänner ihre sorgenvollen Tränen über den fiktiven Bürogehilfen vergießen, und gehen wir derweil weiter auf unserem wilden und unbeständigen Weg, denn der führt wenigstens über das Land der Lebenden. Wenn morgen eine solch kleine Veränderung vorgenommen würde, bewirkte sie einen erheblichen und größer werdenden Unterschied. Der vorschnelle Apologet des Big Business, der mir erzählt, eine derartige Winzigkeit mache kaum einen Unterschied, soll sich vorsehen. Denn er tut das Einzige, was solche Apologeten sonst um jeden Preis vermeiden: Er widerspricht seinen Meistern.

Unter den tausend interessanten Nachrichten, die in den Zeitungsberichten über öffentliche und politische Angelegenheiten unter Millionen uninteressanten Nachrichten untergehen, entdeckte ich eine wirklich köstliche kleine Farce zu diesem Thema. Irgendein Mann mit normalem Verstand und gesundem Gespür, der sich irrtümlich ins Parlament verlaufen haben musste, wies auf die eindeutige Tatsache hin, dass das Proletariat dort nicht geschützt werden muss, wo es gar kein Proletariat gibt, und demzufolge der einsame Ladenbesitzer doch auch in seinem einsamen Laden bleiben könne. Der zuständige Minister antwortete tatsächlich mit erschreckender Naivität, das sei unmöglich, weil es den großen Geschäften gegenüber ungerecht wäre. Tränen fließen in diesen Kreisen offenbar in Strömen, wenn man bedenkt, wie sie über die Wangen des politischen Aufsteigers Lord Lundy[28] flossen; und in diesem Fall bewegte ihn schon der bloße Gedanke an das mögliche Leid der Millionäre. Vor seinem inneren Auge standen das Bild Mr. Selfridges[29] in seinen Qualen und das Stöhnen Mr. Woolworths[30] aus dem Woolworth-Wolkenkratzer und durchdrangen die weichen Herzen derjenigen, die der Aufschrei der trauernden Reichen nie vergeblich erreicht.

Aber was auch immer wir von jener emphatischer Empfindsamkeit und dem Mitleid mit den Großgeschäftsbesitzern halten, wischt es auf jeden Fall kurzerhand den gesamten zeitgenössischen Fatalismus beiseite, laut dem ihr Erfolg unaufhaltsam sei. Es ist absurd, uns in einem Atemzug vorzuhalten, unser Angriff sei zum Scheitern verurteilt, sein unmittelbarer Erfolg hingegen völlig skrupellos. Scheinbar muss das Big Business akzeptiert werden, weil es unverwundbar ist, und es muss geschont werden, weil es verwundbar ist. Es scheint unvorstellbar, dass diese große absurde Blase jemals platzen, und schlichtweg grausam, dass ein kleiner Nadelstich des Wettbewerbs sie zum Platzen bringen könnte.

Ob die großen Geschäfte wirklich so schwach und wackelig auf den Beinen stehen, wie ihr Fürsprecher behauptet hat, weiß ich nicht. Aber was auch immer die unmittelbare Auswirkung auf die Großgeschäfte wäre, so bin ich mir in jedem Fall sicher, dass es eine unmittelbare Auswirkung auf die kleinen Ladenbesitzer hätte. Dürften sie an einem gesetzlichen Feiertag arbeiten, bin ich mir vollkommen sicher, dass dies nicht nur mehr Geschäfte für sie bedeuten würde, sondern auch etliche mehr im Geschäft stünden. Vielleicht würde es schließlich zu einer großen Schicht von Inhabern kleiner Läden führen; und genau das macht wie im Fall einer breiten Schicht von Kleinbauern den entscheidenden politischen Unterschied.

Das ist keine Frage der Quantität. Es ist eine Frage der Existenz und der Spannung innerhalb eines bestimmten Gesellschaftstypus. Es geht nicht darum, wie viele Nasen gezählt werden, sondern im Wortsinne darum, ob die Nasen zählen. Gäbe es so etwas wie eine Schicht von Kleinbauern oder von kleinen Ladenbesitzern, dann würden sie gegenüber der Gesetzgebung ihre Existenz geltend machen, selbst wenn es sich um eine Klassengesetzgebung handeln würde. Allein die Existenz dieser dritten Klasse wäre das Ende dessen, was Klassenkampf genannt wird, insofern dieser Theorie gemäß alle Menschen in Arbeitgeber und Arbeitnehmer unterteilt werden. Ich nenne diese kleine gesetzliche Veränderung nur deshalb zuerst, weil sie auf der Hand liegt, sie ist natürlich nicht das Einzige, was ich vorzuschlagen habe. Aber ich führe sie auch an, weil sie sehr eindrücklich die von mir erwähnten Phasen illustriert: das Wesen der negativen und der positiven Reform.

Wenn die kleinen Läden anfangen, Kundschaft zu gewinnen, und die großen anfangen, sie zu verlieren, zöge das so vorläufig wie konkret das Zweierlei nach sich. Die zentripetale Bewegung würde verlangsamt, wenn nicht sogar aufgehalten, und könnte letztlich in eine zentrifugale Bewegung übergehen. Darüber hinaus würde es etliche neue Staatsbürger geben, auf die die gewöhnlichen sozialistischen oder sklavischen Parameter nicht angewendet werden könnten. Hat man nun eine nennenswerte Anzahl von Kleinbesitzern, also Menschen, die das Wesen und die Philosophie des

Kleinbesitzes verinnerlicht haben, kann man anfangen, mit ihnen darüber zu sprechen, was über eine allgemeine Regelung untereinander hinausgeht, und einem Land nahekommt, in dem Christenmenschen leben können. Anders als Plutokraten oder Proletarier werden sie nachvollziehen können, warum die Maschine dem Menschen ausschließlich dienen muss, dass die selbst produzierten Dinge so kostbar sind wie unsere eigenen Kinder und dass wir den Besitz von Luxus mit dem Verlust der Freiheit allzu teuer erkaufen.

Wenn einzelne Gruppen auch nur anfangen, sich nicht mehr als Diener zu begreifen, werden sie unsere öffentliche Meinung zu bestimmen beginnen. Wir werden noch unzählige weitere aus der bewussten Bevorzugung des kleinen Mannes entstehenden Vorteile an anderer Stelle behandeln. Der Mann, der keine Sklaven besitzt, steht vollkommen außerhalb des Gesetzes, demzufolge der Sklavenhalter seine Sklaven für einen Tag freilassen muss; er fällt gesetzlich nicht darunter, weil er logisch nicht darunter fällt. Er wurde nicht absichtlich vereinnahmt, damit alle Sklaven einen Tag lang frei, sondern damit alle freien Männer lebenslang versklavt sind.

Damit einige der Maßnahmen die rechtlichen Grundlagen des Kleinbesitzes schaffen und andere dem Schutz des Kleinbesitzes dienen können, ist es zunächst zwingend erforderlich, überhaupt Kleinbesitz zu bilden, und sei es in noch so geringem Umfang. Es könnte wieder englische Bürger und Freibauern geben, und wo auch immer es sie gibt, zählen sie. Es können noch etliche weitere rechtliche und gesetzliche Möglichkeiten zur Förderung der Umverteilung von Besitz kurz umrissen werden. Später werde ich mich insbesondere mit der faktischen Verantwortung des Staates in dieser zunehmend grotesker werdenden finanziellen und wirtschaftlichen Situation beschäftigen. In jeder anderen Gesellschaft würde jede zurechnungsfähige Person das gegenwärtige Problem kapitalistischer Konzentrierung nicht nur als eine Frage des Rechts, sondern vielmehr des Strafrechts, um nicht zu sagen der strafrechtlichen Unzurechnungsfähigkeit erkennen.

Vom monströsen Größenwahn der Großunternehmen mit ihrer aufdringlichen Werbung und ihrer dummen Vereinheitlichung wird an anderer Stelle die Rede sein. Bezüglich der kleinen Geschäfte sei hier schon angemerkt, dass sie im Allgemeinen ab dem Zeitpunkt ihrer Existenz eine eigene Organisationsstruktur aufbauen, die wesentlich anständiger und weitaus weniger vulgär ist. Eine solche freiwillige Selbstorganisation nennt sich bekanntlich Zunft oder Gilde; und sie ist absolut dazu in der Lage, alles zu tun, was für Feiertage und volkstümliche Feste zu tun ist. Zwanzig Frisöre können zweifellos untereinander ausmachen, auf einem bestimmten Fest oder hinsichtlich einer bestimmten Mode nicht miteinander zu konkurrieren.

Dass gerade diejenigen, die von einer Zunft als einem toten, nicht funktionierenden Relikt aus dem Mittelalter sprechen, sich zugleich über die Macht einer in der Moderne existierenden Zunft beschweren, wo sie tatsächlich funktioniert, ist lächerlich. Der Ärztezunft z. B. wird in den Zeitungen oft vorgeworfen, sie weigere sich, »der Öffentlichkeit medizinische Errungenschaften zugänglich zu machen«. Denken wir aber an den unsäglichen und haltlosen, der Öffentlichkeit durch die Presse zugänglich gemachten Unsinn, so haben wir doch Anlass zur Annahme, dass unsere Körper und Seelen in den Händen einer Zunft mindestens so sicher sind wie in den Händen eines Trusts. Dass kleine Geschäfte ohne die Regierung verwaltet werden können, ist doch der entscheidende Punkt. So furchtbar es auch in den Augen der demokratischen Idealisten unserer Tage sein mag, können sie sich sehr gut selbst verwalten.

IV. Die Tyrannei der Trusts

Die meisten von uns kennen aus der Literatur und auch aus dem echten Leben einen bestimmten, häufig von einem alten Geistlichen repräsentierten Typ alter Mann, dem es vor Sozialisten graut, ohne eine genaue Vorstellung davon zu haben, was sie sind. Der Typ Mann, von dem die Menschen sagen, er meine es sicher gut, und damit meinen sie, dass er gar nichts meint. Das allerdings wird diesem Gesellschaftstypus nicht wirklich gerecht. Er ist etwas mehr als bloß wohlmeinend; wir können sogar so weit gehen zu behaupten, er dächte sicher richtig, wenn er denn denken würde. Seine Prinzipien wären vielleicht sogar vernünftig, wenn sie jemals angewendet würden, wenn nicht seine Ignoranz ihn daran hinderte, die Welt zu erkennen, auf die sie anwendbar wären.

Er mag tatsächlich richtig liegen, nur hat er keine Vorstellung davon, was falsch ist. Wer von solch einem alten Herrn unterrichtet wurde, kennt seine Angewohnheit, sein gestrenges Urteil über die mysteriösen Sozialisten mit der Aussage abzumildern, es sei natürlich eine Christenpflicht, gut mit unserem Reichtum umzugehen, und wir dürften nicht vergessen, dass uns das Eigentum von der Vorsehung zu treuen Händen für unser eigenes Wohl und dem der anderen übergeben wurde, und es sei durchaus möglich, dass uns eines Tages (es sei denn, der alte Herr ist alt genug, um ein Modernist zu sein) ein oder zwei Fragen über den Missbrauch einer solchen Treuhand gestellt würden. Das ist nun so weit alles vollkommen richtig, offenbart aber zugleich auf recht merkwürdige Weise die kauzige und auch verblüffende Unschuld des alten Herrn. Sobald sie in seinem Umfeld ausgesprochen wird, wird genau diese von ihm verwendete Phrase, Eigentum sei eine uns von der Vorsehung überreichte Treuhand, zu einem fürchterlichen und abstoßenden Wortspiel. Sein erbärmlicher kleiner Satz kehrt in hundert heulenden Echos, wieder und wieder wie das Gelächter von hundert Höllenteufeln, zurück: »Eigentum ist Treuhand«, »Eigentum ist ein Trust«.[31]

Was ich mit diesem ersten Abschnitt meine, kann ich nicht besser als mit der Beschreibung der denkwürdigen Art und Weise zusammenfassen, in der dieser gute alte konservative Geistliche zunächst jäh in seinem Schlummer überrascht wurde und dann gleich einen Schlag auf den Kopf bekam. Was wir ihm zuerst erklären mussten, findet seinen Ausdruck in dem fürchterlichen Wortspiel über den Trust. Während er noch gegen die von ihm Sozialisten genannten imaginären Räuber wetterte, wurde er leibhaftig von echten Räubern, deren Existenz er sich noch nicht einmal hatte vorstellen können, gefangen genommen und weggeschafft. Die große Konzerne gründenden Spekulantenbanden sind insofern tatsächlich Räuberbanden, als sie noch weitaus weniger Sinn als jeder andere für die individuelle Verantwortung gegenüber den individuellen Gottesgaben haben, deren Handhabe der alte Herr zu Recht eine Christenpflicht nennt. Während er noch mit Worten seine irrelevanten Ideale in die Luft webte, wurde er mit einem aus den gegenteiligen Begriffen geknüpften Netz gefangen: unpersönlich, unverantwortlich, ungläubig. Die ihn umgebenden Finanzmächte sind weiter noch als alles andere von einer häuslichen Vorstellung vom Eigentum entfernt, von der er selbst, um ihm hier einmal Gerechtigkeit widerfahren zu lassen, ausgegangen war. Und wenn er immer noch zaghaft blökt: »Eigentum ist eine Treuhand«, dann werden wir entschieden antworten: »Ein Trust ist kein Eigentum.«

Und jetzt komme ich zu der wirklich außerordentlichen Sache mit dem alten Herrn, auf die sonderbarste Tatsache über den klassischen oder konservativen Typus der modernen englischen Gesellschaft zu sprechen. Die gleiche Gesellschaft, die zunächst gesagt hatte, es gäbe keine solche zu vermeidende Gefahr, behauptet derzeit, ebendiese Gefahr sei unvermeidbar. Unsere gesamte kapitalistische Gesellschaft hat einen gewaltigen Schritt von extremem Optimismus zu extremem Pessimismus gemacht.

Sie begannen damit, dass es in diesem Land gar keine Trusts geben könne, und endeten damit, es könne in diesem Zeitalter gar nichts anderes als Trusts geben. Weil sie ein und dieselbe Sache am Montag als unmöglich und am Dienstag als unvermeidlich bezeichneten, retteten sie das Leben des großen Spekulanten oder Räubers gleich zweimal. Einmal, indem sie ihn ein Märchenungeheuer, und ein weiteres Mal, indem sie ihn ein allmächtiges Schicksal nannten. Als ich vor zwölf Jahren über Trusts sprach, entgegneten mir die Leute: »In England gibt es keine Trusts.« Spreche ich heute darüber, entgegnen mir dieselben Leute: »Aber wie soll Ihrer Meinung nach England den Trusts entkommen?«, als sei der Trust mit großem T immer schon Teil der britischen Gesellschaft gewesen, wenn nicht sogar Teil des Sonnensystems. Kurzum, das Wortspiel und das Gleichnis, mit dem ich diesen Essay einleitete, wurden ironischerweise bis ins kleinste Detail Wirklichkeit. Der arme alte Geistliche ist nun wirklich dazu gezwungen, so zu tun, als wäre ihm der Trust, also der Konzern, tatsächlich von der Vorsehung geschenkt worden. Er ist zur Aufgabe seiner merkwürdigen Spielart vom christlichen Individualismus gezwungen und muss sich nun schnellstens mit einem eher plutokratischen Kollektivismus versöhnen. Er begreift auf recht konfuse Art und Weise, nun sagen zu müssen, das Monopol und nicht das Privateigentum läge in der Natur der Dinge. Das Netz wurde über ihm ausgeworfen, während er schlief, weil er nie an so etwas wie ein Netz gedacht hatte und allein die Möglichkeit, irgendjemand könne ein derartiges Netz knüpfen, abgestritten hätte. Nun aber muss dieser arme alte Herr so reden, als wäre er bereits im Netz zur Welt gekommen. Vielleicht hat er wirklich, wie ich eingangs sagte, einen Schlag auf den Kopf bekommen, vielleicht aber war er, wie seine Feinde behaupten, bloß immer schon ein wenig schwach im Kopf. Wie dem auch sei, da sein Kopf nun einmal in der Schlinge oder im Netz steckt, wird er uns die Unmöglichkeit predigen, den um das Schicksalsrad gesponnenen und geknüpften Netzen und Schlingen jemals zu entkommen. Kurzum, dieser alte Gentleman ist völlig kopflos ins Netz gegangen und viel zu hoffnungslos, um wieder hinauszugelangen.

Ich würde meine allgemeinen Hinweise bislang so zusammenfassen, dass die derzeit zu verhindernde größte und bedenklichste Gefahr in der Annahme besteht, die kapitalistische Eroberung sei bereits weiter vorangeschritten, als sie es tatsächlich ist. Wenn ich hier zwei Begriffe aus dem Penny-Katechismus[32] über die zwei Sünden wider die Hoffnung verwenden darf, besteht die Gefahr nicht länger in der Vermessenheit, sondern in der Verzweiflung. Sie liegt nicht in der Unverfrorenheit derer, die uns ohne mit der Wimper zu zucken erklärt haben, es gäbe in England keine Trusts, sondern vielmehr in der schieren Ohnmacht derjenigen, die uns erzählen, England würde bald von einem Erdbeben namens Amerika verschluckt werden. Diese Art Kapitulation gegenüber dem modernen Monopol ist nicht nur unwürdig, sondern auch panisch und völlig verfrüht. Es ist nicht wahr, dass wir nichts tun können. Alles, was ich bislang geschrieben habe, soll den Zweiflern und Verängstigten zeigen, dass es einfach nicht stimmt. Auch wenn es sich dabei um völlig verschiedene Dinge von ganz unterschiedlicher Auswirkung handelt, gibt es bereits jetzt etwas, das getan werden kann, und zwar sofort.

Wenn wir auch nur einen Laden in unserer eigenen Straße retten oder ein einziges Komplott in unserem eigenen Gewerbe verhindern oder ein Gesetz durchsetzen, mit dem solche Komplotte strafrechtlich verfolgt werden können, dann kommen wir gerade noch rechtzeitig und stellen alles auf den Kopf. Militärisch gesprochen haben die Monopolisten eine Einschließungsbewegung versucht. Aber diese Umzingelung ist noch nicht ganz vollzogen. Wenn wir nichts tun, werden wir in der Tat eingekesselt sein; aber es ist falsch, zu behaupten, wir könnten nichts tun, um das zu verhindern.

Wir rufen dazu auf, zum Schlag auszuholen, Ausfälle und Ausbrüche zu wagen, an ganz bestimmten Stellen (nämlich weit genug auseinanderliegenden Schwachpunkten) ihre Linien zu durchstoßen und durch die Lücke des unvollendeten Kreises zu brechen. Die meisten um uns herum kapitulieren, eben weil sie völlig überrascht waren. Gestern noch bestritten sie, der Feind könne sie umzingeln. Vorgestern noch bestritten sie, dass es überhaupt einen Feind gäbe. Sie sind gelähmt wie durch ein Wunder. Aber wie wir schon damals nicht damit einverstanden waren, dass die Sache unmöglich sei, so sind wir auch jetzt nicht damit einverstanden, sie sei unaufhaltsam. Sicher hätte schon längst etwas unternommen werden müssen, aber auch jetzt kann noch etwas unternommen werden. Es lohnt sich daher, verschiedene beispielhaft angeführte Maßnahmen genauer zu betrachten.

Eine Kette ist so stark wie ihr schwächstes Glied, eine Front so stark wir ihr schwächster Mann, eine Einschließungsbewegung so stark wir ihr schwächster Punkt, an dem der Kreis noch durchbrochen werden kann. Fragt mich also jemand: »Was soll ich jetzt tun?«, werde ich antworten: »Tu alles, so wenig es auch sein mag, was eine Vollendung der kapitalistischen Kartellierung verhindert. Tu alles, was diese auch nur verzögert. Rette einen von hundert Läden. Rette einen von hundert Höfen. Halte eine Tür von hundert offen, denn solange noch eine Tür offen steht, sind wir nicht im Gefängnis. Verbarrikadiere ihnen den Weg, und du wirst erkennen, ob es wirklich der Weg ist, den die Welt gehen muss. Lass die Luft aus ihrem Rad, und du wirst erkennen, ob es wirklich das Rad des Schicksals ist.« Es liegt nämlich im Wesen ihrer enormen und unnatürlichen Anstrengung, dass ein kleiner Fehlschlag so wirksam ist wie ein großer. Der moderne kommerzielle Konzern ist wie ein großer Ballon, aufgebläht und doch leicht; er steigt, und doch lässt er sich treiben, vor allem aber ist er voll mit Gas, und zwar meist voll mit Giftgas. Die in diesem Fall entscheidende Entsprechung allerdings besteht darin, dass der kleinste Stich den größten Ballon zusammenschnurren lässt. Würde dem Trend unserer Zeit auch nur irgendein halbwegs entschiedener Einhalt geboten, verlöre er meines Erachtens sein derzeit hohes Ansehen.

Solange das Monopol nicht existiert, ist der Monopolist ein Nichts, und solange das Monopol nicht alles monopolisieren kann, existiert es nicht. Ahab hat kein Königreich, solange Nabot noch seinen Weinberg hat. Haman ist im

Palast nicht glücklich, wenn Mordochai noch vor dem Tor hockt. Hunderte Beispiele aus der Geschichte der Menschheit zeigen, dass Entwicklungen umgekehrt werden können und ein einziger Stolperstein der entscheidende Wendepunkt werden kann. Gezeitenwenden sind im Sand der Zeit mit Pfählen gespickt. Der erste Schritt zum endgültigen Sieg besteht darin, sicherzustellen, dass der Feind nicht siegen kann. Und sei es auch nur, dass er nicht überall siegt. Erst wenn wir das Fahrwasser schließlich aufgehalten und einen Stillstand erkämpft haben, können wir den allgemeinen Gegenangriff starten. Ihn werde ich als Nächstes konkret erläutern und zugleich versuchen, den altem, ins Netz gegangenen Geistlichen (dessen Kummer mir stets vor Augen steht) damit zu trösten, dass er von Anfang an falsch lag mit seinem Glauben, es gäbe kein Netz, und dass er jetzt falsch liegt im Glauben, es gäbe keinen Ausweg aus diesem, und dass er niemals wissen wird, wie falsch er lag, bis er eines Tages sein eigenes Netz auswerfen und wieder selbst ein Menschenfischer sein wird.

Ich eröffnete mit dem Paradox, dass eine Möglichkeit der Unterstützung kleiner Geschäfte darin liegt, sie zu unterstützen. Das könnte jeder tun, aber niemand kann sich vorstellen, dass es getan werden könnte. In einer Hinsicht ist nichts so einfach und in einer anderen ist nichts so schwer. Ich fuhr mit dem Hinweis fort, dass bereits ohne eine einschneidende Veränderung, allein durch eine leichte Modifizierung der bestehenden Gesetze, Tausende kleine Geschäfte ins Leben gerufen und aktiv werden würden. Ich werde noch Gelegenheit haben, ausführlicher auf die kleinen Läden einzugehen, und gehe für jetzt nur die verschiedenen Beispiele im Schweinsgalopp durch, um zu zeigen, dass die Zitadelle der Plutokratie hier und heute von verschiedenen

Seiten aus angegriffen werden kann. Durch eine konzertierte Anstrengung auf dem offenen Feld des Wettbewerbs kann ihr entgegengetreten und durch das Erlassen oder auch nur eine Korrektur vieler kleiner Gesetze kann sie gar aufgehalten werden. Drittens könnte sie durch die weitreichende Anwendung stärkerer Gesetze angegriffen werden. Aber wenn wir zu diesen kommen, geraten wir selbst jetzt mit größeren Fragestellungen in Konflikt.

Der gesunde Menschenverstand der Christenheit ging seit jeher davon aus, dass die Aufkauferei so strafbar ist wie die Falschmünzerei. Und dennoch scheint für die zeitgenössischen Leser darin eine Art grundlegender Widerspruch zu liegen, der sich im wörtlichen Widerspruch »Traut nicht den Trusts« wiederfindet. Für unsere Väter scheint der Ausspruch »Traut nicht den Fürsten« weitaus weniger paradox gewesen zu sein, wenn auch paradoxer als »Traut nicht den Piraten«. Wenden wir das aber auf die modernen Umstände an, werden wir zunächst von einer sehr modernen Sophisterei auf den Prüfstein gestellt.

Unserer Forderung, ein *Corner*[33] müsse wie eine Verschwörung behandelt werden, wird immerzu entgegnet, eine Verschwörung sei viel zu ausgeklügelt, um aufgedeckt werden zu können. Die Verschwörer seien also zu verschwörerisch, um ertappt zu werden. An diesem Punkt bricht mein einfältiges und kindliches Vertrauen auf die Business-Experten komplett zusammen. Eben noch arglos und vertrauensselig, werde ich respektlos und sarkastisch. Ich gestehe gerne ein, nicht viel von unternehmerischen Details zu verstehen, aber doch nicht, dass niemand sonst auch nur ein bisschen von ihnen verstehen könnte. Ich glaube gerne, dass es Leute auf der Welt gibt, die ihr täglich Brot unbedingt von einem einzigen, große Gewinne aus kleinen Betrügereien schlagenden

Betrüger abhängig machen möchten. Ich glaube gerne, dass es verquere Leute gibt, die eine große Nation gern von einer kleinen Bande überfallen sehen, die gesetzloser, aber weitaus weniger mutig sind als Banditen. Kurzum, ich gestehe gern ein, dass es Leute gibt, die den Trusts vertrauen, wenn auch unter Tränen, wie der gutmütige Kapitän in den *Bab Ballads*:

»Des Menschen Wesen ist wohl so;
Ach, ist nicht dann dies Wesen roh?«

Wenn ich selbst auch bezweifle, dass es ganz so verroht ist, halte ich es durchaus für möglich; und zwar unter Weinen und Klagen. Aber wenn sie mir erzählen wollen, es sei unmöglich herauszufinden, ob jemand einen Trust bildet oder nicht, ist das doch eine ganz andere Sache. Mein Verhalten verändert sich. Ich werde hellwach. Erklärt mir jemand, dass, selbst wenn *Cornering* ein Verbrechen wäre, niemand dieses Verbrechens überführt werden könnte – dann lache ich; nein, ich johle.

Ein Mord, können wir daraus ableiten, wird gewöhnlich begangen, wenn einem Gentleman die Erscheinung eines anderen Gentleman auf dem *Piccadilly Circus* um elf Uhr vormittags missfällt, er auf das Objekt seines Missfallens zutritt und ihm geschickt die Kehle durchschneidet. Dann geht er zum freundlichen Schutzmann, der den Verkehr regelt, macht ihn auf die Leiche auf dem Gehsteig aufmerksam und bespricht mit ihm, wie der die sterblichen Überreste am besten zur Seite schafft. Offenbar stellen sich jene Leute vor, Finanzkriminalität ginge so vonstatten, um aufgedeckt zu werden. In Gesellschaften, in denen sie sicher aufgedeckt werden könnte, wird sie manchmal genauso dreist begangen. Die Theorie vom ohnmächtigen Gesetz wird allerdings dubios, wenn wir uns die Fälle und allein die Morde anschauen, die die Polizei tatsächlich aufdeckt. Ein völlig gewöhnlicher und unbedeutender Mann wäscht in irgendeinem verborgenen Haus oder einer Mietskaserne unter zehntausend Gleichen seine Hände im Becken einer Spülküche; die ganze Operation dauert zwei Minuten. Hier kommt die Polizei dahinter, während es unmöglich sein soll, dass sie die Zusammenkunft oder das Versenden von Nachrichten von eine ganze Wirtschaft umkrempelnden Männern aufdeckt. Sie können einen Mann, von dem noch nie jemand gehört hat, auf seinem Weg zu einem Ort verfolgen, von dem niemand wusste, dass er dorthin gehen würde, um etwas zu tun, bei dem er alle Vorsicht walten ließ, damit es niemand mitbekommt. Aber nach einem, den jeder kennt, können sie nicht suchen, um zu sehen, ob er mit einem anderen Mann, den auch jeder kennt, kommuniziert, um etwas zu tun, dass er, wie fast jeder weiß, schon sein ganzen Leben lang zu tun versucht hat. Sie können uns alles über jede Bewegung eines Mannes berichten, dessen Bewegungen nicht einmal seine Frau oder Partnerin oder Vermieterin kennt, aber nichts über die Bewegungen eines großen Konzerns, der den halben Erdkreis umspannt. Ist die Polizei wirklich so dumm, oder sind sie gleichzeitig so dumm wie klug? Sollte die Polizei tatsächlich so hilflos sein, wie Sherlock Holmes meinte, was ist dann los mit Sherlock Holmes? Wo steckt der begeisterte Amateurdetektiv, über den alle von uns schon gelesen und einige von uns (Gott sei's geklagt!) geschrieben haben? Gibt es keinen enthusiastischen Schnüffler, dem das gelingt, woran die gesamte Polizei scheitert und vom Fettfleck auf der Tischdecke unweigerlich darauf schließt, dass Mr. Rockefeller an Öl interessiert ist? Gibt es keinen Mann mit markanten Zügen, der aus Lord Leverhulmes Aufkäufen etlicher Seifengeschäfte schließt, dass er an Seife interessiert war? Ich bin versucht, selbst eine neue Serie von Detektivgeschichten über die Aufdeckung dieser obskuren und geheimnisvollen Vorgänge zu verfassen, in denen Sherlock Holmes mit seinem monströsen Vergrößerungsglas über einer Zeitung hockt und die Schlagzeilen Buchstabe für Buchstabe entziffert und Watson über die Entdeckung der *Bank of England* ins Staunen gerät. Sie trügen solch herkömmliche Titel wie »Das Geheimnis des Leuchtreklame«, »Das Mysterium des Megafons« und »Das Abenteuer des unbemerkten Hortens«.

Für diese Menschen ist es unvorstellbar, dass diese Aufkauferei behandelt werden könnte wie Falschmünzerei, dass also das Hamstern oder auch nur irgendeine andere Handlung der Reichen überhaupt in den Bereich des Strafrechts fallen könnte. Sie wären schockiert, derlei Leute derartigen Kontrollen unterworfen zu sehen. Ich gebe ein Beispiel. Die Wissenschaft der Fingerabdrücke wird uns ständig von den Kriminologen vorgeführt, um damit lediglich ihre nicht so herrliche Wissenschaft zu verherrlichen. Fingerabdrücke können einem Millionär genauso leicht nachweisen, dass er mit einem Kugelschreiber geschrieben hat, wie einem Einbrecher, dass er ein Brecheisen benutzt hat. Sie können dem Finanzier so eindeutig beweisen, dass er ein Telefon benutzt hat, wie dem Dieb, dass er eine Leiter erklommen hat. Aber wenn wir auch nur in Erwägung ziehen, von einem Finanzier die Fingerabdrücke zu nehmen, hält das jeder für einen schlechten Scherz. Und der Scherz ist auch makaber. Das von diesem Vorschlag ausgelöste Lachen beweist, dass niemand die Vorstellung ernst nimmt oder auch nur daran denkt, die Vorstellung ernst zu nehmen, Reiche und Arme könnten vor dem Gesetz gleich sein.

Deshalb behandeln wir die Magnaten und Monopolisten nicht so, wie sie unter den alten Gesetzen der Volksjustiz behandelt worden wären. Und eben deshalb erwähne ich ihren Fall jetzt und an dieser Stelle meiner Bemerkungen in dem gleichen Atemzug mit solch scheinbar unerheblichen und oberflächlichen Angelegenheiten wie einer Überführung der Kundschaft von einem Laden in den anderen. Eben weil beide Fälle einzig und allein vom moralischen Willen abhängen und nicht im Geringsten und in keinerlei Hinsicht eine Frage des Wirtschaftsrechts sind.

Anders ausgedrückt ist es eine Lüge, zu behaupten, wir könnten keine Gesetze erlassen, die Monopolisten ins Gefängnis, an den Pranger oder an den Galgen bringen, wie unsere Väter es vor uns taten. Und es ist genauso gelogen, wir könnten gar nicht anders, als die am besten beworbenen Waren zu kaufen oder in die größten Geschäfte zu gehen oder in unseren Gewohnheiten dem gesellschaftlichen Trend zu folgen. Wir können vielmehr auf hundert verschiedene Arten helfen; angefangen damit, ein Geschäft zu verlassen, bis hin zu der zeremonielleren Art, einen Mann an den Galgen zu knüpfen. Wenn wir damit sagen wollen, dass wir nicht anders handeln können, dann mag das sehr zutreffend und in manch einem Fall richtig sein. Aber einen Hamsterer zu verhaften ist so leicht wie von einem Baumstamm zu fallen oder aus einem Laden zu gehen. Einen Kartellisten ins Gefängnis zu stecken ist nicht weniger unmöglich als ein Geschäft zu verlassen; und es ist für den weiteren Verlauf dieser Diskussion höchst wünschenswert, dieser Tatsache ins Auge zu sehen. Fast die Hälfte der anerkannten Methoden, mit denen heutzutage ein Großkonzern gegründet wird, galten in bestimmten Gesellschaften aus der Vergangenheit als Verbrechen, und sie könnten in einer zukünftigen Gesellschaft auch wieder als solche angesehen werden.

Ich kann hier nur ganz am Rande auf sie eingehen. Eine von ihnen ist das Verfahren, gegen das die Staatsmänner der respektabelsten Partei Tag und Nacht wettern können, solange sie vorgeben, es würde nur von Ausländern praktiziert. Es nennt sich *Dumping*. Eine Methode, nach der absichtlich mit Verlust verkauft, also verramscht wird, um den Markt für den anderen kaputtzumachen. Ein anderes Verfahren, gegen das die gleichen Staatsmänner der gleichen Partei sogar versucht haben, ein Gesetz zu erlassen, das sich auf Kreditgeber beschränkte, sich aber unglücklicherweise in keinster Weise auf Kreditgeber beschränkte, ist der Trick, einen ärmeren Mann in ein Wirrwarr von Verpflichtungen zu verwickeln, denen er letztlich nur durch den Verkauf seines Ladens oder seines Geschäftes nachkommen kann. In einer speziellen Unterart wird dem Verzweifelten etwas auf Raten oder ein Langzeitkredit gewährt.

All diese Verschwörungen hätte ich so behandelt wie eine Verschwörung zum Staatsstreich oder Königsmord. Wir erwarten nicht, dass der Mann dem König eine Postkarte schreibt, auf der er ihm mitteilt, dass ihn ein Attentat erwartet, oder eine Zeitungsannonce mit der warnenden Ankündigung des Revolutionstags aufgegeben wird. Dergleichen Komplotte wurden immer auf die einzig mögliche Weise beurteilt, nach der sie beurteilt werden können: durch Anwendung des gesunden Menschenverstands bezüglich des Zwecks und der offensichtlichen Existenz eines Plans. Aber wir werden nie einen echten Bürgersinn entwickeln, solange nicht das Komplott von drei Bürgern gegen einen als genauso ein Verbrechen betrachtet wird wie das Komplott eines Bürgers gegen drei andere.

Mit anderen Worten sollte das Privateigentum vor privater Kriminalität so geschützt werden, wie die öffentliche Ordnung vor privater Strafverfolgung geschützt wird. Das Privateigentum muss vor einer weitaus größeren Gefahr als Einbrechern und Taschendieben geschützt werden. Es benötigt Schutz vor den Komplotten der gesamten Plutokratie. Es muss gegen die mittlerweile zu Herrschern aufgestiegenen Reichen verteidigt werden, die es eigentlich verteidigen sollten. Es fällt nicht schwer zu erklären, warum sie es nicht verteidigen. Jedenfalls liegt die Schwierigkeit in all diesen Fällen darin, sich Leute vorzustellen, die das tun wollen, und nicht in der Vorstellung, dass Leute es tun. Sie sollen ruhig sagen, das Ideal des Distributivstaates sei weder das Risiko oder auch nur die Mühe nicht wert, aber nicht behaupten, kein Mensch hätte in der Vergangenheit jemals das Risiko auf sich genommen oder Menschen seien noch nie imstande gewesen, überhaupt irgendwelche Mühen auf sich zu nehmen.

Wenn sie für die Gerechtigkeit nur halb so viel Risiko auf sich nehmen würden wie sie schon um der Erniedrigung willen auf sich genommen haben; wenn sie nur halb so fleißig dafür schufteten, irgendetwas Schönes zu schaffen, wie sie es taten, um alles hässlich zu machen; wenn sie ihrem Gott so gedient hätten, wie sie ihrem Rinderkönig oder Petroleumkönig gedient haben, dann würde der Erfolg unserer gesamten distributiven Demokratie auf die Welt blicken wie ihre flammenden Leuchtschilder und an den Wolken kratzen wie ihre verrückten Türme.

Kapitel III. Einige Aspekte des Landes

I. Die einfache Wahrheit

Jeder von uns, zumindest aus meiner Generation, hat in seiner Jugend die Anekdote über den Entdecker der Dampflokomotive, George Stephenson, gehört. Darin entgegnet er dem Einwand eines miesepetrigen Bauern, es sei doch sehr unangenehm, wenn eine Kuh auf die Schienen geriete: »Das wäre sehr unangenehm für die Kuh.« Es ist äußerst bezeichnend für den damaligen Zeitgeist, dass offenbar niemandem in den Sinn kam, es könnte auch recht unangenehm für den Bauern sein, dem die Kuh gehörte.

Lange bevor uns diese Anekdote zu Ohren kam, haben wir jedoch wahrscheinlich eine andere, weitaus interessantere namens »Hans und die Bohnenranke« gehört. Sie beginnt mit den merkwürdigen und verblüffenden Worten: »Es war einmal eine arme Witwe, die hatte eine Kuh«. Im modernen England wäre es ein abwegiges Paradox, dass eine arme Witwe eine Kuh besitzen könnte, aber die Dinge lagen offenbar in härteren und abergläubischen Zeiten anders. Zu Stephensons Zeiten des Mitgefühls und seiner Dampflok hätte sie auf jeden Fall keine besessen. Der Zug fuhr los, die Kuh kam zu gegebener Zeit unter die Räder, und die Gemütsverfassung der alten Witwe wurde als Agrardepression bezeichnet. Doch jeder war so froh darüber, in Zügen zu reisen und den Kühen Schwierigkeiten zu bereiten, dass er alle anderen Schwierigkeiten aus dem Auge verlor. Nachdem Kriege oder Revolutionen uns von den Kühen getrennt hatten, kamen die Industriellen plötzlich darauf, dass die Milch ursprünglich nicht aus Kannen kommt. Daraus entwickelten einige von uns die Vorstellung, die Kuh (und selbst der miesepetrige Bauer) könne der Gesellschaft von Nutzen sein, und erklärten sich bereit, ihr etwa drei Morgen Land zuzugestehen.

An dieser Stelle muss wiederholt betont werden, dass wir nicht vorschlagen, jeden Quadratmeter mit Kühen zu bedecken, und auch nicht, die Stadtleute so zu eliminieren, wie sie ihrerseits die Bauern eliminieren würden. Vor allem am Anfang werden wir in vielen untergeordneten Punkten möglicherweise Kompromisse eingehen müssen, aber selbst mein Ideal, wenn ich es irgendwann einmal gefunden habe, würden andere als Kompromiss beschreiben. Ich meine, es sollte treffender ein Ausgleich genannt werden. Denn ich denke nicht, dass die Sonne mit dem Regen Kompromisse eingeht, wenn sie gemeinsam einen Garten gestalten oder die darin blühende Rose ein Kompromiss von Grün und Rot ist.

Ich glaube sogar, dass mein Utopia verschiedene Dinge von unterschiedlicher Art mit verschiedenen Besitztiteln enthalten würde: So wie es im mittelalterlichen Staat einige Bauern gab, einige Klöster, einige Allmenden, einiges Privatland, einige Zünfte usw., wäre auch in meinem modernen Staat einiges verstaatlicht, einige Maschinen wären im Gemeinschaftsbesitz, einige Zünfte würden ihre Gewinne untereinander aufteilen usw., vor allem gäbe es, wo immer privater Besitz möglich ist, viele Privatbesitzer. Mit Letzteren anzufangen ist deshalb sinnvoll, weil sie das Niveau und den Charakter der Gesellschaft ausmachen sollten – und das auch fast immer tun.

Zu den tausend schon einmal gehörten Aussagen gehört jene, die Engländer seien ein langsames Volk, ein vorsichtiges Volk, ein konservatives Volk und so weiter. Wenn wir etwas derart oft gehört haben, nehmen wir es entweder als Binsenwahrheit hin oder erkennen plötzlich, dass es überhaupt nicht zutrifft. Und in diesem Fall trifft es überhaupt nicht zu. Englands wirkliche Besonderheit besteht darin, dass es das einzige Land auf Erden ohne eine konservative Gesellschaftsschicht ist. Es gibt eine große Anzahl von Leuten, womöglich eine Mehrheit, die sich selbst als konservativ bezeichnen würde, aber je genauer man sie untersucht, umso weniger konservativ erscheinen sie.

Die auf ihre eigene Art kapitalistische, gewerbetreibende Schicht ist naturgemäß das genaue Gegenteil von konservativ. Nach eigenen Angaben ist sie unentwegt auf der Suche nach neuen Erfindungen und neuen Märkten. Einigen von uns scheint all diesen Neuheiten etwas außerordentlich Altbackenes anzuhaften, was aber an der Denkweise des Erfinders liegt und nicht daran, dass er nichts zu erfinden beabsichtigt. Vom größte Firmen gründenden Finanzier bis hin zum kleinsten mit Nähmaschinen hausierenden Schwarzhändler haben alle das gleiche Ziel: eine neue Firma, insbesondere, nachdem das mit der alten Firma geschah, was meistens mit ihnen geschicht. Die Nähmaschine muss immer eine neue Art Nähmaschine sein, auch wenn sie nicht näht.

Was beim Kapitalisten offensichtlich ist, trifft für den Oligarchen gleichermaßen zu. Was auch immer die Aristokratie sein mag, konservativ ist sie nie und nimmer. Sie folgt selbstredend eher der Mode als der Tradition. Diejenigen, die ein müßiges und luxuriöses Leben führen, sind immer begierig nach etwas Neuem, und wir geben gerechterweise zu, dass sie andernfalls Idioten wären. Die englischen Aristokraten sind auf gar keinen Fall Idioten. Sie können sich immerhin damit brüsten, in jeder Phase des intellektuellen Fortschritts, der uns in unseren heutigen Ruin geführt hat, eine wichtige Rolle gespielt zu haben.

Die vorrangigste Errungenschaft der Etablierung einer englischen Bauernschaft ist, dass diese seit vielen Jahrhunderten zum ersten Mal eine traditionelle Gesellschaftsschicht wäre. Sobald es tatsächlich zum Tauziehen zwischen dem Bolschewismus und dem historischen Ideal des Eigentums kommen sollte, würde sich das Fehlen einer solchen Schicht als fatal erweisen. Aber das Gegenteil ist genauso wahr und wesentlich beruhigender. Dieser Qualitätsunterschied bedeutet, dass die Veränderung anfangs lediglich quantitativ wirksam sein wird. Wir haben uns nicht so sehr mit der Stärke oder Schwäche eines Bauernstandes beschäftigt, sondern vielmehr mit dessen An- oder Abwesenheit. So wie die Gesellschaft unter seiner Abwesenheit gelitten hat, wird sie sich durch seine schiere Existenz wieder verändern. Ein England, in dem der Bauer berücksichtigt werden muss, wird ein anderes England sein. Er wird die Gestalt der Dinge verändern, auch wenn Politiker nur so oft an Bauern denken wie an Ärzte. Sie sollen sogar schon einmal an die Soldaten gedacht haben.

Das entscheidende Argument für den Bauern ist von einer klaren und fast schon drastischen Einfachheit. Wenn er dem Grundherrn keine Pacht und dem Arbeiter keinen Lohn zahlen müsste, würde ein Engländer sicherlich auf dem Land leben wollen. Als sein eigener Grundherr und sein eigener Arbeiter wäre er selbst im kleinen Rahmen besser dran. Aber es gibt selbstverständlich darüber hinaus gewisse andere Überlegungen und, meiner Meinung nach, gewisse vorherrschende Missverständnisse, auf die sich die folgenden Bemerkungen ungefähr der Reihe nach beziehen. Allem voran ist es natürlich eine Sache, zu sagen, etwas sei wünschenswert, und eine ganz andere, etwas sei erwünscht. Und zunächst einmal leugne ich nicht, wie sich noch zeigen wird, dass es sich bei dem Erwünschten nicht um einen wünschenswerten Luxus handeln wird, sondern vielmehr aus der akuten nationalen Notwendigkeit heraus sicherlich eine gewisse Bereitschaft zur Anstrengung und zum Opfer vonnöten sein wird, wenn wir den Grundherrn darum bitten, auf die Pacht zu verzichten, oder den Bauern, ohne Hilfskräfte auszukommen. Aber die Krise und Notwendigkeit bestehen insofern, als der Gutsherr lediglich eine Schuld erlassen würde, die er längst abgeschrieben hatte, und der Arbeitgeber nur auf den Dienst von Männern verzichten müsste, die sich schon längst im Streik befinden. Dennoch ist es wichtig, darauf hinzuweisen, dass eine solche Krise bestimmte Tugenden erfordert. Die Unterscheidung von Wünschenswertem und Erwünschtem vorausgeschickt möchte ich aber betonen, dass schon jetzt solch eine normale Lebensweise stärker gewünscht wird, als viele annehmen. Vielleicht ist es ein unbewusster Wunsch, aber es lohnt sich sicher, einige Vorschläge zu machen, die ihn zutage fördern könnten. Nicht zuletzt gibt es eine falsche Vorstellung vom »Leben auf dem Land« – und ich habe einige Hinweise hinzugefügt, warum es sehr viel wünschenswerter ist, als viele annehmen.

Die verschiedenen Aspekte des Agrardistributismus werde ich mehr oder weniger in der oben erwähnten Reihenfolge abhandeln; in diesen Vorbemerkungen beschäftige ich mich hingegen nur mit dem Kerngedanken. Dass man aus der gegenwärtigen industriellen Sackgasse der großen Städte eine konservative Bevölkerung hervorbringen könnte, ist eine kühne Behauptung. Mit einer Bauernschaft hingegen könnten wir eine konservative Bevölkerung erschaffen. Es ist mir durchaus bewusst, dass viele diesem Konservatismus derbere Namen geben würden und behaupten, die Bauern seien dumm und steckten als Ewiggestrige in einem öden und trostlosen Leben fest. Ich kenne das Argument, jeder fände es monoton, die zwanzig verschiedenen Sachen zu tun, die auf einem Bauernhof getan werden müssen, während es natürlich jeder immer zum Schreien komisch und erhebend findet, Stunde um Stunde und Tag für Tag einen einzigen Handgriff in einer Fabrik zu tun.

Dieselben Leute behaupten auch im Gegenteil, es sei egoistisch und habgierig von den Bauern, derart an einem eigenen Hof interessiert zu sein, statt wie die Proletarier des modernen Industrialismus eine selbstlose und romantische Loyalität mit der Fabrik eines anderen und eine asketische Opferbereitschaft für den Profit eines anderen an den Tag zu legen. Diesen Behauptungen des modernen Kapitalismus sei ihre Berechtigung zugestanden; es sollte aber auch erlaubt sein zu sagen, dass der sich mit seinem stumpfen Dasein begnügende bäuerliche Grundeigentümer, indem er stur auf sein bäuerliches Grundeigentum und seine Erträge bedacht ist, in Wahrheit einen soliden Block von Privateigentum bildet, auf den im Widerstand gegen den Kommunismus gezählt werden kann – was nicht nur mehr ist, als über das Proletariat gesagt werden kann, sondern sogar wesentlich mehr, als jeder Kapitalist über den Bauernstand sagt.

Ich glaube nicht, dass die Proletarier vom Bolschewismus angezogen werden wie die Fliegen vom Honigtopf (sofern Honig eine passende Metapher für diese Lehre ist), aber sollte irgendetwas an den Ängsten der Zeitungen wahr sein, können große Besitztümer die Sache mit großer Wahrscheinlichkeit nicht aufhalten, während der Kleinbesitz zweifellos dazu in der Lage ist. Es widerspricht aller Erfahrung, dass Bauern stumpfe und entartete Wilde sind, die auf allen vieren kriechen und Gras fressen wie die Tiere auf dem Feld. Auf der ganzen Welt z. B. gibt es Bauerntänze wie die von Königen und Königinnen. Der Volkstanz ist dabei noch wesentlich eindrucksvoller und zeremonieller und von größerer menschlicher Würde erfüllt als jeder aristokratische Tanz. Immer noch findet man in vielen Landstrichen heute noch Bauern, die zu hohen Festen Hauben tragen wie Kronen und beinah rituelle Gesten vollführen, während das Schloss oder Chateau der Herren und Damen voller Menschen ist, die zu Negerlärm umherwatscheln wie Affen.

Überall in Europa haben die Bauern Stickereien und Handarbeiten hervorgebracht, die begeistert von Künstlern entdeckt wurden, nachdem der Adel sie schon längst vernachlässigt hatte. Diese Menschen sind nicht nur im rein negativen Sinne konservativ (wenn auch das Negative einen großen Wert hat, wenn es darüber hinaus auch noch defensiv ist), sondern sie sind es auch in einem positiven Sinne, indem sie Traditionen erhalten, die nicht wieder vergehen wie Moden, und ein Kunsthandwerk, das weniger vergänglich ist als jene Strömungen in der Kunst, die immer schon sehr bald aufhören werden zu strömen.

Die Bolschewisten haben, glaube ich, etwas erfunden, das sie proletarische Kunst nennen; ihre Kriterien vermag ich mir allerdings nicht vorzustellen, abgesehen davon, dass sie sich mit rätselhaftem Stolz Proletarier nennen, während sie gleichzeitig behaupten, nicht länger proletarisch zu sein.

Wahrscheinlich handelt es sich dabei lediglich um den Widerwillen der Halbgebildeten, auf ein langes Wort zu verzichten. Auf jeden Fall gab es auf dieser Erde noch nie so etwas wie proletarische Kunst. Es hat aber ganz entschieden immer schon so etwas wie Bauernkunst gegeben.

Vermutlich ist damit die kommunistische Kunst gemeint; und der Begriff allein besagt schon viel. Eine wahrhaft kommunitäre Kunst besteht wahrscheinlich aus hundert an einem gigantischen Pinsel wie an einem Rammbock hängenden Menschen, die ihn über eine riesige Leinwand mit Kurven und Schwüngen und feierlichen Unterbrechungen ziehen und so dem geballten Gemeinschaftsgedanken in dunkel umrissenen Formen Ausdruck verleihen. Die Bauern haben Kunst hervorgebracht, weil sie kommunitär, nicht aber weil sie kommunistisch waren. Das Brauchtum und die ständische Tradition haben ihrer Kunst eine Geschlossenheit gegeben, in der jeder Einzelne aber ein eigenständiger Künstler war. Diese Befriedigung des individuellen kreativen Talents lässt den Bauernstand insgesamt ganz zufrieden und demzufolge konservativ sein. Etliche Menschen stehen auf eigenen Beinen, weil sie auf ihrem eigenen Land stehen. In unserem Land aber standen die Landbesitzer, leider Gottes, auf nichts – abgesehen davon, was sie unter ihren Füßen zertrampelt haben.

II. Gelübde und Freiwillige

Manchmal wurden wir gefragt, warum wir die Werbefachleute nicht so sehr bewundern wie diese sich selbst. Eine Antwort lautet, dass es in ihrer Natur liegt, sich selbst zu bewundern, und in der Natur unserer Aufgabe, den Leuten beizubringen, sich selbst kritisch gegenüber zu sein bzw. sich vielmehr (besser noch) selbst in den Allerwertesten zu treten. Es wird von der Wahrheit in der Werbung gesprochen. Aber eine Wahrheit in dem strengen Sinne, wie wir sie in der Politik benötigen, kann sie nicht bieten. Mit lustigen Reklamebegriffen auszudrücken, wie schlecht die Dinge stehen oder wie schwer es sein wird, die Lage zu bessern, ist schlicht unmöglich. Kein Werbefachmann ist so aufrichtig, zu sagen: »Machen Sie das Beste aus Ihrer vergammelten alten Schreibmaschine, wir haben gerade nichts Besseres.« Aber wir müssen tatsächlich sagen: »Machen Sie das Beste aus Ihrer vergammelten alten Produktionsmaschine und lassen Sie sie nicht so schnell auseinanderfallen.« Wir sehen selten ein fröhliches und auffälliges Plakat, auf dem steht: »Mit unseren neuen Küchenzeilen kommen schwere Zeiten auf Sie zu!« Aber wir müssen unseren Freunden tatsächlich sagen: »Es kommen schwere Zeiten auf euch zu, wenn ihr anfangt, eigene Höfe selbst aufzubauen – aber ihr tut damit das Richtige.« Wir können nicht so tun, als hätten wir ein bequemes Leben voller Annehmlichkeiten anzubieten. Was immer auch unsere Meinung über arbeitssparende Maschinen sein mag, wir können unsere Vorstellungen nicht als arbeitssparende Maschine verkaufen. Wenn es um einen Menschen im Feuer, in einer Schlacht, einem Schiffbruch geht, ist es keine Frage der Bequemlichkeit mehr. Es gibt keinen anderen Weg aus der Gefahr als den voller Gefahren.

Der Aufruf, der jetzt an die Engländer gerichtet werden muss, ist ein Aufruf wie vor einem großen Krieg oder einer großen Revolution. Mag die Fanfare auch unsicher klingen, so ist es doch mit Sicherheit ein Fanfarenstoß. Das Megafon der nackten merkantilen Selbstgefälligkeit ist bloß schrill und vage. Naturgemäß sagt es nur besänftigende Dinge, auch wenn es sie brüllt; es gleicht einem säuselnden Liebesgeflüster, das als furchtbares Geschrei daherkommt. Wie kann Werbung Männer dazu auffordern, sich zum Kampf zu rüsten? Wie kann die Reklame die Sprache des Gemeinsinns sprechen? Sie kann nicht sagen »Kauft Land in Blinkington-on-Sea und macht euch bereit zum Kampf gegen Steine und Disteln.«

Sie kann nicht sicher klingen wie die alten Sturmglocken, die bei Feuer und Flut läuteten und den Einwohnern von Puddleton eine drohende Hungersnot verkündeten. Um den Menschen Gerechtigkeit widerfahren zu lassen: niemand verkündete die Anforderungen in Kitcheners Armee[34] wie die Annehmlichkeiten einer Küchenzeile. Niemand sagte den Rekruten: »Verbringen Sie Ihre Ferien in Mons!« Wir sagten nicht: »Probieren Sie unsere Schützengräben aus – das reinste Vergnügen!« Wir haben uns auf höhere Dinge berufen. Und auf sie müssen wir uns wieder berufen, und zwar in Anbetracht von weitaus Schlimmerem. Aber genau das wird durch den ganzen Ton der Werbung so schwierig gemacht.

Wir müssen nun die Notwendigkeit von unabhängig ausgeführten Einzelaktionen im großen Maßstab berücksichtigen. Wir müssen die Notwenigkeit bekannt machen, wie die der Rekruten öffentlich gemacht worden war. Die Bildung war zu kommerziell und hat sich von der kommerziellen Werbung überwältigen lassen. Sie kam aus der Stadt und ist mittlerweile fast wieder ganz aus der Stadt vertrieben worden. Bildung bestand darin, Landbewohnern Stadtangelegenheiten beizubringen, die sie nicht lernen wollten. Ich schlage vor, dass Bildung von nun an darin bestehen sollte, Stadtbewohnern Landangelegenheiten beizubringen, die sie lernen wollen. Dass es wesentlich besser wäre, zumindest mit denen anzufangen, die das auch wirklich wollen, gebe ich gerne zu. Aber ich gehe tatsächlich von einer großen Anzahl von Menschen in der Stadt und auf dem Land aus, die das wirklich lernen wollen. Ob wir nun auf ein Agrargesetz hoffen oder nicht, ob unsere Vorstellung von einer Besitzverteilung nun rigide ist oder provisorisch, ob wir nun an Kompensation glauben oder an Konfiszierung, nach diesem Gesetz suchen oder nach jenem – wir sollten auf jeden Fall nicht dasitzen und auf irgendein Gesetz warten. Bevor Gras wächst, muss das Pferd zeigen, dass es Gras will, und zeigen, dass es wirklich ein grasfressender Vierbeiner ist. Die Erfüllung von Parlamentsversprechen wächst langsamer als Gras, und wenn nichts getan wird, bis ein sogenannter Verfassungsprozess abgeschlossen ist, werden wir dem Distributismus nur so nahe kommen wie ein Labour-Politiker dem Sozialismus. Daher scheint es mir zunächst zwingend erforderlich, nach mittelalterlicher oder moralischer Tradition Freiwillige aufzurufen.

Die Engländer können tun, was die Iren taten. Sie könnten Gesetze erlassen, indem sie ihnen folgen. Wenn wir wie die ursprünglichen *Sinn Féiner* einer Gesetzesänderung durch eine gesellschaftliche Übereinkunft zuvorkommen wollen, brauchen wir zwei Arten von Freiwilligen, um das Experiment hier und jetzt durchzuführen. Wir müssen herausfinden, wie viele tatsächliche oder potenzielle Bauern es gibt, die Verantwortung für kleine Höfe übernehmen würden, um in dieser Stunde der Verzweiflung die Selbstversorgung, das Eigentum und die Rettung Englands zu sichern. Wir müssen herausfinden, wie viele Grundbesitzer ihr Land verschenken oder billig verkaufen würden, damit es in viele solcher Höfe aufgeteilt werden kann. Ich bin der festen Überzeugung, dass die Grundbesitzer dabei das bessere

Geschäft machen. Oder vielmehr, dass die Bauern bei dieser Abmachung den härteren und heldenhafteren Part haben. Das Land zu verschleudern würde sich in einigen Fällen für den Grundbesitzer lohnen, weil er ohnehin für etwas zahlt, das ihm keine Erträge bringt. Jedem muss klar sein, dass die Situation heroische Lösungen und keine leeren Phrasen erfordert. Dass der Mann, der das Land bekommt, heldenhafter sein muss als der Mann, der es aufgibt, ist klar.

Uns wird erwidert, Helden wüchsen nicht auf Hecken, und wir würden nicht einmal genug finden können, um all unsere Hecken zu verteidigen. Aber ein paar Jahren erst haben wir mit einem einzigen Fanfarenstoß drei Millionen Helden angeworben; und die Fanfare, die wir heute hören, ist in einem noch fürchterlicheren Sinne die Posaune des Jüngsten Gerichts. Wir verlangen einen allgemeinen Aufruf zur Rettung des Landes wie der, mit dem Freiwillige zur Rettung der Nation eingefordert worden waren, und wollen nicht, dass er durch die wankelmütige, ermüdende, betrübliche und bedauernswerte Sache verwässert wird, die die Zeitungen Optimismus nennen.

Wir fordern keine Babys dazu auf, freundlich in die Kamera zu lächeln, sondern erwachsene Männer, sich einer Krise entgegenzustellen, die einem großen Krieg in nichts nachsteht. Wir fordern die Menschen nicht dazu auf, Coupons aus einer Zeitung auszuschneiden, sondern einen Bauernhof in einer weglosen Ödnis zu erschaffen; und nur ein das Gelübde erfüllender hartnäckiger Geist führt zum Erfolg. Der hl. Franziskus wies seinen Anhängern den Weg zur Glückseligkeit. Aber er versprach ihnen weder, das heimatlose und unstete Leben sei ein »Leben wie bei Muttern«, noch bewarb er es auf Reklamewänden als »zweites Zuhause«.[35]

Wir aber leben in einer Zeit, in der es für den freien Mann schwieriger ist, seinen eigenen Hausstand zu gründen, als es für den mittelalterlichen Asketen war, ohne diesen auszukommen. Der Streit über die Slums in Limehouse war ein Funktionsmodell des Problems – sofern wir ein nicht funktionierendes Modell, nach dem zudem nur ein Irrer irgendetwas bauen würde, ein Funktionsmodell nennen können. Die Slumbewohner sagten tatsächlich klar und deutlich, dass sie ihre Slums den Mietskasernen vorzögen, die ihnen als Zufluchtsort vor den Slums bereitgestellt worden waren. Und sie bevorzugten sie, weil die alten Häuser Hinterhöfe hatten, in denen sie ihren »Hobbys wie Vogelzucht und Geflügelhaltung« nachgehen konnten. Als ihnen andere Konzepte wie Schrebergärten vorgelegt wurden, waren sie so schrecklich schamlos, zu äußern, sie hätten gern Zäune um ihre Gärten. Derart entsetzlich und überwältigend ist die rote Flut des Kommunismus, die durch die Köpfe der arbeitenden Bevölkerung wallt.

Nun könnten natürlich die heftigen Staus und die Überbevölkerung dazu führen, die Häuser der Menschen in Türmen übereinanderstapeln zu müssen. Es könnte auch notwendig werden, dass Menschen auf die Schultern von anderen Menschen klettern, um einer durch ein Erdbeben entstandenen Flut oder gerissenen Spalte zu entkommen. Und es ist nur folgerichtig und sogar mathematisch korrekt, dass wir die Menschenmassen auf den Londoner Straßen verschlanken könnten, indem wir die Menschen vertikal anordnen statt horizontal. Gäbe es irgendeine Möglichkeit, durch die der eine Mann umherspazieren kann, während ein anderer über ihm steht und darüber noch einer usw., hätten wir weitaus weniger Gedränge.

In akrobatischen Vorführungen sind die Menschen so angeordnet, und ein Akrobatikkurs könnte als Pflichtfach an allen Schulen eingeführt werden. Ich freute mich (im Sinne einer Kunst um der Kunst willen), einen solchen lebendigen, sich majestätisch die Strand[36] entlangbewegenden Turm zu sehen, und stelle mir gern eine Zeit der echten sozialen Organisation vor, in der all die Angestellten der Herren Schwindel & Schmarrn nicht länger so willkürlich und vereinzelt aus ihren kleinen Vorstadtvillen heraustrudeln wie heute. Sie müssen nicht einmal wie in der dazwischenliegenden Phase des Sklavenstaates als exerzierende Kolonne vom Schlafsaal aus einem Viertel Londons zum Warenhaus im anderen Viertel marschieren. Nein, eine süßere Vision ist vor mir in den Himmel aufgestiegen: eine schwankende Pagode von Angestellten, einer auf dem anderen balancierend, bewegt sich, womöglich in einer akrobatischen, die perfekte Disziplin der gesellschaftlichen Maschinerie verkörpernden Formation die Straße hinab.

Das wäre nicht nur sehr eindrucksvoll, es würde unter anderem auch tatsächlich Platz einsparen. Sollte aber einer der Menschen an der Spitze des schwankenden Turms sagen, er hoffe, eines Tages wieder die Erde berühren zu können, würde ich sein Gefühl der Verbannung durchaus nachvollziehen können. Wenn er sagte, es sei für den Menschen natürlich, auf dem Erdboden zu wandeln, würde ich dieser Philosophie zustimmen. Und wenn er sagte, es sei doch sehr schwierig, aus dieser akrobatischen Formation und Höhe nach den Hühnern zu schauen, würde ich sein Problem sehr ernst nehmen. Womöglich wäre ich versucht, zu entgegnen, die Vogelzucht sei doch für einen solch luftigen Vogel angemessen, aber realistisch betrachtet wären das doch äußerst hochgezüchtete Vögel. Und wenn er zuletzt hinzufügte, das Halten von eierlegenden Hühnern sei eine würdige und wertvolle gesellschaftliche Tätigkeit und sehr viel würdiger und wertvoller, als den Herren Schwindel & Schmarrn mit äußerster Disziplin und Organisation zu dienen, dann würde ich dieser Ansicht am lautesten zustimmen.

Nun ist unser ganzes Problem der Moderne sehr schwierig, und obwohl der landwirtschaftliche Teil noch der einfachste ist, ist er darum in anderer Hinsicht auf keinen Fall am wenigsten schwierig. Die Limehouse-Geschichte ist ein anschauliches Beispiel dafür, wie wir eine Schwierigkeit noch schwieriger machen. Uns wird immer wieder gesagt, dass die Bewohner der Elendsviertel großer Städte nicht einfach aufs Land losgelassen werden könnten und dass sie gar nicht aufs Land wollen würden, dass sie weder Vorlieben noch Denkweisen hätten, die sie auf irgendeine Art zu am Land interessierten Menschen machten, und dass es unvorstellbar sei, sie könnten irgendwelche anderen Vergnügungen genießen als die der Stadt oder kennten auch nur irgendeine andere Unzufriedenheit außer dem städtischen Bolschewismus.

Doch wenn etliche von ihnen Hühner halten wollen, zwingen wir sie zu einem Leben in Mietskasernen. Wenn sie Zäune haben wollen, lachen wir darüber und stecken sie in Gemeinschaftsbaracken. Besteht eine ganze Bevölkerungsgruppe auf Lattenzäunen und Einfriedungen und der Tradition des Privateigentums, reagieren die Autoritäten so, als müssten sie einen roten Aufruhr unterdrücken. Wenn diese so hoffnungslosen Slumbewohner all ihre Hoffnungen auf eine Tätigkeit auf dem Land setzen, die sie sogar in den Slums ausleben, dann reißen wir sie von dieser Tätigkeit los und nennen es eine Verbesserung ihrer Situation.

Man zwingt einen Mann, der seinen Kopf im Hühnerstall hatte, auf gigantische Stelzen in hundert Fuß Höhe, von wo aus er den Boden nicht erreichen kann, und sagt, man hätte ihn aus seinem Elend befreit. Und dann fügt man noch hinzu, ein solcher Mann könne nur auf Stelzen leben und sei noch nie an Hühnern interessiert gewesen.

Die erste immer an diejenigen gerichtete Frage, die sich für unseren landwirtschaftlichen Wiederaufbau einsetzen, ist eine grundsätzliche, weil psychologische Frage. Was auch immer wir für unsere Bauernschaft benötigen oder nicht, auf jeden Fall benötigen wir Bauern. Im gegenwärtigen Gemenge und Durcheinander einer mehr oder weniger urbanisierten Zivilisation stellt sich die Frage, ob wir überhaupt die Grundbausteine oder die Voraussetzungen haben. Haben wir Bauern oder nur potenzielle Bauern? Diese Frage kann, wie alle dieser Art, nicht von Statistiken beantwortet werden. Statistiken sind sogar dann unecht, wenn sie nicht fiktiv sind, weil sie immer von einer Tatsache ausgehen, die eine moralische Schätzung immer leugnen muss, nämlich der, dass jeder Mensch nur *ein* Mensch ist. Sie basiert auf einer Art atomischen Theorie, nach der jedes Individuum wirklich individuell im Sinne von unteilbar ist.

Aber wenn sie sich laut eigenen Angaben mit den Verhältnissen von verschiedenen Vorlieben oder Abneigungen oder Hoffnungen oder Bedürfnissen beschäftigen, dann ist das bei Weitem keine Tatsache, von der wir ausgehen, sondern die wir abstreiten müssen. Sie wird von allen tiefergehenden Betrachtungen widerlegt, die weise Männer einst spirituell nannten, die aber spirituell zu nennen von den Trotteln gefürchtet wurde, bis sie das Wagnis eingingen, es auf Griechisch zu sagen und es psychisch oder psychologisch nannten. In gewisser Hinsicht besteht die höchste Spiritualität natürlich darauf, dass der einzelne Mensch ein Einzelner ist.

Aber in dem hier maßgeblichen Sinne besteht der Mensch

aus spiritueller Sicht aus mindestens zwei Teilen, und die Psychologie hat Geschmack daran gefunden, ihm gar ein halbes Dutzend zuzusprechen. Es ist daher sinnlos, über die Anzahl der Bauern zu sprechen, die nichts als Bauern sind. Sehr höchstwahrscheinlich gibt es überhaupt keine. Es ist sinnlos, zu fragen, wie viele komplette und kompakte Freibauern oder Bauerntölpel in Kittel und Feldbluse, Spaten und Heugabeln fest in der Hand, in den Stadtteilen Brompton und Brixton bereitstehen, die nur auf unser Signal warten, um aufs Land zurückeilen zu können.

Wenn irgendjemand so dumm ist, davon auszugehen, wird man ihn nicht in unserer kleinen politischen Partei finden. Wenn wir uns mit Angelegenheiten dieser Art beschäftigen, beschäftigen wir uns mit verschiedenen Elementen in einer Schicht oder sogar in ein und demselben Menschen. Wir beschäftigen uns mit Facetten, die gestärkt, geschult und (wir müssen dieses Wort hier irgendwo einbringen) weiterentwickelt werden können. Wir müssen prüfen, ob es Material gibt, aus dem die Bauern einen Bauernstand erschaffen können, wenn wir uns denn dazu entscheiden, es zu versuchen. Nirgendwo in diesen Bemerkungen habe ich behauptet, es gäbe auch nur die entfernteste Möglichkeit eines Gelingens, wenn wir uns nicht für einen Versuch entscheiden.

Nun würde ich in dieser bewussten Bedeutung der Worte behaupten, dass es einen großen gesellschaftlichen Bestand in England gibt, der gerne zu dieser einfacheren Version Englands zurückkehren möchte. Einige von ihnen verstehen es besser als andere, einige von ihnen verstehen sich selbst besser als andere, einige wären dafür bereit zu einer Revolution, einige halten nur blind, aus Tradition, daran fest, einige haben es immer schon als ein reines Hobby betrachtet, andere haben noch nie davon gehört und spüren es nur in Form eines Mangels. Aber die Zahl derjenigen, die dem Wirrwarr all der Verzweigungen und dem Verkehr der Stadt entkommen und wieder zur Wurzel der Dinge zurückkehren wollen, wo man direkt aus der Natur heraus erschafft, halte ich für immens groß. Wenn es sich auch vermutlich nicht um eine Mehrheit handelt, so glaube ich doch, dass es schon jetzt eine sehr große Minderheit ist. Der Einzelne will das nicht unbedingt mehr als alles andere in jedem Augenblick seines Lebens. Kein vernünftiger Mensch erwartet, dass irgendeine Bewegung ausschließlich aus solchen Monomanen besteht. Aber eine beträchtliche Anzahl von Menschen will es unbedingt. Ich habe diesen Eindruck aus in einer Kontroverse nur schwer zu vermittelnden Erfahrung gewonnen und schließe es aus der Art und Weise, in der zahllose Vorstädter über ihre Gärten sprechen, und daraus, worum sie die Reichen am meisten beneiden: das Hervorstechendste ist der leere, freie Raum.

Ich beobachte es an dem gesamten Teil der Gesellschaft, der sich nach dem Land ersehnt, auch wenn er das Land zerstört. Ich merke es überall und vor allem in England, an dem starken allgemeinen Interesse für die Zucht und Abrichtung von Tieren. Und wenn ich ein treffendes, symbolisches, ein triumphales Beispiel dafür anführen sollte, was ich meine, dann fände ich es im von mir zitierten Fall jener Menschen, die in den erbärmlichen Slums von Limehouse leben und nicht willens sind, sie zu verlassen, weil sie ein Kaninchen in einem Kaninchenkäfig oder ein Huhn in einem Hühnerstall zurücklassen müssten.

Wenn wir also wirklich meinem Vorschlag folgen wollten und wirklich wüssten, was wir tun, dann sollten wir uns diese Slumbewohner schnappen wie Wunderkinder oder sie (sogar noch lukrativer) als Jahrmarktmonster ausstellen.

Wir sollten das natürliche Talent dieser Menschen erkennen und sie darin ermutigen und weiterbilden. Sie sind die Saat und die Verkörperung einer echten, spontanen Wiederbelebung des Landes. Ich wiederhole, dass es eine Angelegenheit des Maßes und demzufolge des Taktes wäre, aber wir sollten mit dem Vertrauen an ihrer Seite stehen, dass sie auf unserer Seite und auf der des Landes stehen. Wir sollten unsere Bildungseinrichtungen so einrichten, dass sie diese Hobbys stützen und es für lohnenswert erachten, den Leuten die Dinge beizubringen, die sie sich so begierig selbst beizubringen versuchen. Wir sollten sie unterrichten und könnten ihnen sogar in einem Anfall von christlicher Demut gelegentlich erlauben, uns zu unterrichten. Stattdessen aber vertreiben wir sie aus ihren Häusern, wo sie all das unter Schwierigkeiten tun, und verfrachten sie kreischend an neue und unbekannte Orte, wo sie es überhaupt nicht tun können. Das zeigt, wie viel wir tatsächlich für die Wiederherstellung der Landwirtschaft Englands tun.

Auch wenn viel durch Freiwillige und einen freiwilligen Tauschhandel zwischen einem, der tatsächlich arbeiten könnte, und einem, der häufig keine Pacht bekommt, erreicht werden könnte, so gibt es nichts in unserer Gesellschaftsphilosophie, was die Anwendung von Staatsgewalt dort verbietet, wo sie nützlich wäre. Durch staatliche Subventionen oder einen großen Spendenfonds scheint es mir doch immerhin möglich, dem Zweiten etwas zu geben, das zumindest so gut wie die Pacht ist, die er nicht bekommt. Anders gesagt, bevor die Kommunisten zur moralisch fragwürdigen Enteignung schreiten, scheint mir die Gesellschaft noch ausreichende Mittel zu haben, Brown zu befähigen, etwas von Smith zu kaufen, das für Smith von kleinem, für Brown aber von großem Wert ist. Ich kenne die aktuellen

Vorbehalte gegen Subventionen, wie auch für Subskriptionen, glaube aber, dass sich eine Subvention zur Wiederherstellung der Landwirtschaft in der Zukunft besser auszahlt als eine Bezuschussung zum Verarzten der Kohlesituation. Sie wäre weitaus vertretbarer, als mehrere Dutzend Gehälter für einen Pulk von die Armen mit ihrer Scheinwissenschaft und kleinlichen Willkür quälenden Wichtigtuern auszugeben.

Es gibt aber, wie ich bereits angedeutet habe, noch andere Möglichkeiten staatlicher Hilfe. Seit Einführung unseres Bildungssystems war es höchst bedauerlich, dass es nie auf die Bedürfnisse des Staates ausgerichtet war. Wenn die konkrete Sorge des Staates die Existenz auf Erden ist, dann gibt es doch wirklich keinen Grund dafür, warum die an den Sternen klebenden Blicke der Lehrer und Schüler nicht in Richtung dieses Planeten gewendet werden sollten. Gegenwärtig haben wir ein Bildungssystem, das nicht für Engel, wohl aber für Piloten gemacht ist, die nicht einmal den Wunsch eines Menschen verstehen, mit dem Boden verhaftet zu bleiben. In ihrer Vorstellungswelt herrscht ein Wahnsinn, der wahrlich überirdisch genannt werden kann.

Ich stelle mir eine Bauernschaft aus Freiwilligen in erster Linie als eine Keimzelle vor, und gehe davon aus, dass es ein Keim der Anziehung sein wird. Ich denke, sie wird nicht dastehen wie ein Fels, sondern wie ein Magnet. Anders gesagt, sobald zugegeben würde, dass es funktionieren kann, wird sie eben darum stärker werden, weil viele andere Dinge nicht mehr funktionieren. Nimmt der Handel immer mehr ab, werden selbst diejenigen der Bauernschaft mehr Wert beimessen, die sie bislang als zweitrangig abgetan haben.

Wenn wir von Menschen sprechen, die das Land verlassen und in die Städte strömen, dann beurteilen wir den Fall nicht gerecht. Den Gesellschaftstypus, der Kinos und

Ansichtskarten dem Eigentum und der Freiheit vorzieht, gibt es sicherlich. Aber es leuchtet nicht ein, dass Leute es vorziehen sollten, ohne Eigentum und Freiheit, aber mit einem Kino auszukommen, als ohne Eigentum und Freiheit *und* ohne Kino. Manche Leute mögen die Stadt so sehr, dass sie lieber in der Stadt geschunden werden, als auf dem Land frei zu sein. Aber die bloße Tatsache, dass sie lieber in der Stadt als auf dem Land geschunden werden, beweist noch gar nichts. Daher glaube ich, dass wenn wir auch nur eine überschaubare Gruppe von Bauern hervorbringen könnten, diese auch wachsen würde. Die Menschen werden sich auf sie besinnen, sobald sie sich von ihren rückläufigen Geschäften verabschiedet haben. Gegenwärtig wächst sie nicht, weil es nichts zum Wachsen gibt und die Menschen nicht einmal an die Existenz einer solchen Gruppe und noch viel weniger an deren Wachstum glauben.

Bislang lege ich nur die Annahme nahe, dass schon jetzt viele Bauern dazu bereit wären, alleine auf dem Land zu arbeiten, auch wenn es ein Opfer bedeuten würde; dass viele Grundeigentümer bereit wären, ihnen das Land zu geben, obwohl es ein Opfer bedeuten würde; dass der Staat (oder auch jede andere patriotische Vereinigung) dazu aufgerufen werden könnte, eine oder beide der genannten Handlungen zu unterstützen, damit es kein untragbares oder unmögliches Opfer ist. Den Leser möchte ich daran erinnern, dass ich mich hier nur mit einem konkreten, praktischen Vorgehen und nicht mit einem endgültigen oder vollkommenen Zustand beschäftige, mir aber scheint, dass etwas in dieser Art sofort in Angriff genommen werden kann. Und nun werde ich auf ein Missverständnis über das Leben einer Gruppe von Bauern auf dem Land eingehen.

Wir bieten deswegen einen von vielen Vorschlägen zur Aufhebung des kapitalistischen Übels an, weil unser Vorschlag tatsächlich der einzige ist, der auch wirklich zu dessen Aufhebung führt. Alle anderen Vorschläge dienen seiner Stärkung. Die natürliche Reaktion auf eine falsche Handlung ist, sie rückgängig zu machen. Wenn das Eigentum in die Hände weniger geraten ist, ist es eine nur natürliche Reaktion, es wieder in die Hände vieler zu übergeben. Wenn zwanzig Männer so dicht gedrängt an einem Fluss angeln, dass ihre Angelschnüre sich zu einem einzigen Knäuel verheddern, dann besteht die normale Reaktion darin, sie zu entwirren, damit jeder Angler wieder seine eigene Schnur hat. Zweifellos würde ein kollektivistischer Philosoph am Ufer darauf hinweisen, dass die miteinander verknoteten Schnüre nun so etwas bilden wie ein Netz, das mit gemeinsamer Anstrengung durch das Flussbett gezogen werden könnte. Aber abgesehen davon, dass die Umsetzung dieses Plans doch sehr zweifelhaft wäre, beleidigt er die Vernunft sogar ganz prinzipiell.

Es geht nicht darum, die Dinge richtigzustellen, um einen zweifelhaften Vorteil daraus zu ziehen, dass sie falsch liegen, und es klingt nicht nach einem vernünftigen Vorschlag, einen Unfall auch noch zu verschlimmern. Der Sozialismus ist nichts anderes als die Vollendung kapitalistischer Konzentration, die so unbedacht vollzogen worden ist wie ein Fehltritt. Diese völlig normale Idee, rückgängig zu machen, was falsch angegangen wurde, würde meiner Meinung nach viele normale Menschen ansprechen, die die umständlichen soziologischen Pläne doch recht unnormal finden. Daher gehe ich davon aus, dass uns wahrscheinlich ganz normale Menschen,

Grundbesitzer und Arbeiter, Tories und Radikale, bei der Bewältigung der Aufgabe helfen würden, wenn sie von der Parteipolitik und der hochmütigen Besserwisserei der Intellektuellen losgelöst bleibt.

Aber das Unterfangen ist in ganz anderer Hinsicht leicht und schwierig zugleich. Es ist leicht, weil es nicht durch den komplexen Welthandel zunichtegemacht werden kann. Und schwierig, weil es ein hartes Leben bedeutet, ohne denselben auszukommen. Ein Distributist, für dessen Arbeit (in einer Zeitung, die leider durch meine eigenen Initialen entstellt ist) ich ungeheuer dankbar bin, äußerte einmal eine oft vernachlässigte Wahrheit. Er sagte, auf dem Land zu leben sei etwas entschieden anderes, als vom Wegkarren irgendwelcher Dinge zu leben. Er belegte sehr viel besser, als ich es könnte, wie diese Unterscheidung auf die Wirtschaft übertragen werden kann. Aber ich würde hier gerne einige Worte über die entsprechende Übertragung in die Ethik hinzufügen.

Dem Bauern ist klar, dass die meisten Diskussionen über das unvermeidliche Scheitern des in Sussex Rüben anpflanzenden Mannes Diskussionen über sein Scheitern sind, sie zu verkaufen, und nicht über sein Scheitern, sie zu essen. Wie ich bereits erklärt habe, möchte ich nicht vorschlagen, alle Bürger auf einen Typ zu reduzieren und ganz bestimmt nicht auf den des Rübenessers. Es wird je nach den Umständen zweifellos mehr oder weniger Leute geben, die Rüben an andere Leute verkaufen, und vielleicht würde sogar noch der leidenschaftlichste Rübenesser einige seiner Rüben an andere verkaufen. Aber mein Ansinnen wird nicht klar, wenn angenommen wird, es sei keine weitere gesellschaftliche Vereinfachung nötig als die, die der Verkauf von Rüben aus dem Feld anstelle von Zylindern aus dem Laden suggeriert.

Mir scheint, dass sehr viele Leute nur zu gerne auf dem Land leben würden, wenn die einzige Alternative darin bestünde, auf der Straße zu verhungern. Und es würde sicherlich die enorme Arbeitslosigkeit senken, wenn viele Menschen wirklich auf dem Land leben würden; nicht nur in dem Sinne, dass sie auf dem Land schlafen, sondern dass sie sich vom Land ernähren. Viele werden behaupten, das sei ein äußerst stumpfsinniges Leben im Vergleich zu dem spannenden Sterben in einem Armenhaus in Liverpool; so wie viele beanstanden, dass die durchschnittliche Frau gezwungen wird, im Haus zu schuften, ohne sich zu fragen, ob der durchschnittliche Mann sich darüber freut, im Büro schuften zu müssen.

Aber abgesehen von der Tatsache, dass demnächst womöglich so prosaische Probleme wie eine Hungersnot auf uns zukommen, tue ich gar nicht so, als sei solch ein Leben notwendigerweise oder überhaupt prosaisch. Die weitgehend autark lebende bäuerliche Bevölkerung scheint sich bislang mit vielen Legenden und Tänzen und Kunsthandwerk amüsiert zu haben, und ich denke nicht, dass der Rübenesser immer einen Rübenkopf hat, wie auch der Zylinder nicht immer den Kopf eines Philosophen bedeckt. Aber wenn wir das Problem aus der Perspektive der Gesellschaft als Ganze betrachten, werden uns noch ganz andere und nicht gerade uninteressante Dinge auffallen.

Ein komplett auf Arbeitsteilung beruhendes System ist buchstäblich geistlos, weil jeder, der nur eine halbe Tätigkeit ausführt, auch nur die Hälfte seiner Geisteskraft benutzt. Das ist keine Frage der Intelligenz und ganz sicher nicht des Intellekts, aber eine der Integrität im engeren Sinne des Wortes. Der Bauer lebt nicht nur ein einfaches, sondern auch ein erfülltes Leben. Und mag es auch in seiner Erfülltheit sehr einfach sein, so ist doch eine Gesellschaft ohne dieses Erfülltsein nicht vollkommen. In der gegenwärtigen Gesellschaft gibt es einen großen Mangel, weil es in ihrem Kern kein Bewusstsein für die Einfachheit gibt und keinen Menschen, der beide Seiten repräsentiert. Solange dieses Bewusstsein nicht entsteht, werden Begriffe wie Selbstversorgung, Selbstkontrolle und Selbstverwaltung nicht verstanden werden. Solch ein Repräsentant beider Seiten ist zugleich das einzige, einmütige Volk und der einzige universale Mensch. Er ist die eine Hälfte der Welt, die weiß, wie die andere Hälfte lebt.

Viele haben sicherlich schon die beeindruckenden Worte Vergils zitiert: »Glücklich, wer den Ursprung der Dinge zu erkennen vermochte«, ohne sich an den Kontext zu erinnern. Wahrscheinlich wurden sie von den meisten zitiert, weil wiederum andere sie zitiert haben. Viele, die nichts über deren Herkunft wissen, würden sicherlich falsche Vermutungen anstellen. Es ist allgemein bekannt, dass Vergil wie Homer das Wagnis unternommen hat, die geheimsten Ratschlüsse der Götter zu entschlüsseln. Jeder weiß, dass Vergil seinen Held wie Dante mit in den Tartarus und das Labyrinth der letzten und tiefsten Abgründe des Universums schickte. Jeder weiß, dass er sich mit dem Fall Trojas und dem Aufstieg Roms beschäftigt hat und den Gesetzen eines Reichs, das alle Menschen beherrschen wollte mit seinen Idealen, die denjenigen ein Leitstern sein sollten, die sich ihrer schrecklichen Herrschaft unterworfen hatten. Und doch macht er diese denkwürdige Bemerkung, das menschliche Glück bestehe in der Kenntnis der Ursachen, in keinem dieser Zusammenhänge oder Textpassagen.

Diese Worte stehen, meine ich, in einem gefälligen Lehrgedicht über die Bienenzucht. Sie sind auf jeden Fall Teil einer Reihe von geschliffenen, in gewisser Weise trivialen, aber auch durchaus fachkundigen Aufsätzen über Tätigkeiten auf dem Land. In diesen beschaulichen und geschäftigen Kontext fügt der große Dichter plötzlich diese großartige Passage über den Glücklichen ein, den weder Könige noch das Volk schrecken können, und der, nachdem er die Ursache und den Grund aller Dinge erkannt hat, sogar dem Tosen des Höllenflusses unter seinen Füßen völlig ungerührt lauschen kann.

Und indem er das sagt, beweist der Dichter einmal mehr die zwei großen Wahrheiten: dass der Poet ein Prophet ist, und dass ein Prophet ein praktischer Mensch ist. So wie sein Sehnen nach dem Befreier der Nationen eine unbewusste Prophezeiung Christi war, ist seine Kritik der Stadt und des Landes eine unbewusste Prophezeiung des Verfalls, der die Welt nach dem Abfall vom Christentum erfasst. Viel könnte über die Monstrosität der modernen Städte gesagt werden; sie ist leicht zu erkennen und vielleicht etwas zu leicht zu benennen. Aber ich habe große Sympathie für jeden struppigen Propheten, der seine Stimme in den Straßen erhebt, um die Bürde von Brompton zu verkünden wie die Bürde von Babylon. Ich werden jeden alten bärtigen Mann unterstützen (soweit drei Groschen reichen, wie Carlyle sagte), der mit erhobenen Armen Himmelsfeuer auf Bayswater herabruft.

Auch ich glaube, dass Löwen in den Höhen von Paddington brüllen werden, und bin vollkommen einverstanden, wenn Schakale und Aasgeier in den Ruinen von Albert Hall ihre Jungen großziehen. Aber hier ist der Prophet womöglich weniger explizit als der Poet. Er sagt uns nicht, was genau an der Stadt falsch ist, sondern überlässt es unserer eigenen zarten Intuition, von den plötzlich auftauchenden wilden Einhörnern, die unsere Gärten zertrampeln, oder einem Regen feuriger Schlangen, die über unseren Köpfe durch die Luft schießen wie Pfeile, oder irgendeinem anderen bemerkenswerten Detail darauf zu schließen, dass offenbar irgendetwas falsch läuft. Aber wenn wir in einer anderen Gemütsverfassung sind und intellektuell erfassen möchten, was genau an der Stadt verkehrt ist und warum sie auf ein mindestens genauso widernatürliches und noch wesentlich schrecklicheres Unheil zusteuert, dann werden wir sicherlich in der ausgeprägten und bestechenden Lakonie des lateinischen Verses eine Antwort finden.

Am Menschen in der modernen Stadt ist verkehrt, dass er den Ursprung der Dinge nicht kennt und daher, wie der Dichter sagt, allzu leicht von den Despoten und Demagogen beherrscht werden kann. Wie der kultivierte Cockney[37], der sagte, er hätte lieber Milch aus einem sauberen Laden als aus einer dreckigen Kuh, weiß er nicht, woher die Dinge kommen. Je elaborierter die städtische Organisation, desto elaborierter ist sogar die städtische Bildung, und desto weniger gleicht der Städter dem glücklichen Mann Vergils, der den Ursprung der Dinge kennt.

Die Zivilisation der Stadt ist nur die Anzahl der Läden, in denen die Milch von der Kuh an den Menschen übergeben wird; mit anderen Worten, sie vervielfältigt die Möglichkeiten, die Milch zu verschwenden, zu verwässern, zu vergiften und den Käufer übers Ohr zu hauen. Wenn er dagegen protestiert, vergiftet oder betrogen zu werden, wird ihm zweifellos entgegnet werden, es sei sinnlos, über vergossene Milch zu jammern; oder, anders gesagt, es sei reaktionär und sentimental, das ungeschehen machen zu wollen, was nun einmal geschehen, oder das wiedererschaffen zu wollen, was bereits untergegangen ist.

Aber er protestiert nicht laut, weil er es nicht kann, und er kann es nicht, weil er den Ursprung der Dinge nicht kennt – die ursprüngliche Form von Privatbesitz und Produktion oder die Orte, an denen der Mensch seinem natürlichen Ursprung nah ist. So weit ist diese grundsätzliche Tatsache klar, und inzwischen ist dieser Teil der Wahrheit sogar ziemlich bekannt. Einige wenige Leute sind noch immer ignorant genug, um vom ignoranten Bauern zu sprechen. Aber es käme der Wahrheit wesentlich näher, vom ignoranten Städter zu sprechen. Selbst wenn der Städter angemessen beschäftigt ist, ist er nicht im gleichen Maße angemessen informiert.

Tatsächlich sollten wir der schlichten Wahrheit ins Auge sehen, dass er mit so ziemlich allem beschäftigt ist außer mit den wesentlichen Dingen unseres Lebens. Wenn der Geologe mit einem geologischen Hammer auf die Ziegelsteine eines halbfertigen Hauses klopfend den Maurern erzählt, um welche Lehmsorte es sich handelt und woher sie stammt, dann betrachten wir ihn womöglich als einen Quälgeist, sollten ihn aber immerhin für einen gebildeten Quälgeist halten. Wir ziehen sicherlich den Hammer des Arbeiters dem des Geologen vor, aber wir sollten zugeben, dass gewisse Dinge im Kopf des Geologen sind, die im Kopf des Bauarbeiters nicht vorkommen. Doch wie der Professor die Herkunft unserer Ziegel kennt, würde der Bauer oder junge Mann vom Land tatsächlich wissen, woher sein Frühstück kommt.

Sollten wir einmal ein groteskes mittelalterliches Monster namens Schwein kopfüber an einem Fleischerhaken wie eine riesige Fledermaus an einem Ast hängen sehen, dann wird es der junge Mann vom Land sein, der uns den Schreck nehmen und unseren kultivierten Aufschrei verstummen lassen wird, indem er uns eine Geschichte über die harmlosen Gewohnheiten dieses märchenhaften Tieres erzählt und die unbekannte und verborgene Verbindung zwischen ihm und den Speckscheiben auf unserem Frühstückstisch nachzeichnet. Sollte ein Donnerkeil oder Meteorit vor uns auf dem Weg einschlagen, haben wir womöglich mehr Verständnis für den Schutzmann, der ihn aus der Durchgangsstraße entfernen will, als für den Professor, der mitten auf der Straße stehenbleibt, um über die konstitutiven Bestandteile des Kometen oder des Meteoritennebels, aus dem er stammt, zu dozieren. Aber obwohl der Schutzmann durchaus berechtigt wäre (auf Altgriechisch) zu brüllen: »Was habe ich mit den Plejaden zu schaffen?«, so müsste selbst er zugeben, dass durch den Professor mehr über den Staub und die Gesteinsschichten der Plejaden in Erfahrung gebracht werden kann als durch ihn selbst.

Sollten wir einmal von der merkwürdigen und angeschwollenen Monstrosität namens Kürbis gerührt sein wie vom Donners dann sollten wir nicht denken, dass er dem Kürbisse pflanzenden Mann so merkwürdig vorkommt wie uns, nur weil sein Feld und seine Arbeit uns so fern sind wie die Plejaden. Lasst uns ihn als Spezialisten für diese kuriosen Kürbisse und vorzeitlichen Ferkel anerkennen und wie einen Gelehrten einer ausländischen Universität behandeln. England ist inzwischen so weit von London entfernt, dass seine Gesandten zumindest mit dem Respekt empfangen werden sollten, den man hochrangigen Besuchern aus China oder den Kannibaleninseln zollt. Jedenfalls sollten wir sie nicht länger als ignorant bezeichnen, wenn sie über die Dinge sprechen, gegenüber denen wir ignorant sind. Auch wenn man das Wissen des Bauern für irrelevant hält wie ein anderer womöglich das Wissen des Professors, so handelt es sich doch um Wissen, um die Kenntnis vom Ursprung der Dinge.

Die meisten von uns erkennen irgendwie, dass dies wahr ist, aber viele von uns haben noch nicht begriffen, dass das Gegenteil ebenfalls wahr ist. Und es ist diese andere Wahrheit, die uns, sobald wir sie erkannt haben, auf die nächste wichtige Voraussetzung für die Gleichberechtigung des Bauern bringt: Der Bauer macht auch eine nur begrenzte Erfahrung, wenn er die Dinge auf dem Land lediglich anpflanzt, um sie in der Stadt zu verkaufen.

Natürlich ist es nur ein Witz, die Unkenntnis von Stadt oder Land so überspitzt darzustellen, wie ich es der Anschaulichkeit wegen getan habe. Der Städter denkt natürlich nicht, dass die Milch vom Himmel regnet oder der Speck auf Bäumen wächst, auch wenn ihm die Sache mit den Kürbissen noch nicht ganz klar ist. Er weiß etwas darüber, aber nicht genug, als dass sein Ratschlag besonders wertvoll wäre. Der Bauer denkt natürlich nicht, dass die Milch als Anstrich oder die Kürbisse als Polster verwendet werden, auch wenn er selbst sie nie in Gebrauch gesehen hat. Aber wenn der Produzent nicht zugleich Konsument ist, wird seine Arbeit so einseitig und genauso beschränkt, wenn nicht sogar noch sklavischer als die des Cockney-Angestellten. Angesichts der wunderbaren Romantik eines Kürbisses ist es doch nicht gut, wenn der Bauer nur den Anfang der Geschichte und genauso wenig, dass der Angestellte nur dessen Ende kennt. Hier bringe ich aus einem ganz bestimmten Grund einen ganz allgemeinen Vorschlag ein.

Bevor wir konkret auf den Bauern zu sprechen kommen, der konsumiert, was er produziert (und den von Mr. Heseltine[38] angemahnten Grund, dies für sehr viel praktischer zu halten, als nur zu verkaufen, was er produziert), so halte ich den Hinweis für sehr wichtig, dass dieser zweckmäßige Ansatz keine Kapitulation vor der Zweckmäßigkeit ist. Mir scheint es theoretisch und praktisch sinnvoll, dass es eine Gruppe von Bürgern gibt, die, statt zu tauschen, maßgeblich produzieren und konsumieren. Ich denke, es ist ein Teil unseres Ideals und nicht nur ein Teil unseres Kompromisses, dass das Herzstück der Gesellschaft nicht nur die Einfachheit, sondern auch die Vollkommenheit sein sollte. Dem Tauschhandel und seinen verschiedenen Ausprägungen kann danach ein angemessener Platz eingeräumt werden wie den Kirchweihen und Märkten in der alten Welt. Aber es gäbe irgendwo im Herz der Zivilisation einen Typus, der wirklich in dem Sinne unabhängig wäre, dass er in seinem eigenen sozialen Umfeld produziert und konsumiert.

Ich behaupte nicht, dass ein derart vollkommenes menschliches Leben für eine vollkommene Menschheit steht. Ich behaupte nicht, dass der Staat nur den Menschen braucht, der nichts vom Staat braucht. Aber ich meine, dass es diesen seine eigenen Bedürfnisse deckenden Menschen dringend braucht und dass die moderne Gesellschaft vor allem wegen seiner Abwesenheit ihre Einheit verlor. Niemand überblickt den ganzen Prozess und kann sehen, woher die Dinge kommen und wohin sie gehen, niemand folgt dem ganzen gewundenen Strom des Milchflusses von der Kuh bis zum Baby. Niemand, der am Tod des Schweins beteiligt ist, ist dafür verantwortlich, zu erkennen, dass der Nachweis für das Schwein im Essen liegt. Menschen bewerfen andere Menschen mit Kürbissen wie mit Kanonenkugeln, nicht aber wie Bumerangs, die zu ihnen zurückkehren. Wir brauchen aber einen gesellschaftlichen Kreislauf, in dem die Dinge beständig zu denen zurückkehren, die sie geworfen haben, und Menschen, die das Ende und den Anfang und die Erfüllung unseres kleinen Lebens kennen.

Kapitel IV. Einige Aspekte der Maschinen

I. Das Schicksalsrad

Das Übel, das wir vernichten wollen, krallt sich besonders in Form von Schlagworten, mit denen selbst die Intellektuellen erwischt werden können, in allen Ecken fest. Eine Phrase, die wir derzeit immerzu von allen hören, ist die Redewendung, dass diese oder jene moderne Institution »gekommen ist, um zu bleiben«. Es sind gerade diese schwachen Metaphern, die uns allesamt geistesschwach machen.

Was bedeutet es denn genau, dass die Dampfmaschine oder der schnurlose Apparat gekommen sind, um zu bleiben? Was bedeutete es, wenn wir schon einmal dabei sind, wenn man sagte, der Eiffelturm sei gekommen, um zu bleiben? Zunächst einmal meinen wir damit nicht, was wir sonst damit meinen, wenn wir sagen: »Onkel Humphrey ist gekommen, um zu bleiben.« Dieser Satz kann freudig, resigniert oder sogar verzweifelt gesagt werden, aber natürlich handelt es sich nicht um die Verzweiflung darüber, dass Onkel Humphrey tatsächlich ein Monument ist, das nie wieder vom Fleck bewegt werden könnte. Onkel Humphrey kam, und Onkel Humphrey wird voraussichtlich auch wieder gehen, und es ist sogar möglich (so schmerzlich es auch sein mag, sich derartige Familienverhältnisse vorzustellen), dass er als Ultima Ratio dazu gezwungen wird, wieder zu gehen. Die Tatsache, dass die Metapher sogar unabhängig von der Wirklichkeit, die sie beschreiben soll, in sich zusammenfällt, zeigt, wie ungenau solche Phrasen verwendet werden.

Aber wenn wir sagen: »Der Eiffelturm ist gekommen, um zu bleiben«, sind wir sogar noch ungenauer. Denn fürs Erste ist der Eiffelturm überhaupt nicht gekommen. In keinem Moment wurde der Eiffelturm dabei beobachtet, wie er auf seinen langen Eisenbeinen auf seinem Weg nach Paris die französischen Ebenen durchstakste und die Stadt wie der Riese im herrlichen Albtraum von Rabelais überragte, als er die Glocken von Notre-Dame stehlen wollte. Sollte die Gestalt Onkel Humphreys, die auf ihrem Weg gesehen wird, so beängstigend anmuten wie ein umherstaksender Turm oder hochaufragender Riese, dann mag die Frage, die sich nun jeder stellt, schon sein, ob der wohl gekommen sei, um zu bleiben. Aber ob er nun gekommen ist, um zu bleiben oder nicht, auf jeden Fall ist er gekommen. Er hat einen Willensakt vollzogen, hat seinen Körper in eine gewisse Richtung vorwärtsgetrieben oder -gedrückt, er hat seine eigenen Beine hin und her bewegt und sogar möglicherweise (denn wir wissen ja alle, wie Onkel Humphrey ist) darauf bestanden, sein eigenes Gepäck zu tragen, um den faulen Jungspunden zu zeigen, was er mit seinen 73 Jahren noch so alles schafft.

Nehmen wir einmal an, es hätte sich etwas abgespielt wie in den bizarren Geschichten von Hawthorne oder Poe. Angenommen, wir hätten Onkel Humphrey angefertigt, ihn Stück für Stück zusammengesetzt wie eine mechanische Puppe und ihn aus einer brennenden Sehnsucht nach einem Onkel aus im Haus verfügbaren Materialien konstruiert wie einen Guy Fawkes für den fünften November.[39] Für seinen kahlen und ehrwürdigen Kopf nehmen wir vielleicht eine

Rübe aus dem Gemüsegarten und lassen ein Regenfass als seinen Rumpf stehen, stopfen eine Hose aus und legen ein Paar Stiefel hinzu – und schon hätten wir einen kompletten und überzeugend echten Onkel fabriziert, auf den jede Familie stolz sein könnte. In diesem Fall könnte es tatsächlich überaus treffend sein, in einem rein gesellschaftlichen Sinn und einer Art höflichen Fiktion zu sagen: »Onkel Humphrey ist gekommen, um zu bleiben.«

Sollte sich aber im Nachhinein der Papponkel als ein reines Ärgernis erweisen oder wir das Attrappen-Material für andere Zwecke brauchen, wäre es doch äußerst ungewöhnlich, wenn uns dann verboten würde, ihn wieder auseinanderzunehmen, und jedem Versuch in diese Richtung mit der resoluten Antwort begegnet würde: »Nein, nein, Onkel Humphrey ist doch gekommen, um zu bleiben!« Wir wären sicherlich versucht, zu entgegnen, dass Onkel Humphrey doch nie gekommen ist. Angenommen, alle Rüben würden zur Selbstversorgung des Bauernhauses benötigt und das Regenfass würde benötigt, hoffen wir, um Bier darin aufzubewahren, oder angenommen, die männlichen Mitglieder weigerten sich, ihre Hosen länger einem fiktiven Verwandten auszuleihen, würden wir spätestens die höfliche Formulierung durchschauen, die uns dazu veranlasst hat, so zu reden, als wäre der Onkel mit einem Anliegen »gekommen«, sei zu einem bestimmten Zweck geblieben usw. Was wir geschaffen haben, ist nicht gekommen. Und es ist ganz bestimmt nicht gekommen, um irgendetwas zu tun, sei es, zu bleiben oder wieder zu gehen.

Zweifellos würden selbst die Einwohner der vernunftbegabten Stadt Paris sagen, der Eiffelturm sei gekommen, um zu bleiben. Und zweifellos haben sie vor mehr als hundert Jahren auch gesagt, die Bastille sei gekommen, um zu bleiben. Aber sie ist nicht geblieben, sondern verließ die Gegend doch recht plötzlich. Kurzum, die Bastille war etwas vom Menschen Gemachtes und konnte deshalb auch vom Menschen wieder rückgängig gemacht werden. Der Eiffelturm ist vom Menschen gemacht und könnte ebenso vom Menschen wieder rückgängig gemacht werden, wenn auch wahrscheinlich einige Zeit vergehen wird, bevor der Mensch wieder den guten Geschmack oder die praktische Vernunft oder auch nur gesunden Menschenverstand genug hat, um ihn wieder zu beseitigen.

Aber dieser eine kleine Satz über das »Kommen« einer Sache allein reicht aus, um anzudeuten, dass sogar an der Art und Weise etwas gründlich verkehrt ist, wie die Menschen über dieses Thema denken. Jemand kann sagen: »Ich habe eine elektrische Batterie gemacht. Soll ich sie kaputthauen oder noch eine herstellen?« Er scheint aber offenbar von einer Art Magie verhext worden zu sein, die ihn auf seine Erfindung starren lässt wie auf einen siebenköpfigen Drachen und er bloß noch sagen kann: »Die elektrische Batterie ist gekommen. Ist sie gekommen, um zu bleiben?«

Bevor wir überhaupt beginnen, über die praktischen Probleme der Maschinen zu sprechen, müssen wir zunächst einmal aufhören, wie Maschinen zu denken. Es ist notwendig, beim Anfang anzufangen und das Ende zu bedenken. Wir wollen nicht notwendigerweise jede Maschine zerstören. Aber wir wollen eine bestimmte Geisteshaltung zerstören. Und dabei handelt es sich um genau die Geisteshaltung, aus der heraus uns gegenüber behauptet wird, niemand könne die Maschinen vernichten. Diejenigen, die damit eröffnen, dass wir die Maschine nicht abschaffen können und sie benutzen müssen, weigern sich ihrerseits, ihren Verstand zu benutzen.

Ziel des menschlichen Gemeinwesens ist das menschliche Glück. Für die Gläubigen ist es an die Hoffnung auf eine noch größere Glückseligkeit gebunden, die es nicht gefährden darf. Aber Glück, das Erfreuen der Menschenherzen, ist der weltliche und einzig reale Prüfstein. Dieser Prüfstein, der Glücksbringer unseres Herzens, ist weit entfernt davon, sentimental zu sein, er ist vielmehr der einzige Prüfstein, der nicht zweckdienlich ist. Es gibt kein Gesetz der Logik oder der Natur oder irgendetwas sonst, das uns dazu zwingt, etwas anderes zu bevorzugen. Wir sind nicht dazu verpflichtet, reicher, beschäftigter, effizienter, produktiver oder progressiver oder in irgendeiner Weise weltlicher oder wohlhabender zu sein, wenn es uns nicht glücklicher macht.

Die Menschheit hat das gleiche Recht, ihre Maschinen zu verschrotten und auf dem Land zu leben, wenn ihr das wirklich besser gefällt, wie ein jeder das Recht hat, sein altes Fahrrad zu verkaufen und spazieren zu gehen, wenn ihm das besser gefällt. Es ist klar, dass Spazierengehen langsamer sein wird, aber er ist nicht verpflichtet, schnell zu sein. Und wenn die Maschinen nachweislich ein Fluch für diese Welt sind, dann gibt es keinen Grund, sie deshalb zu respektieren, weil sie ein wunderbarer und praktischer und produktiver Fluch sind. Es gibt keinen Grund, warum wir nicht all ihre Kräfte ungenutzt lassen sollten, wenn wir tatsächlich zu dem Schluss kommen, dass ihre Kräfte uns schaden. Dass wir ein paar interessante Dingen verpassen werden, gilt für ein paar unvorstellbare Dinge ohnehin.

Die Maschinen mögen ein überwältigender Anblick sein, aber nicht so überwältigend wie der Große Brand von London; und doch widerstehen wir diesem Anblick und wenden unsere Blicke ab von seinem Glanz. Die Maschinen haben womöglich noch nicht ihr ganzes Potenzial ausgeschöpft, aber womöglich werden die Löwen und Tiger auch niemals ihr Potenzial ganz ausschöpfen und ihre graziösesten Sprünge und ihre geballte natürliche Kraft nur dann zeigen, wenn wir ein Amphitheater aufstellen und ihnen ein paar lebendige Menschen zum Fraß vorwerfen. Und doch ist das ein Anblick, den wir uns aus irgendeiner strikten Selbstverleugnung verbieten. Wir nehmen so viele herrliche Möglichkeiten wegen unserer strengen und strapaziösen und selbstaufopfernden Vorliebe für eine angenehme Zeit nicht wahr. Glück ist in dieser Hinsicht ein eiserner Zuchtmeister. Es verlangt uns ab, uns nicht in den vielen Dingen zu verheddern, die oberflächlich betrachtet wesentlich attraktiver sind als Maschinen.

In jedem Fall aber ist es zwingend notwendig, unseren Geist von der diffusen Vorstellung oder der Annahme zu befreien, wir müssten mit dem schnellsten Zug fahren oder das produktivste Gerät benutzen. Folgt man Mr. Pentys[40] These vom Bösen der Maschine als dem Bösen der Schwarzen Magie, dann ist nicht das Geringste unpraktisch an Mr. Pentys Vorschlag, sie einfach zu stoppen. Es würde nur der Prozess des Erfindens unterbrochen, der sich sonst weiterentwickelt hätte. Aber seine relative Unvollkommenheit ist nichts im Vergleich zu dem rudimentären Stand, auf dem wir solch wissenschaftliche Instrumente wie die Streckbank oder die Daumenschraube belassen haben. Diese primitiven Folterapparate scheinen unhandlich im Vergleich zu den ausgeklügelten Endprodukten, die uns durch die neuesten Erkenntnisse über Physiologie und Mechanik womöglich zuteilgeworden wären. Manch ein talentierter Folterknecht wird wegen der moralischen Vorurteile der modernen Gesellschaft in Vergessenheit geraten. Seine aufkeimende Begabung wird nun sogar schon während der Kindheit, wenn er versucht, sein natürliches Genie an den Fliegen oder dem Schwanz eines Hundes auszubilden, im Keim erstickt. Unsere eigene, ungeheuer sentimentale Voreingenommenheit gegenüber der Folter unterdrückt seinen edlen Zorn und hemmt den geistreichen Lauf seiner Seele.

Aber auch wenn es zweifellos den Verlust einer ganzen Wissenschaft bedeutet, für die manch patente Person so manche Erfindungen hervorgebracht hätte, sind wir damit versöhnt. Wenn wir zu dem Schluss kommen, dass die Maschinen die Feinde des Glücks sind, dann ist das Pflügen mit Maschinen genauso wenig zwingend wie das Bombengeschäft eines Ladens auf dem Ludgate Hill[41] mit chinesischen Folterinstrumenten.

Man soll bitte unbedingt verstehen, dass ich diese Bemerkungen nur angeführt habe, um zu verdeutlichen, worin der Kern des Problems liegt. Ich sage es jetzt nicht, und sollte es sicherlich auch nie sagen, dass Maschinen sich als derart schädlich erwiesen haben. Ich benenne nur als Antwort auf Hunderte wirre Vermutungen das einzige letztgültige Ziel und den letztgültigen Prüfstein. Wenn wir die Menschen glücklicher machen können, dann spielt es keine Rolle, ob wir sie ärmer machen, es spielt keine Rolle, ob wir sie weniger produktiv machen, es spielt keine Rolle, ob wir sie weniger fortschrittlich machen; in dem Sinn, dass wir lediglich ihr Leben verändern, ohne dass es ihnen deswegen unbedingt besser gefällt. Wir, die Anhänger dieses Denkens, bekommen vielleicht, was wir möchten, oder aber auch nicht, aber es ist wichtig, dass wir wissen, was wir versuchen zu bekommen.

Wenn die Maschinen unser Glück verwehren, dann ist es genauso sinnlos, einem, der die Menschen glücklich machen will, zu sagen, er vernachlässige die Talente Arkwrights[42], wie dem Menschen, der die Menschen menschlicher machen will, zu sagen, er ließe die Vorlieben Neros außer Acht. Nun besitzen gerade diejenigen, die sich eine prompte Vernichtung der Maschinen vorstellen können, wahrscheinlich zu viel gesunden Menschenverstand, um sie sofort vernichten zu wollen. Durchzudrehen und alle Maschinen kurz und klein zu schlagen, ist eine mehr oder weniger gesunde und menschliche Krankheit, an der schon die Ludditen[43] litten. Aber das lag an der Unwissenheit der Ludditen; Unwissenheit nicht in dem verächtlichen Sinne, in dem der Industrieökonom in seiner dummen Unwissenheit darüber spricht. Es handelte sich um eine blindwütige Revolte, die sich gegen einen vorzeitlichen und fürchterlichen Drachen richtete, und die Ludditen waren zu unverständig, um zu wissen, wie künstlich und kurzlebig dieses Instrument war und wo die wirklichen Tyrannen saßen, die es steuerten.

Die Antwort auf das mechanische Problem der Gegenwart ist ganz anderer Art, die ich darlegen werde, sobald ich erst einmal die einzige Urteilsmethode umrissen habe, nach der sie bewertet werden kann. Und nachdem ich am rechten Ende und damit dem höchsten spirituellen Maßstab, der an einen Menschen oder eine Maschine angelegt werden kann, begonnen habe, werde ich nun am anderen Ende beginnen. Ich könnte auch sagen am falschen, aber unsere realistischen Freunde werden es höflicher finden, es das geschäftliche Ende zu nennen.

Wenn ich gefragt werde, wie ich jetzt konkret mit einer Maschine verfahren würde, dann habe ich keinen Zweifel über das konkrete Programm, das die Vorstufe zu einer möglichen, im weitesten Sinne geistigen Revolution sein könnte. Da die Maschine nicht in Einzelteile aufgeteilt werden kann, ließe ich ihren Besitz aufteilen, das bedeutet die Teilhabe an ihrer Führung und ihrem Profit. »Teilhaben« meine ich im modernen wirtschaftlichen Sinne des Wortes »Anteile«, d. h. ich meine etwas Aufgeteiltes und nicht bloß Gebündeltes. Unsere Freunde aus der Wirtschaft stürmen gleich vor und erzählen uns, das sei unmöglich; offenbar ohne sich darüber im Klaren zu sein, dass diese Art von Geschäft schon existiert.

Man kann keine Dampfmaschine verteilen, indem man jedem Teilhaber ein Zahnrad gibt, das er unter den Arm klemmen und mit nach Hause nehmen kann. Aber man könnte nicht nur den Besitz und den Profit einer Dampfmaschine aufteilen, man tut es ja bereits in Form von Privateigentum. Nur verteilt man sie nicht hinreichend oder nicht an die richtigen Leute oder eben nicht an die Leute, die sie wirklich benötigen oder wirklich an ihr arbeiten. Es gibt viele Entwürfe, die diesen ganz normalen und grundsätzlichen Ansatz haben, die ich fast alle der aktuellen Konzentrierung durch den Kapitalismus oder den Versprechungen des Kommunismus vorziehe. Ich präferiere im Großen und Ganzen, dass jede notwendige Maschine von einer kleinen lokalen Zunft nach den Prinzipien der Gewinnbeteiligung oder vielmehr der Gewinnaufteilung besessen wird. Allerdings nach einer wirklichen Gewinnbeteiligung und einer wirklichen Gewinnaufteilung, die nicht mit einem kapitalistischen Patronat verwechselt werden darf.

Bezüglich des letzten Punktes ist es womöglich sinnvoll, am Rande anzumerken, dass meine Äußerungen über das Problem der Gewinnbeteiligung meines Erachtens auch auf das Problem der Emigration zutreffen. Die Schwierigkeit, es richtig anzugehen, besteht darin, dass es so oft falsch und mit der falschen Einstellung angegangen wurde. In der heutigen industriellen Demokratie gibt es so viele Vorurteile über die Gewinnbeteiligung wie über die Emigration. Das liegt in beiden Fällen an der Art und insbesondere am Ton der Vorschläge. Ich habe vollstes Verständnis für den Gewerkschaftler, dem eine gewisse Art von herablassendem, kapitalistischem Zugeständnis so zuwider ist wie das Zugeständnis eines Platzes an der Sonne für jedermann, solange es ein Platz in Port Sunlight[44] ist. Ich kann sehr gut nachvollziehen, dass Mr. Kirkwood[45] es Sir Alfred Mond[46] übel nahm, von ihm über die Emigration mit den Worten belehrt zu werden: »Die Schotten werden Schottland verlassen, wenn die deutschen Juden England verlassen.« Ich halte es aber durchaus für möglich, eine egalitärere Emigration mit einem Programm zur Selbstverwaltung der Armen zu etablieren, die auch Mr. Kirkwood gefallen könnte, und denke, dass eine von den Launen des Arbeitgebers unabhängige Gewinnbeteiligung des Volkes durch Zunfteigentum auch den Überzeugungen der Gewerkschaften nicht widerspräche.

Zunächst aber halte ich nur fest, dass wir konkret mit dem Naheliegenden beginnen können, ganz unabhängig davon, welchen Stellenwert wir den Maschinen in unserem idealen Gesellschaftsstaat einräumen. Ich verstehe den Einwand, dass das Ideal in beiden Fällen von den falschen Idealen abhängt. Aber ich verstehe nicht, dass unsere Kritiker meinen, es sei unmöglich, die Anteile und Gewinne an einer Maschine unter einer bestimmten Anzahl von Einzelpersonen aufzuteilen. Jeder klar denkende Mensch jeder historischen Epoche hätte dies für ein wesentlich praktikableres Projekt gehalten als ein Milchkartell.

II. Die Romantik der Maschinen

Ich habe den Leser wiederholt dazu aufgefordert, zu erinnern, dass sich nach meiner Vorstellung die Veränderung der Zukunft in zwei Phasen gliedert. Zunächst ist da das Programm zur Umkehrung oder auch nur zum Widerstand gegen die moderne Tendenz zum Monopol und zur Konzentration des Kapitals. Es sei darauf hingewiesen, dass es nur eine Richtlinie ist, weil es eine Richtung vorgibt, wenn es in irgendeiner Weise verfolgt werden sollte. Jeder, der darin nicht bei uns ist, ist in dem Sinne gegen uns, dass diese Tendenz den Sieg davontragen wird, wenn ihr kein Widerstand geleistet wird.

In anderer Hinsicht ist jeder, der ihr auch nur in irgendeiner Weise Widerstand leistet, für uns, selbst wenn er in der Umkehrung nicht so weit gehen würde wie wir. Allein im Versuch, die Konzentration rückgängig zu machen, hilft er uns, das zu tun, was noch niemand getan hat. Er stellt sich gegen den Trend seiner Zeit oder zumindest gegen den der jüngsten Zeit. Jemand kann selbst mithilfe der bestehenden und womöglich gegenläufigen Technik in unsere Richtung wirken, anstatt in die bestehende, gegensätzliche Marschrichtung.

Auch wenn wir industrialisiert sind, können wir doch auf eine industrielle Distribution hin- und vom Industriemonopol wegarbeiten. Auch wenn wir in Stadthäusern wohnen bleiben, können wir diese Stadthäuser besitzen. Selbst wenn wir ein Land der Kaufleute bleiben, können wir unsere Kaufläden zu besitzen versuchen. Und wenn wir die Werkstatt der Welt bleiben, können wir versuchen, diese unsere Werkzeuge zu besitzen. Wenn unsere Stadt weiterhin mit Werbung überzogen ist, kann sie mit anderer Werbung überzogen werden. Wenn das Warenzeichen unserer gesamten Gesellschaft der Warenhandel ist, dann muss es dennoch nicht überall dasselbe Warenzeichen geben. Kurz gesagt, es gibt sogar in einem Handelsstaat vollkommen vertretbare und praktische Möglichkeiten zum Widerstand gegen das Handelsmonopol. Auch wenn sie vielleicht nicht unser endgültiges Ideal befürworten, nach dem der Staat kein Handelsstaat sein sollte, oder vielmehr der Staat nicht ausschließlich vom Handel bestimmt sein sollte, sollten uns sehr viele Menschen unterstützen. Wir können England nicht dazu auffordern, eine Bauernnation zu werden wie Frankreich oder Serbien. Aber wir können England, die große Nation der Geschäftsleute, zum Widerstand dagegen aufrufen, in ein großes Yankee-Geschäft verwandelt zu werden.

Eben deshalb habe ich in der Einführung zur Diskussion über Maschinen darauf hingewiesen, dass es uns erstens freisteht, die Maschinen zu zerstören, und es uns zweitens möglich ist, den Besitz der Maschinen aufzuteilen. Und ich gebe zu, dass es selbst in einem gesunden Staat Maschinen gäbe, deren Besitz aufzuteilen wäre. Aber wenn wir die Sache auf den Prüfstein legen wollen, müssen wir etwas über die Definition und auch über das Konzept der Maschine sagen.

Nun habe ich vollstes Verständnis für etwas, das wir das sentimentale Argument für Maschinen nennen könnten. Von all unseren Kritikern gefällt mir das des Ingenieurs am besten: »Aber ich mag Maschinen – genau so, wie Sie die Mythologie mögen. Warum sollte *mir* das Spielzeug weggenommen werden und *Ihnen* nicht?« Und werde daher unter den verschiedenen Positionen, auf die ich eingehen muss, mit dieser beginnen. Nun habe ich weiter oben gesagt, ich stimmte mit Mr. Penty darin überein, es sei das Recht des Menschen, die Maschinen ganz abzuschaffen. Und füge hinzu, dass ich mit Mr. Penty nicht darin übereinstimme, die Maschinen für Magie zu halten, für das Böse schlechthin oder die Quelle allen Übels. Es kommt mir genauso materialistisch vor, von einer Maschine verdammt wie von einer Maschine erlöst zu werden. Es scheint mir genauso sündhaft, sie zu lästern, wie sie anzubeten. Aber auch wenn jemand, ohne sie anzubeten, eine fantasievolle und in einem gewissen Sinne mystische Freude an ihnen hat, bleibt der von uns geschilderte Sachverhalt bestehen.

Niemand wäre so vollkommen ungeeignet für das Maschinenzeitalter wie der ehrliche Bewunderer der Maschinen. Das moderne System erfordert Menschen, die Mechanismen mechanisch zur Kenntnis nehmen, es will keine Mystiker. Man könnte eine amüsante Geschichte über einen Dichter schreiben, der die Märchen der Wissenschaft wirklich hochhielt und sich dennoch schließlich als ein größeres Hindernis in der wissenschaftlichen Gesellschaft wiederfand, als wenn er sie durch das Erzählen der Märchen seiner Kindheit aufgehalten hätte.

Man stelle sich einmal vor, dass jedes Mal, wenn er zum Telefon ginge (und sich dreimal verbeugte, bevor er sich dem Schrein des körperlosen Orakels näherte und irgendeine passende Formel murmelte wie *vox et praeterea nihil*[47]), sein Verhalten seine ganze Wertschätzung für diesen Apparat ausdrückte. Angenommen, er fiele in zuckende Ekstase, sobald er aus der weit entfernten Telefonvermittlung die Stimme einer unbekannten jungen Frau in einer entlegenen Stadt hört und wenn er bei diesem sehr realen Wunder des augenblicklichen Zusammentreffens in der Luft mit einem menschlichen Geist verweilt, den er nie auf Erden sehen würde, wenn er über ihr echtes und doch so fernes Leben und ihre Persönlichkeit nachdächte, wenn er innehielte, um ihr einige persönliche Fragen zu stellen, nur so viele, um ihre menschliche Eigenart zu erhöhen, wenn er fragen würde, ob sie dieses in einer Sekunde erschaffene und gleich wieder aufgelöste seelische Tête-à-Tête nicht auch als denkwürdig empfände und ob nicht auch sie diese unermesslichen Weiten von Tälern und Wäldern vor Augen habe, die zwischen dem sich bewegenden Mund und dem hörenden Ohr liegen – kurz gesagt, man nehme an, er würde all das zu jener Frau in der Telefonvermittlung sagen, die ihn nur nach 666 Upper Tooting hatte durchstellen wollen, so würde er damit wirklich und wahrhaftig seinen Gefühlen Ausdruck verleihen: »Eine wunderbare Sache, dieses Telefon!« Und anders als die Tausenden, die das Gleiche sagen, würde er es auch so meinen. Er würde wirklich und wahrhaftig die großen wissenschaftlichen Entdeckungen wertschätzen und die großen Erfinder ehren. Ein in der Tat würdiger Sohn des wissenschaftlichen Zeitalters.

Und doch fürchte ich, dass er im wissenschaftlichen Zeitalter womöglich missverstanden und sogar unter mangelndem Mitgefühl leiden würde. Ich fürchte, er wäre eher ein Feind all dessen, was er hochzuhalten wünscht, ein schlimmerer Feind der Maschinen als jeder maschinenzertrümmernde Luddit. Indem er die Schönheit des Telefons preist, hielte er die Telefonvermittlung mehr auf, als hätte er sich wie jeder andere herkömmliche Dichter hingesetzt, um all den geschäftigen Geschäftsleuten etwas über die Schönheit der Blume am Wegesrand zu erzählen.

Mit jeder glücklosen Bewunderung wäre es natürlich das Gleiche. Würde ein Philosoph, der zum ersten Mal in einem Auto fährt, diesem Wunderwerk mit dem gleichen Enthusiasmus verfallen und auf der Stelle dessen gesamten Mechanismus begreifen wollen, wäre er wahrscheinlich zu Fuß schneller an sein Ziel gekommen. Wenn er in seinem unbedarften Eifer darauf bestünde, die Maschine noch auf der Straße in ihre Einzelteile zu zerlegen, um sich an den innersten Geheimnissen ihres Aufbaus zu erfreuen, büßte er womöglich sogar die ihm entgegengebrachte Sympathie beim Taxifahrer oder Chauffeur ein.

Nun haben wir alle schon Kinder erlebt, die tatsächlich auf genau diese Art sehen wollten, wie sich die Räder drehen. Aber auch wenn diese Haltung sie dem Himmelreich am nächsten bringt, so bringt sie sie nicht notwendigerweise dem Ende ihrer Reise näher. Sie bewundern das Fortbewegungsmittel, aber sie bewegen sich nicht fort. Sie dienen nicht dem Zweck des Autos. Tatsächlich endete dieser Widerspruch in einem Stau, einer Art stagnierendem Geisteszustand, in dem es weniger echte Wertschätzung für die Wunder der Technik gibt, als wenn der Dichter sich damit begnügt hätte, eine Flöte zu schnitzen (um damit in den Wäldern Arkadiens zu flöten), oder das Kind sich damit, einen Bogen oder ein Katapult zu bauen. Das Kind ist wirklich jedes Mal durch und durch glücklich, wenn es einen Pfeil fliegen lässt.

Es ist allerdings nicht sicher, ob auch der Geschäftsmann jedes Mal durch und durch glücklich ist, wenn er ein Telegramm abschickt. Allein der Begriff Telegramm ist ein Gedicht, magischer noch als der Pfeil, weil er ein Geschoss bezeichnet, und zwar eines, das schreibt. Man stelle sich nur vor, was das Kind empfinden würde, wenn es einen Bleistiftpfeil auf die andere Seite des Tales oder auf die andere Seite der langen Straße schießen würde, der währenddessen ein Bild malt. Der Geschäftsmann aber klatscht bei dem Gedanken nur selten vor Freude in die Hände, wenn er ein Telegramm aufgibt.

Das ist von enormer Wichtigkeit für die Kritik an der modernen mechanischen Zivilisation. Ihre Befürworter erzählen uns ständig etwas über ihre wunderbaren Erfindungen und beteuern, um welch wunderbare Verbesserungen es sich dabei handelt. Aber dass sie sie wirklich als Verbesserungen empfinden, ist höchst zweifelhaft.

Ich habe zum Beispiel schon hundert Mal gehört, Glas sei ein hervorragendes Beispiel dafür, wie etwas zur Annehmlichkeit für jedermann wird. »Schauen Sie sich nur Fensterglas an«, sagen sie, »es ist ein Muss geworden; und dabei war es früher purer Luxus.« Und ich bin immer versucht zu antworten: »Ja, und es wäre besser für Leute wie Sie, wenn es immer noch Luxus wäre und Sie dazu bringen würde, es an- und nicht nur hindurchzuschauen. Haben Sie jemals daran gedacht, wie magisch dieser unsichtbare Film ist, der zwischen Ihnen und den Vögeln und dem Wind steht? Haben Sie ihn jemals als in der Luft hängendes Wasser oder als flachen Diamanten betrachtet, dessen Wert zu unermesslich ist, um auch nur geschätzt werden zu können? Haben Sie jemals ein Fenster als eine unerwartete Öffnung in einer Mauer empfunden? Und wenn nicht, was kümmert Sie dann der Nutzen des Glases?« Das mag nun im Eifer des Augenblicks etwas übertrieben sein, aber es ist wahr, dass die Erfindung dieser Dinge unsere Vorstellungskraft sprengt. Die Menschheit hat keinen Vorteil aus ihren eigenen Erfindungen gezogen, und indem sie mehr und mehr Erfindungen hervorbringt, lässt sie lediglich ihre eigene Fähigkeit zum Glück immer weiter hinter sich.

Ich habe bereits angemerkt, dass die Maschinen nicht notwendigerweise ein Übel sind, und dass es einige Personen gibt, die sie auf die richtige Art wertschätzen, die meisten aber, die damit zu tun haben, nie auch nur Gelegenheit hatten, dies überhaupt zu tun. Ein Dichter kann eine Uhr so genießen wie das Kind eine Spieldose. Aber der reale Angestellte, der auf die reale Uhr schaut, um zu sehen, ob er noch den Zug in die Stadt erreichen kann, genießt die Maschine nicht mehr wie Musik. Mechanisches Spielzeug hat etwas für sich, aber die moderne Gesellschaft ist ein Mechanismus, kein Spielzeug. Das Kind ist hier tatsächlich ein guter Prüfstein und illustriert sowohl das Interesse an Maschinen als auch, dass die Maschinen uns im Allgemeinen davon abhalten, interessiert zu sein.

Es ist eine landläufige Vorstellung, dass jeder kleine Junge Lokführer werden will. Aber die Maschinen haben nicht die Anzahl der Lokführer vervielfacht, um all den kleinen Jungen zu erlauben, Lokführer werden zu können. Sie haben nicht jedem kleinen Jungen eine echte Lok geschenkt, wie seine Familie ihm womöglich eine Spielzeuglok geschenkt hat. Sie haben lediglich ein Volk von Passagieren hervorgebracht, die Paketen erschreckend ähnlich sind. In anderen Worten, der visionäre oder potenzielle Lokführer wird bloß in den Zug gesetzt, von wo aus er die Lokomotive nicht sehen kann, statt dass er außerhalb des Zuges gestellt wird, von wo aus er sie sehen kann.

Und selbst wenn er im Leben die steilste und herrlichste Karriere gemacht und die Witwen und Waisen so lange betrogen hat, bis er mit einem Dauerpass für den Internationalen Kongress des Kosmopolitischen Weltfriedens für Strippenzieher in einem eigens für ihn reservierten Wagen in der ersten Klasse reisen kann, wird er einen Zug vielleicht trotzdem nie wieder genießen und eine Eisenbahn so sehen können wie als zerlumpter Bengel, der dem vorbeifahrenden Scotch Express einst vom grasbewachsenen Ufer stürmisch zugewunken hatte.

Wir können das Gleichnis von den Lokführern leichthin auf die Ingenieure übertragen. Es kann sein, dass der Fahrer des Scotch Express mit rasender Geschwindigkeit vorwärtsstürmt, weil sein Herz für das Hochland schlägt – sein Herz ist nicht an Ort und Stelle –, und vielleicht lässt er die Grenze mit einer verächtlichen Geste hinter sich, um das vor ihm liegende Grampiangebirge jubelnd zu begrüßen. Und ob es nun wahr ist oder nicht, dass das Lokführerherz für das Hochland schlägt, so schlägt doch das Herz des kleinen Jungen manchmal für Lokomotiven.

Aber es ist keineswegs so, dass all die hinter der Lok reisenden Passagiere die Geschwindigkeit als etwas Positives genießen, auch wenn sie diese vielleicht in einem negativen Sinne schätzen. Sie reisen nicht deshalb gerne zügig, weil das zügige Reisen angenehm, sondern weil es unangenehm ist. Sie wollen es hastig hinter sich bringen, nicht weil es schön, sondern weil es langweilig ist, hinter einem Triebwagen zu hängen.

Wenn wir die Freuden des Ingenieurs unter diesem Aspekt betrachten, müssen wir bedenken, dass auf einen fröhlichen Ingenieur tausend gelangweilte Opfer der Ingenieurskunst kommen. Die Diskussion, die zwischen Mr. Penty und anderen wütete, drohte sich an einem bestimmten Punkt in eine Fehde zwischen Ingenieuren und Architekten zu verwandeln. Wenn der Ingenieur uns dazu auffordert, die Monotonie und den Materialismus des mechanischen Zeitalters nicht zu beachten, weil seine eigene Wissenschaft etwas von der Inspiration der Kunst hat, dann mag der Architekt schon eine Antwort bereithalten. Denn das bedeutete, die Architekten würden sich mit nichts anderem beschäftigen als dem Bau von Gefängnissen und Irrenanstalten und als würden sie uns voller Stolz erzählen, mit welch leidenschaftlicher und poetischer Begeisterung sie Türme errichtet haben, die hoch genug sind, um Haman aufzuhängen, oder unzugängliche Kerker gegraben haben, in denen Ugolino verhungern könnte.

Nun habe ich bereits erklärt, dass ich nichts weiter vorschlage, als was manche den praktischen Weg nennen, der treffender aber der direkte Weg genannt werden sollte, weil er über eine bessere Eigentumsverteilung der Maschinen verläuft, die unbedingt notwendig sind. Aber wenn wir die Frage nach den Maschinen in einer fundamental anderen, von unserer Philosophie und Religion bestimmten Gesellschaft stellen, muss sie noch weitaus ausführlicher behandelt werden.

Am besten und kürzesten kann es wie folgt beschrieben werden: Die Maschine soll nicht länger ein Gigant sein, für den der Mensch ein Pygmäe ist. Wir müssen die Verhältnisse wenigstens so weit umkehren, dass der Mensch zum Riesen wird, für den die Maschine ein Spielzeug ist. Unter dieser Voraussetzung sind die Maschinen ein legitimes und inspirierendes Spielzeug. Dann wäre es auch egal, wenn jedes Kind ein Lokführer wäre oder (noch besser) jeder Lokführer ein Kind. Aber diejenigen, die uns immer vorwerfen, unrealistisch zu sein, müssen zugeben, dass das nicht realistisch wäre.

Ich habe also versucht, mich in den Enthusiasten hineinzuversetzen, so wie wir es immer tun sollten, wenn wir über Enthusiasmus urteilen. Und ich denke, man wird selbst nach diesem Gedankenexperiment darin übereinstimmen, dass für den gesunden Menschenverstand ein echter Unterschied zwischen einem technischen und einem älteren Enthusiasmus besteht. Selbst wenn demjenigen, der eine Dampflok entwirft, die gleiche Originalität wie demjenigen zugestanden wird, der eine Statue entwirft, so besteht doch ein unübersehbarer und großer Unterschied in den Folgen ihrer Entwürfe.

Die originelle Statue ist dem Bildhauer eine Freude und zu einem gewissen Grad (vorausgesetzt, sie ist nicht zu originell) auch deren Betrachtern. Zumindest soll sie den anderen Menschen Freude bereiten, sonst würde sie gar nicht erst aufgestellt werden. Aber auch wenn die Dampfmaschine für den Ingenieur eine große Freude und vielen Menschen überaus nützlich ist, so ist sie nicht, und soll es auch gar nicht sein, eine ebenso große Freude für alle anderen. Das liegt auf keinen Fall an einem Mangel an Bildung, wie manch ein Künstler es sicher im Falle der Kunst behaupten würde, sondern hängt mit dem Wesen der Maschinen zusammen, das, sobald sie einmal gebaut sind, aus Wiederholungen und nicht aus Variationen und Überraschungen besteht. Jemand kann etwas an den Gliedern einer Statue entdecken, das er noch nie zuvor darin gesehen hat, sie können womöglich zu schwingen und zu federn scheinen; aber er wäre nicht nur erstaunt, sondern durchaus alarmiert, wenn die Räder einer Dampflok sich auf eine Art und Weise verhielten wie noch nie zuvor. Wir können folglich als eine wesentliche und nicht zufällige Eigenart der Maschinen festhalten, dass sie für den Erfinder eine Inspiration, für den Konsumenten jedoch die blanke Monotonie bedeuten.

In Anbetracht dessen bin ich der Meinung, dass in einem Idealstaat die Ingenieurwissenschaft eine solche Ausnahme wäre wie die Freude an Lokomotiven. Derzeit sind Ingenieurwissenschaft und Lokomotiven die Regel; sogar die zermürbende und repressive Regel. Die Leblosigkeit, die die Maschine den Massen aufnötigt, ist eine weitaus erschreckendere und offensichtlichere Tatsache als das individuelle Interesse des Erfinders von Maschinen.

An diesem Punkt der Diskussion können wir untersuchen, was der praktische Aspekt des Maschinenproblems genannt werden könnte. Ich finde es offensichtlich, dass die Maschinen derzeit weit über ihren Bereich des Praktischen hinaus bis in die Fantasie hineinwirken. Die gesamte Industriegesellschaft beruht auf der Auffassung, es sei am schnellsten und billigsten, Kohle nach Newcastle zu schaffen, und sei es nur, um sie danach wieder aus Newcastle wegzuschaffen. Sie beruht auf der Idee, schneller und regelmäßiger Transit und Transport, unentwegter Güteraustausch und unaufhörliche Kommunikation zwischen entlegenen Orten seien am wirtschaftlichsten und effektivsten. Aber es ist nicht wahr, dass es für denjenigen, der gerade einen Apfel von einem Baum gepflückt hat, die schnellste und günstigste Lösung ist, ihn als Warensendung via Zug zu schicken, der schnell wie der Blitz zu einem Markt am anderen Ende Englands fährt. Das Schnellste und Billigste, was derjenige tun kann, der die Frucht vom Baum gepflückt hat, ist, sie in den Mund zu stecken. Er wäre damit der allerbeste Ökonom, weil er kein Geld für Zugreisen ausgibt, ein Musterbeispiel an Effizienz, das für jedes Unternehmen viel zu effizient wäre.

Und obwohl das natürlich ein extremer und idealisierter Fall der Vereinfachung ist, so steht dieser vereinfachte Fall so fest wie ein Apfelbaum. Wenn Menschen ihre eigenen Güter an Ort und Stelle produzieren können, ersparen sie der Gesellschaft große, oft in keinem Verhältnis zum Ertrag stehende Ausgaben. Sobald wir eine große Menge von einfachen und autarken Menschen geschaffen haben, nehmen wir den Druck aus diesem oft kostspieligen und lästigen Prozess. Und wenn wir diese grob umrissene Reform umsetzten, würde ein einfacheres Leben in weiten Teilen der gewöhnlichen Gesellschaft dazu führen, dass die Maschinen eine solche Ausnahme werden, wie sie es für den außergewöhnlichen Menschen sind, der wirklich sein Herzblut in sie steckt.

Diese Sichtweise hat durchaus ihre Tücken; zur Veranschaulichung greife ich hier eine Parallele zu einer bestimmten, von den Modernisten so gern kritisierten Ausprägung der modernen Ingenieurskunst auf. Sie vergessen oft, dass es unter allen wissenschaftlichen Geräten die Waffen sind, die das größte Lob bekommen.

Wenn wir so viel Mitleid mit dem unglücklichen Genie haben sollen, das gerade ein neues Galvanometer erfunden hat, was ist dann mit dem armen Genie, das gerade eine neue Pistole erfunden hat? Wenn es eine wahrhaft schöpferische Inspiration bei der Herstellung einer Dampflok gibt, warum sollte dann nichts Schöpferisches am Bau eines U-Bootes sein? Und doch sind viele Bewunderer der modernen Wissenschaft eifrig darauf bedacht, diese Art Maschinen ganz abzuschaffen; und das sogar in dem gleichen Atemzug, in dem sie uns erklären, dass wir Maschinen überhaupt nicht abschaffen können.

Weil ich das Recht zur nationalen Selbstverteidigung befürworte, würde ich sie nicht komplett abschaffen. Aber ich denke, dass sie uns womöglich einen Hinweis geben könnten, auf welche Weise außerordentliche Dinge außerordentlich behandelt werden müssen. Für jetzt aber werde ich den Progressiven auf seinem Weg zu einer Demonstration für Abrüstung über meine absurden Vorstellungen von einer Reduzierung der Maschinen einfach lachen lassen.

III. Der Urlaub des Sklaven

Ich habe manchmal angedeutet, dass der amerikanische Industrialismus mit seinen Maschinen und seiner mechanischen Betriebsamkeit eines Tages wie das Indianerreservat als spezifisch amerikanisches Modell gelten wird. So wie wir den Wilden einen Teil der Wildnis zum Jagen und Fischen überlassen, so mag eine höhere Zivilisation denjenigen, die sich noch auf dem Bewusstseinsstand eines Kindes befinden und wirklich sehen wollen, wie sich die Räder drehen, ein paar Fabriken übrig lassen. Und wie sich die Indianer, so nehme ich an, immer noch ihre kuriosen Geschichten über einen rote Pfeife schmauchenden Gott oder über den roten Helden, der die Sonne und den Mond stahl, erzählen, so könnte sich das einfache Volk der industriellen Enklave ebenfalls ihren eigenen Umriss der Geschichte[48] erzählen und die Evolution der Ethik diskutieren, während sich um sie herum eine erwachsene Zivilisation mit der wahren Geschichte und ernsthafter Philosophie beschäftigt.

Ich zögere, diese Fantasie hier zu wiederholen, denn schließlich sind die Maschinen ihre Religion oder zumindest ihr Aberglaube, und sie mögen es nicht, belächelt zu werden. Aber es spricht meines Erachtens etwas für diese Vorstellung, diese Fantasie stehe für etwas, nämlich für die Überzeugung, dass eine klügere Gesellschaft die Maschinen als etwas Besonderes und Gefährliches behandeln würde und womöglich als etwas, das unter zentrale Kontrolle gestellt werden müsste wie Waffen.

Aber wie auch immer das sein wird, ich glaube tatsächlich, dass die wildeste Vorstellung von einem wie ein bemalter Wilder in Schach gehaltenen Fabrikanten tatsächlich vernünftiger ist als die seriöse wissenschaftliche Alternative, die uns derzeit oft nahegelegt wird. Ich meine damit das, in dem alles von Maschinen getan werden soll und das von seinen Verfechtern Freizeitstaat genannt wird.

Es ist nur recht und billig, diesen Vorschlag in wenigen Worten in einen Vergleich mit unserem zu stellen. Wir wissen, was unter einem Urlaub in einer Welt der Maschinen und der Massenproduktion zu verstehen ist. Es bedeutet, dass ein Mann, nachdem er einen Hebel umgelegt hat, nun die Wahl zwischen verschiedenen Freizeitvergnügungen hat. Wenn er möchte, kann er interessiert eine Zeitung lesen und erfahren, wie der Kronprinz von Fontarabia mit seiner luxuriösen Yacht Atlantis unter dem Jubel der Menge angelandet ist, wie gewisse mächtige amerikanische Millionäre große finanzielle Konsolidierungen erreichen, warum die moderne Frau ein entzückendes Wesen ist, obwohl (oder weil) sie kurze Haare und knappe Röcke trägt, und dass die wahre Religion, um derentwillen wir nach der Kirche schielen, in Mitgefühl und sozialem Fortschritt und dem Verheiraten, Scheiden oder Beerdigen der Menschen besteht, ohne die eigentliche Bedeutung der Zeremonie zu kennen.

Sollte er andere Amüsements vorziehen, kann er ins Kino gehen, wo er eine sehr lebendige und spannende Szene verfolgt, in der ein Menschenauflauf dem Kronprinzen von Fontarabia mit seiner anlandenden Yacht Atlantis zujubelt, oder einen amerikanischen Film sehen wird, der die Eigenheiten amerikanischer Millionäre mit all den resoluten Gesichtsverzerrungen zeigt, die mit großen finanziellen Konsolidierungen einhergehen; in dem auch eine charmante und temperamentvolle und wegen ihres kurzen Rocks eindeutig moderne Heldin nicht fehlen wird und in dem möglicherweise ein freundlicher und braver Geistlicher vorkommt (sofern er überhaupt einer ist), der in einer dumme Vorführung mit wenigen abgelesenen Sätze erklärt, dass die wahre Religion in sozialem Mitgefühl und Fortschritt und dem wahllosen Verheiraten und Begraben von Menschen besteht.

Sollten weder die darstellende Kunst noch eine verwandte Kunst nach seinem Geschmack sein, kann er auch Bücher lesen. Und er wird ohne Schwierigkeiten einen populären Roman über die Zweifel und Schwierigkeiten eines braven und freundlichen Geistlichen finden, der mit der Zeit darauf kommt, dass die wahre Religion aus Fortschritt und sozialem Mitgefühl besteht, mithilfe einer modernen Frau, deren kurze Haare und kurzer Rock von ihrer Gleichgültigkeit zeugen, wer begraben und wer geschieden werden soll; noch wird in der Geschichte ein amerikanischer Millionär fehlen, der eine große finanzielle Konsolidierung erreicht, und es wird sicherlich auch eine Yacht mit Kronprinz auftauchen.

Aber es gibt noch weitaus mehr Vorlieben, um die sich zu diesen Zeiten der modernen Werbung und Vergnügungssucht gekümmert wird. Es gibt die wichtige Institution des Rundfunks; und der Urlauber, der sich von den Romanen, dem Journalismus und den Kinodramen abwendet, kann in einen Sender »reinhören«, der die allerneusten Nachrichten über große finanzielle Konsolidierungen durch einen amerikanischen Millionär bringt und sehr wahrscheinlich auch kurze Beiträge über den neuesten Haarschnitt und schicksten kurzen Rock der modernen Frau und in dem wir die Stimme eines populären Volkspredigers hören können, der der Welt die Offenbarung der wahren Religion verkündet, die in Mitgefühl und sozialem Fortschritt besteht und nicht aus Dogmen und Glaubensbekenntnissen; und zweifellos wird er auch den donnernden Jubel hören, mit dem Seine Königliche Hoheit der Kronprinz von Fontarabia begrüßt wurde, als er von seiner prächtigen Yacht Atlantis an Land ging. Derart unermesslich und vielfältig sind die Möglichkeiten der Unterhaltung.

Aber selbst die große Vielfalt der Methoden und Ansätze, die sich in dieser Alternative vor uns entfaltet, scheint für einige bloß eine gewisse verborgene und subtile Monotonie zu überdecken. Der Vergnügungssuchende erlebt auch hier das merkwürdige psychologische Phänomen, die Sache schon gekannt zu haben. Es scheint irgendetwas Wiederkehrendes an der Art der Themen zu geben, das auf etwas Starres an dem dahinterstehenden Geist hindeutet, und ich bezweifle, dass es sich dabei um einen überlegenen Geist handelt.

Wäre der Vergnügungssuchende sein eigener Vergnügungsmacher und dazu gezwungen, sich selbst zu unterhalten, statt sich unterhalten zu lassen, kurzum, müsste er sich in eine herkömmliche Kneipe setzen und sich dort unterhalten – dann bezweifle ich doch sehr, dass er sich in seinem Gespräch auf den Kronprinzen von Fontarabia, Kurzhaarfrisuren, die Großartigkeit gewisser reicher Yankees usw. beschränken würde, um diese Themen dann unentwegt wiederzukäuen. Seine Interessen würden vielleicht eher sein unmittelbares Umfeld betreffen, aber sie wären weitaus lebendiger, sein Kontakt zu Menschen wäre persönlicher, aber vielfältiger; seine Vorlieben und Abneigungen wären unberechenbarer, aber nicht ganz so leicht zu befriedigen.

Um eine Parallele aufzugreifen: Die Kinder werden heute dazu genötigt, Schulspiele zu spielen, und demnächst werden sie sicherlich dazu gebracht, die Lobpreisung des Millionärs im Radio zu hören oder davon in der Tageszeitung zu lesen. Wenn aber Kinder sich selbst überlassen werden, denken sie sich ausnahmslos eigene Spiele, eigene Dramen, ja sogar Fantasiekönigreiche und Staaten aus. Sie produzieren also, bis der Wettbewerb des Monopols ihre Produktion abtötet. Der Junge, der Räuber und Gendarm spielt, wird nicht dadurch befreit, dass er etwas über amerikanische Gangster erfährt, die allesamt nach einem einzigen und weitaus weniger pittoresken Muster gestrickt sind als sein eigenes – er verkümmert vielmehr. Er ist psychologisch untergraben, unterboten, ausrangiert, weggeekelt, überfordert, überflutet und ruiniert, nicht jedoch emanzipiert.

Die Erfinder haben die Erfindungen zerstört. Die großen modernen Maschinen gleichen großen Geschützen, die einen ganzen Landstrich beherrschen und terrorisieren und in deren Reichweite nichts den Kopf heben kann. Es gibt sehr viel mehr Erfindungsgeist auf jedem Quadratmeter der Menschheit, als sich unter diesem monopolistischen Terror entfalten kann. Die geistigen Kräfte der Menschen gleichen sich nicht wie die Autos der Menschen oder die Zeitungen der Menschen oder die mechanisch hergestellten Mäntel und Hüte für Menschen. Mit anderen Worten, wir holen nicht das Beste aus den Menschen heraus. An die individuellen oder interessantesten Qualitäten der Menschen kommen wir so auf jeden Fall nicht heran. Und es ist zweifelhaft, ob wir das jemals schaffen werden, wenn wir nicht die ohrenbetäubend lärmenden Megafone, die ihre Stimmen ersticken, und das unerbittlich grelle Rampenlicht ausschalten, das ihnen alle Gesichtsfarbe nimmt, und nicht dieses widerhallende Brüllen von Plattitüden stoppen, das ihren Verstand lähmt und betäubt. Dergleichen tötet die Gedanken wie ein gewaltiger weißer Todesstrahl die Pflanzen, noch während sie wachsen.

Wenn mir daher von anderen gesagt wird, eine Umwandlung eines großen Teils von England in bäuerliche und selbstversorgende Landstriche machte die Menschen primitiv und stumpf, dann stimmte ich ihnen nicht zu und glaube, dass sie die Alternative oder das Problem noch nicht begriffen haben. Niemand will selbst in normalen Zeiten, dass alle Menschen Bauern sind, und es ist durchaus vertretbar, dass einige der Intelligentesten selbst in normalen Zeiten in die

Städte gehen. Aber ich behaupte, dass die heutigen Städte zum Feind der Intelligenz geworden sind und Bauern mehr Individualität und Lebenskraft haben, als in den Städten gefördert wird. Ich behaupte, dass der menschliche Geist erst dann wieder sich zu regen beginnt und zu wachsen anfangen wird, wenn wir allen unnatürlichen Lärm und das künstliche Licht ausschalten. So wie wir die unterschiedlichsten Böden zupflastern, ohne darauf zu achten, welche Feldfrüchte dort wachsen könnten, so überdecken wir mit Programmen einer platten Plutokratie die Seelen, die Gott doch so verschiedenartig erschaffen hat und die in einfacheren Gesellschaften frei waren.

Wenn wir mit den Maschinen, die Arbeit einsparen und demzufolge Freizeit produzieren, die Maschinen für die sogenannte Massenproduktion meinen, dann kann ich keinen wirklichen Wert in der Freizeit erkennen, weil es in dieser Freizeit keine Freiheit gibt. Der Mensch mag für nur eine Stunde mit seinen maschinengefertigten Werkzeugen arbeiten müssen, aber danach kann er nur weggehen und für dreiundzwanzig Stunden mit seinen maschinengefertigten Spielzeugen spielen. Alles, womit er umgeht, kommt aus einer riesigen Maschine, mit der er nicht umgehen kann. Alles stammt von etwas, bei dem er, um eine geläufige kapitalistische Phrase zu verwenden, nur eine »Hand anlegen« kann. Da dies gleichermaßen für intellektuelles, künstlerisches wie auch für materielles Spielzeug gilt, würde ihn die Maschinc weit über den Moment hinaus, in dem er Hand an sie legt, im Griff haben.

Es wird allgemein zugegeben, dass wesentlich weniger Menschen gebraucht werden, um die Maschinen zu bedienen. Die Antwort des mechanischen Kollektivisten darauf ist, die Maschine könne aber, auch wenn sie sicherlich nur wenigen Arbeit gibt, umso mehr ernähren. Aber sie könnte so viele ausschließlich durch ein Verfahren ernähren, das durch einige wenige überwacht werden müsste. Selbst wenn den vielen nur wenig, in kleine Schritte unterteilte Arbeit zugeteilt werden würde, müsste das Rotationssystem von den verantwortungsvollen wenigen gesteuert und die Arbeit von irgendeiner dazu bestimmten Autorität so verteilt werden, wie sie auch die Nahrung verteilt. In anderen Worten wären die Vorgesetzten eindeutig permanent Vorgesetzte. In gewisser Hinsicht wären der Rest von uns dann zeitweilige oder gelegentliche Vorgesetzte. Aber das Prinzip des Systems würde bestehen bleiben; und wie auch immer es sich sonst darstellen mag, kann es nicht mit einem verglichen werden, in dem der Einzelne auf seinen eigenen, unterschiedlichen Feldern werkelt oder seinem kleinen kreativen Handwerk in seiner eigenen kleinen Werkstatt nachgeht.

Wer geholfen hat, einen maschinengefertigten Artikel zu produzieren, kann vielleicht tatsächlich in dem Sinne mit der Arbeit aufhören, dass er aufhört, an einem bestimmten Rad zu drehen. Er kann womöglich sogar das tun, was er gerne tun möchte, insofern er gerne das herstellt, was das System herstellen möchte. Und vielleicht hat er sogar die Wahl zwischen dem einen und einem anderen Ding, das sie herstellt. Sicherlich kann er sich auch aussuchen, in seiner Freizeit auf einem maschinengefertigten Stuhl zu sitzen oder in einem maschinengefertigten Bett zu liegen, in einer maschinengefertigten Hängematte zu ruhen oder sich an ein maschinengefertigtes Trapez zu hängen. Aber es wird ihm anders gehen als dem Mann, der sein eigenes Spielzeugpferd aus seinem eigenen Holz oder sich sein eigenes Hobby aus seinem eigenen Willen schnitzt. Denn das folgt einem ganz anderen Prinzip oder Zweck, in dem nicht das gesamte Holz darauf verwendet wird, Arbeit einzusparen, oder alle Wünsche über einen Kamm geschoren werden, um Freizeit einzusparen. Wollen wir die Dinge so schnell und einfach wie möglich herstellen, müssen wir eine konkrete Auswahl der Dinge treffen, die wir produzieren möchten. Wollen wir sie aber so frei und individuell wie möglich herstellen, können wir das nicht so schnell wie möglich tun. Ich halte es für sehr wahrscheinlich, dass die Folge einer Arbeitseinsparung durch Maschinen sein wird, was sie jetzt schon ist, nur weitaus ausgeprägter: eine eingeschränkte Vielfalt der Produkte, eine Standardisierung.

Nun könnte es natürlich sein, dass den Befürwortern eines Freizeitstaates Maschinen aus Einzelteilen vorschweben, die tatsächlich jeden Einzelnen zum Herrn über seine Maschine machten; und in diesem Fall stimme ich zu, dass es das Problem änderte und es zu großen Teilen löste. Dennoch bliebe die Frage offen, ob ein Mensch mit einer freien Seele eine Maschine für drei Viertel der Dinge verwenden würde, für die sie jetzt verwendet wird. Mit anderen Worten bliebe das Problem eines Handwerkers im Sinne eines Schöpfers. Aber ich würde zustimmen, dass wenn der kleine Mann seine kleine mechanische Anlage zur Erhaltung seines Kleinbesitzes für nützlich erachtet, sein Anspruch ernst zu nehmen ist. Wenn aber dem Maschinisten für seinen mechanisch zugeteilten Urlaub ausschließlich solch rein mechanische Alternativen angeboten werden, wie es heute bereits der Fall ist, hielte ich die Knechtschaft seiner Arbeit für ein weitaus leichteres Joch als die zermürbende Knechtschaft seiner Freizeit.

IV. Der freie Mann und der Ford

Ich bin kein Fanatiker und denke, dass Maschinen sehr nützlich dabei sein können, die Maschinen zu zerstören. Ich sollte ihnen großzügig einen enormen Wert beimessen bei der Zerstörung all dessen, was sie verkörpern. Aber diese Aussagen in die Wirklichkeit zu überführen, bedeutet, über den fernen Abschluss unserer bedächtigen und wohlüberlegten Revolution zu sprechen. In der bestehenden Situation könnte die gleiche Wahrheit moderater ausgedrückt werden. Wir sollten all den für unsere Zeit typischen Dingen mit rationaler Klarheit begegnen. Die Maschinen sind nicht verkehrt, sie sind nur absurd. Vielleicht sollten wir sagen, dass sie nur kindisch sind und nur von einem Kind richtig erfasst werden können. Sollten wir also herausfinden, dass irgendwelche Maschinen uns dazu befähigen, dem Maschineninferno zu entkommen, dann sündigten wir sicherlich nicht, sondern gäben vielleicht nur eine alberne Figur ab wie ein Dragoner, der sich seinem Regiment auf einem alten Fahrrad anschließt.

Entscheidend ist, dass die ganze gegenwärtige Situation etwas Lächerliches hat und irrwitziger ist als jede Utopie. Ich werde z. B. noch Gelegenheit haben, den Vorschlag einer zentralen Stromversorgung zu erörtern, die wir rechtfertigen würden, wenn wir wüssten, was der Witz daran sein soll. Aber wir erkennen noch nicht mal den Witz an der Sache mit den Wasserwerken und Wasserunternehmen. Es ist schon fast zu komisch, dass etwas so Lebensnotwendiges wie Wasser von irgendwo, niemand weiß woher, von irgendjemandem, niemand weiß von wem, über eine Entfernung von manchmal fast hundert Meilen bis zu uns her gepumpt wird. Das ist so absurd, als würde meilenweit entfernte Luft zu uns gepumpt und wir liefen alle umher wie Taucher auf dem Meeresgrund. Die einzige vernünftige Person ist der Bauer, der seinen eigenen Brunnen besitzt. Aber wir haben noch einen langen Weg vor uns, bevor wir nur daran denken können, vernünftig zu sein.

Gegenwärtig gibt es einige Beispiele der Zentralisierung, die zu einer Dezentralisierung führen könnten. Ein offensichtliches Beispiel ist das oben erwähnte Elektrizitätswerk. Ich denke, es trifft im Großen und Ganzen zu, dass sich durch billigeren Strom die Erfolgsaussichten einer ungemein großen Zahl von unabhängigen kleinen Geschäften, insbesondere von Werkstätten, verbesserten. Gleichzeitig steht außer Frage, dass eine derartige Abhängigkeit von einem zentralen Werk für notwendige Energie eine existenzielle Abhängigkeit und demzufolge ein Fehler in einem System der vollkommenen Unabhängigkeit wäre. Da wären einige Distributisten ganz anderer Meinung, aber ich selbst verfolge lieber einer moderate und schrittweise Politik, die ich hier bereits mehr als einmal dargelegt habe.

Ich denke, es ist das Wichtigste, sicherzustellen, dass irgendein Kleinbesitz in irgendeinem entscheidenden und wesentlichen Maß überhaupt irgendeinen Erfolg hat. Vor allem halte ich es für unerlässlich, Erfahrungen mit Kleinbesitz zu sammeln, die Psychologie des Kleinbesitzes zu etablieren, eine bestimmte Art Mensch: den Kleinbesitzer. Sobald solch ein Mensch existiert, wird er auf eine ganz andere Art und Weise als die breite moderne Masse entscheiden, in welchem Maß oder ob überhaupt das zentrale Maschinenhaus sein eigenes privates Haus beherrschen soll. Vielleicht finden sie einen Weg, diese Energie aufzuteilen und zu individualisieren. Sie werden sogar die Hilfe der Wissenschaft ihrem Hunger nach Eigentum opfern, wenn überhaupt irgendwelche Opfer erforderlich sind. Ich bin momentan durchaus gewillt, jede Hilfe, die uns die Wissenschaft und die Maschinen bei der Erschaffung von Kleinbesitz anbieten können, anzunehmen, ohne mich auch nur im Mindesten dem Aberglauben zu unterwerfen, dass sie ausschließlich zerstören. Das Ideal des Kleinbauern als Motiv und Ziel müssen wir natürlich dabei im Hinterkopf behalten; und die meisten, die uns technische Hilfe anbieten, scheinen einfach nicht zu wissen, was wir darunter verstehen. Ein bekannter Name wird sowohl das, was getan wird, veranschaulichen, als auch einen Mann, der nicht weiß, was er tut.

Neulich fand ich mich in einem ähnlichen Ford-Pkw wieder wie dem, mit dem ich über die Straßen Palästinas fuhr, und mit dem (so nehme ich an) Mr. Ford zu gern die Palästinenser überfahren würde. Wie dem auch sei, ich erinnerte mich an Mr. Ford, und das wiederum erinnerte mich an Mr. Penty und seine Ansichten über Gleichheit und die technisierte Zivilisation. Der Ford (wenn ich mich zu einer dieser neuen Ideen vorwagen kann, die uns in den Zeitungen aufgedrängt werden) ist ein typisches Produkt unserer Zeit. Das Beste an ihm ist das, wofür er verachtet wird, nämlich, dass er klein ist. Das Schlimmste an ihm ist das, wofür er bejubelt wird, nämlich seine Standardisierung. Seine kleine Größe ist natürlich der Gegenstand zahlloser amerikanischer Witze, wie dass jemand einen Ford wie eine Fliege oder sogar wie einen Floh fängt. Aber niemandem scheint aufzufallen, dass diese Popularisierung des Kraftfahrzeugwesens (wie falsch sie in seinen Motiven und Methoden auch sein mag) tatsächlich in totalem Widerspruch zum fatalistischen Gerede über unvermeidbare Zusammenlegungen und Monopolisierung steht.

Die Eisenbahn verblasst, die Vögel nisten bereits auf den Eisenbahnsignalen, und die Wölfe heulen schon in den

Wartehallen. Dabei war die Bahn tatsächlich ein kommunitäres und zentrales Fortbewegungsmittel wie aus einer sozialistischen Utopie. Nun steht uns der freie und einsame Reisende sofort wieder vor Augen, der nicht immer (es ist wahr) mit Sack und Pilgermuschel ausgerüstet ist und dennoch etwas von der Freiheit des King's Highway im guten alten England an sich hat.

Das ist nicht die einzige altertümliche Sache, die diese Art zu reisen wiederbelebt hat. Während Mugby Junction ihre Erfrischungsräume vernachlässigte, hat Hugby-in-the-Hole seine Gastwirtschaften neu belebt.[49] In diesem Sinne bedeutet der Ford tatsächlich die Rückkehr zum freien Mann. Besitzt er auch keine drei Hektar Land und keine Kuh, so hat er doch einen wenn auch unzureichenden Ersatz von dreihundert Meilen und einem Auto. Ich will damit nicht sagen, diese Entwicklung bestätigte meine Theorien. Aber sie widerlegt all die Theorien anderer über die kollektive Sache als dem Ding der Zukunft und die individuelle Sache als einem Ding der Vergangenheit. Sogar durch ihre ganz eigene spezielle und stinkende Art und Weise von Wissenschaft und Maschine widerlegen die Fakten ihre Theorien. Allerdings habe ich noch nie erlebt, dass Mr. Ford und sein kleines Auto jemals ordentlich dafür gelobt worden wären.

Natürlich habe ich oft erlebt, dass er für all die Annehmlichkeiten gelobt worden ist, die Standardisierung genannt werden. Das Argument lautet mehr oder weniger wie folgt: Wenn das eigene Auto mit einem lauten Knall mitten auf Salisbury Plain[50] liegenbleibt, dann besteht der große Vorteil darin, dass es Einzelteile gibt – auch wenn es nicht sehr wahrscheinlich ist, dass irgendwelche Wrackteile von anderen Autos in der Ruinen von Stonehenge herumliegen – aber dass, sollten sie dort herumliegen, diese höchstwahrscheinlich nach demselben Prinzip gebaut worden sind und als Ersatzteile für das eigene Auto verwendet werden können.

Das gleiche Argument lässt sich auf Personen anwenden, die in Tibet unterwegs sind und bei der Vorstellung von der Möglichkeit jubeln, die Räder oder Bremsen als Freundschaftsbeweis auszutauschen, falls ein anderer Autofahrer aus den Vereinigten Staaten vorbeikommen sollte. Vielleicht habe ich die Details des Arguments nicht ganz richtig erfasst; aber die grundsätzliche Idee ist die, dass wenn irgendetwas mit einem Teil einer Maschine falsch läuft, es mit dem einer identischen Maschine ausgetauscht werden kann. Das Argument könnte auf jeden Fall noch wesentlich weiter ausgebaut und zur Erklärung vieler anderer Dinge angewendet werden. Vielleicht ist es sogar der Schlüssel zu manchen Mysterien unserer Zeit.

Ich beginne zu verstehen, warum alle Zeitungsgeschichten einander gleichen. Sie sind so verfasst, dass, wenn man im Zugabteil die Lektüre der Geschichte mit dem Titel »Lilienaugen« unterbrochen und die Zeitschrift dort vergessen hat, man in einer anderen Zeitschrift genau die gleiche Geschichte unter dem Titel »Löwenzahnlöckchen« weiterlesen kann. Es erklärt auch, warum all die Leitartikel über die Zukunft der Kirche genau gleich sind, die wir in der *Daily Chronicle* anfangen und im *Daily Express* zu Ende lesen können.

Das erklärt, warum all die öffentlichen Aufrufe, wir sollten die neuen Dinge den alten vorziehen, nie auch nur irgendetwas Neues sagen; sie wollen einfach, dass wir zum Zeitungsladen gehen und darüber in einer aktuellen Tageszeitung lesen. Deswegen wiederholen sich alle amerikanischen Karikaturen wie mathematische Figuren. Wenn wir also ein Stück von der Zeichnung abgerissen haben, um darin ein Sandwich einzuwickeln, können wir einfach ein Stück einer anderen Zeichnung abreißen, und es wird immer passen. Das erklärt auch, warum die amerikanischen Millionäre alle genau gleich aussehen und es, wenn uns der strahlende, entschlossene Gesichtsausdruck des einen von ihnen provoziert hat und wir seinem Gesicht einen ernst zu nehmenden Schaden mit der Faust zugefügt haben, jederzeit möglich ist, ihn mit den haargenau gleich beschaffenen Nasen und Kieferknochen anderer Millionäre wieder zu reparieren.

Das sind die Vorteile der Standardisierung. Wie man sich denken kann, halte ich sie für überschätzt und zweifle wie Mr. Penty daran, ob diese unentwegten Wiederholungen der menschlichen Natur entsprechen. Aber Mr. Fords Bemerkungen über die Unterschiedlichkeit der Menschen und seine Aussage, die meisten Menschen bevorzugten mechanische Arbeit oder seien überhaupt ausschließlich für solche geeignet, wirft eine sehr interessante Frage auf. Derlei Äußerungen zur Ungleichheit der Menschen wecken bei mir immer ein ganz bestimmtes Gefühl, das in einem kleinen, selbsterdachten Test seinen Ausdruck findet. Jede Einteilung in Überlegenheit und Minderwertigkeit werde ich erst dann ernst nehmen können, wenn ich jemanden finde, der sich selbst als minderwertig bezeichnet. Mr. Ford sagt ja nicht, nur *er* sei fähig, sich um Maschinen zu kümmern, er bekennt vielmehr frank und frei, dass er viel zu fein und frei und zu verwöhnt ist, um solche Arbeiten zu verrichten.

Ich werde daher seiner Lehre erst dann Glauben schenken, wenn ich jemanden sagen höre: »Ich habe nur genug Köpfchen, um Knöpfchen zu drücken.« Das wäre real, das wäre realistisch, das wäre wissenschaftlich fassbar, das wäre ein unabhängiges und unanfechtbares Zeugnis. Genauso verhält es sich natürlich mit allen anderen für ein wissenschaftliches Zeitalter so charakteristischen Überlegenheitsattitüden und Verleugnungen der menschlichen Gleichheit. Nicht anders ist es bei Menschen, die von überlegenen und unterlegenen Rassen sprechen.

Ich habe noch nie jemanden sagen gehört: »Die Anthropologie beweist, dass ich einer unterlegenen Rasse angehöre.« Dann spräche er wie ein Anthropologe; er spricht allerdings wie ein Mensch, wenn nicht wie ein Idiot. Ich hoffe seit Langem schon, eines Tages von jemandem auf der Grundlage wissenschaftlicher Prinzipien gesagt zu bekommen, dass er für diesen wichtigen Posten oder jenes Privileg ungeeignet ist, indem er erklärt: »Die Welt sollte den kühnen und kämpferischen Rassen gehören und nicht Personen mit jener sklavenhaften Veranlagung, die ihr an mir erkennen könnt; die Klugen werden wissen, wie man sich eine Meinung bildet, aber die offensichtliche Schwäche meines Verstandes lässt meine Meinung von außen betrachtet völlig absurd erscheinen: ja, es gibt vornehme und gottgleiche Rassen – aber schaut mich an! Beachtet meine formlosen und viertklassigen Züge! Seht, wenn ihr es denn ertragen könnt, mein gewöhnliches und abstoßendes Gesicht!« Hörte ich jemanden auf diese Weise den Beweis erbringen, würde ich womöglich eingestehen, dass er wirklich wissenschaftlich ist. Aber da er durch einen merkwürdigen Zufall natürlich der überlegenen Rasse angehört, der überlegene Typus seinem eigenen Typus entspricht und seine Arbeit zufällig die von ihm präferierte Art von Arbeit ist, kam ich zu dem Schluss, dass es eine einfachere Erklärung geben muss.

Nun, Mr. Ford ist ein guter Mann, insofern ein Millionär ein guter Mann sein kann. Aber an ihm kann man sehr gut erkennen, worin der Fehlschluss seines Arguments liegt. Es trifft sicherlich zu, dass hundert Mann einen Motor bauen, aber nur ein Mann einen Motor entwerfen kann. Von den hundert Mann aber, die an einem Motor arbeiten, könnte mit großer Wahrscheinlichkeit der eine einen Garten entwerfen, ein anderer eine Farce schreiben, und ein Dritter eine Karikatur von Mr. Ford zeichnen.

Damit will ich nicht sagen, dass ich Unterschiede in der Intelligenz leugne oder behaupte, dass die Gleichheit der Menschen (eine rein religiöse Sache) von einer solch unmöglichen Leugnung abhinge. Ich will nur zeigen, dass die Menschen weitaus mehr auf einer Stufe stehen, als irgendjemand dadurch herausfinden könnte, dass er sie nebeneinanderstellt, um eine bestimmte Uhr herzustellen. Mr. Ford selbst ist ein Mann von trotziger Beschränktheit. In Geschichte ist er z. B. derart unkundig, dass er im Zeugenstand seelenruhig zugab, noch nie etwas von Benedict Arnold[51] gehört zu haben. Ein Amerikaner, der noch nie etwas von Benedict Arnold gehört hat, ist wie ein Christ, der den Namen Judas nicht kennt. Er ist die Ausnahme. Mr. Ford deutete wohl vage an, er sei davon ausgegangen, Benedict Arnold und Arnold Bennett[52] seien ein und dieselbe Person. Das ist nicht nur nicht der Fall, sondern es ist ein Irrtum, anzunehmen, ein derartiger Irrtum sei ohne Belang.

Wenn er in einer hitzigen Diskussion Arnold Bennett beschuldigen würde, den amerikanischen Präsidenten verraten und den Süden mit einer antiamerikanischen Armee verwüstet zu haben, würde Mr. Bennett ihn womöglich verklagen. Wenn Mr. Ford annähme, dass die Dame, die jüngst gewisse Enthüllungen im *Daily Express* schrieb, alt genug sei, um die Witwe Benedict Arnolds zu sein, würde ihn womöglich die Dame verklagen. Nun ist es denkbar, dass unter den Arbeitern, die Mr. Ford (vielleicht zu Recht) ausschließlich dazu befähigt hält, den mechanischen Part in der Konstruktion mechanischer Dinge zu übernehmen, womöglich ein Mann ist, der jedes Werk über Geschichte gelesen hat, das er in die Finger bekommen konnte, und in seinen Studien durch mühsame Selbstbildung Schritt für Schritt so weit vorangeschritten ist, dass ihm der Unterschied zwischen Benedict Arnold und Arnold Bennett völlig klar ist. Und wenn auch seinem Arbeitgeber diese Unterscheidung völlig egal war, hätte er ihn in diesen Dingen kaum um Rat gefragt; und vermutlich bliebe der Mann bloß ein kleines Rädchen in der Maschine und es gäbe keinen Grund herauszufinden, dass er ein recht reflektiertes Rädchen ist.

Jeder, der auch nur irgendetwas vom modernen Geschäftsleben versteht, weiß, dass es sehr viele Menschen gibt, die in untergeordneten und obskuren Positionen bleiben, weil ihre privaten Vorlieben und Talente nichts mit dem äußerst dummen Geschäft gemein haben, in dem sie beschäftigt sind. Selbst wenn Mr. Ford seine Firma auf das ganze Universum ausdehnte und den Marsianern und dem Mann in Mond seine Autos verkaufte, kommt er doch dem Verstand des Mannes keinen Schritt näher, der an einer Maschine für ihn arbeitet und an etwas wesentlich Vernünftigeres denkt. Alles Menschliche ist unvollkommen, in der Unabhängigkeit aber zeigen sich solche Hobbys und verborgenen Talente bis zu einem gewissen Grad.

Der Bauer hat fast immer zwei oder drei Nebenerwerbe und lebt von unterschiedlichen handwerklichen Fertigkeiten und Interessen. Der Krämer im Dorf rasiert Reisende und stopft Wiesel aus, pflanzt Kohl an und macht ein halbes Dutzend anderer solcher Dinge, die sein Leben im Gleichgewicht und seine Seele gesund erhalten. Die Methode ist nicht perfekt, aber klüger, als ihn in eine Maschine zu verwandeln, um herauszufinden, ob er jenseits der Maschinen eine Seele hat. Der goldene Mittelweg bestünde wohl darin, die bestehenden Maschinen zu benutzen, um die Verachtung der Maschinen zu schüren; aber nicht, wenn es den Respekt vor ihnen förderte. Das zeigt sich noch besser am Ford als am Beispiel der elektrischen Versorgung kleiner Werkstätten.

Wenn der Besitz eines Fords bedeutet, sich an einem Ford zu erfreuen, ist das schon traurig genug; da können wir uns genauso gut an einer hupenden Straßenbahn erfreuen. Aber wenn der Besitz eines Fords ermöglicht, sich an einem Mais- oder Kleefeld erfreuen zu können, an einer saftigen Landschaft und freien Umgebung, dann ist es womöglich der Anfang oder sogar das Ende vieler anderer Dinge. Es könnte z. B. das Ende des Autos und der Beginn eines Lebens im Landhaus sein. Demnach könnten wir fast sagen, der endgültige Triumph Mr. Fords bestünde nicht darin, dass ein Mann in sein Auto steigt, sondern vielmehr darin, dass er begeistert aus dem Auto herauskippt, wenn er in irgendeiner abgelegenen und ländlichen Ecke, die er ohne Wagen nie erreicht hätte, den perfekten Gleichklang von Hecken und Bäumen und Wiesen vorfindet, in dem jede moderne Maschine plötzlich nicht nur völlig absurd, sondern sogar wie eine antiquierte Absurdität wirkt.

Dieser glückliche Mann wird vermutlich, nachdem er seine wahre Heimat gefunden hat, freudig in dem Sinne fortfahren, dass er sein Auto mit einem großen Hammer zertrümmert und seine eisernen Bestandteile zum ersten Mal für etwas Vernünftiges, etwa als Küchenutensil oder Gartenwerkzeug, verwendet. Das technische Instrument wird zum ersten Mal auf die richtige Weise benutzt, weil es als Instrument benutzt wird. Der Mann hat die moderne Maschine benutzt, um der modernen Gesellschaft zu entfliehen; und die Motivation und die Richtigkeit einer solchen Handlung leuchten sofort ein.

Ganz anders verhält es sich bei den schwächeren Kumpanen, die nicht nur Mr. Fords Auto vertrauen, sondern auch seinem Credo. Wenn man mit dem Auto auch die von mir hier kritisierte Philosophie übernimmt, dass die Menschen geboren sind, Autos zu machen, oder vielmehr kleine Teile von Autos, dann wäre es eines Philosophen weitaus würdiger, frei heraus zu sagen, dass der Mensch an sich noch nie ein Auto gebraucht hat. Nur weil der Mensch per Zug in die Verbannung geschickt wurde, muss er nun nicht in einem Auto zurückgebracht werden.

Wenn all die Maschinen dazu benutzt wurden, um die Dinge aus dem Lot zu bringen, können sie jetzt vielleicht dazu benutzt werden, sie wieder ins Lot zu bringen. Aber grundsätzlich ziehe ich den Schluss, dass sie benutzt werden dürfen, und habe die Begründung weiter oben unter der Überschrift »Die Möglichkeit der Besserung« angeführt. Ich wies darauf hin, dass unser Ideal so einfach und vernünftig ist und so sehr den uralten und allgemeinen Instinkten des Menschen entspricht, dass er, wo und wann auch immer er eine Chance bekommt, diese durch seine eigene, ihm innewohnende Lebenskraft verbessern wird, weil er nach einer besiegten Krankheit immer mit dem Willen zur Gesundung reagiert.

Wer sein Auto benutzt hat, um seinen Bauernhof zu finden, wird wesentlich mehr an seinem Hof interessiert sein als an seinem Auto und zweifellos weitaus mehr als an dem Geschäft, in dem er das Auto gekauft hat. Mr. Ford wird ihn in dieses Geschäft selbst dann nicht zurücklocken können, wenn er ihm einfühlsam erklärt, er sei gar nicht geeignet dafür, Herr des Stücks Land, ein Reiter von Pferden oder Gebieter des Viehs zu werden, weil doch sein defizitärer Intellekt und sein entarteter anthropologischer Typus ihn ausschließlich dazu befähigen, niedere und mechanische Tätigkeiten auszuführen. Sollte irgendjemand (natürlich einfühlsam) versuchen, etlichen Großbauern, die schon seit einiger Zeit mit ihren eigenen Familien auf ihren eigenen Höfen leben, das zu vermitteln, wird er sicherlich die Mängel dieser Herangehensweise entdecken.

Kapitel V. Ein Wort über Emigration

I. Die Notwendigkeit eines neuen Geistes

Bevor ich diese Anmerkungen mit einigen Worten über die kolonialen Aspekte demokratischer Distribution schließe, wird es sinnvoll sein, den kürzlich geäußerten Vorschlägen eines so distinguierten Mannes wie Mr. John Galsworthy[53] meine Anerkennung zu zollen. Für Mr. Galsworthy empfinde ich die höchste Wertschätzung; er ist ein Mensch, der versucht, gerecht zu sein, und damit in der langen Geschichte unseres glücklichen Geschlechtes einem Monster oder Mirakel gleicht. Manchmal bin ich ein wenig erschöpft davon, unentwegt um Verzeihung gebeten zu werden. Es gibt für den freien und gebildeten Christen kaum eine ärgerlichere Vorstellung als die, Mr. Galsworthy hinter einer Mauer aufzulauern, ihn mit einem Backstein niederzuschlagen und mit schweren Stiefeln auf ihm herumzutrampeln usw. und ihn immer noch leise röchelnd sagen zu hören, das sei allein Schuld des Systems; das System habe die Backsteine gemacht hat, und das System habe die Backsteine gewuchtet, und das System trüge die schweren Stiefel usw.

Ich würde mir als Mensch bei all dieser unmenschlichen Barmherzigkeit doch ein wenig mehr menschlichen Gerechtigkeitssinn wünschen. Aber diese Gefühle beeinträchtigen nicht meine anderen Gefühle wie das einer Art Begeisterung über etwas in einer unparteilichen Studie wie »Der weiße Affe«[54], das einfach nur wunderbar genannt werden kann. Wenn diese distanzierte Haltung der Leidenschaftslosigkeit nicht nur von Individuen, sondern von allen Menschen eingenommen wird, bekommt sie langsam etwas Widernatürliches. Und in Mr. Galsworthys letzter politischer Erklärung kommt diese Leidenschaftslosigkeit einer Verzweiflung gleich. In jedem Fall gleicht sie einer Verzweiflung über diese Erde, über dieses England, an dem ich sicherlich längst noch nicht verzweifeln werde. Aber ich nehme diese verschiedenen Bemerkungen zum Anlass, um zu erklären, was ich von ihnen halte. Man kann darüber streiten, ob es gut ist für England oder schlecht, ein Empire zu haben. Man kann sicherlich auch im Sinne der Definition darüber streiten, ob England überhaupt ein Empire hat. Aber auf einem Punkt sollten alle Engländer aus Gründen der Geschichte, der Philosophie und der Logik beharren. Dass es nämlich die entscheidende Frage war und ist, ob wir ein Empire in der Hand haben oder nicht vielmehr das Empire uns.

Es ist gemäß den Prinzipien George Washingtons sinnvoll, von den Amerikanern getrennt zu sein; und gemäß den Prinzipien Georgs III. sinnvoll, mit ihnen verbunden zu sein. Aber es ist überhaupt nicht sinnvoll, von den Amerikanern im Namen der angelsächsischen Rasse überstimmt und überschwemmt zu werden. Die Kolonien waren ursprünglich englisch. Das also verdanken sie uns, und sei es auch nur durch den trivialen Umstand, der vom modernen Zeitgeist so wenig wertgeschätzt wird, dass sie ohne ihren Schöpfer überhaupt nicht existieren würden.

Wenn sie englisch bleiben wollen, dann danken wir ihnen recht herzlich für das Kompliment. Wenn sie nicht englisch bleiben, sondern irgendetwas anderes werden wollen, ist das ihr gutes Recht. England aber wird in jedem Fall englisch bleiben. Sie sollen sich nicht erst in irgendetwas anderes verwandeln, um uns dann in sie zu verwandeln. Es mag falsch gewesen sein, ein Empire zu werden, aber das nimmt uns nicht das Recht, eine Nation zu bleiben.

Aber in noch ganz anderer Hinsicht würden wir Distributisten das Motto »England zuerst« verwenden. Und zwar in dem Sinne, dass wir doch im ersten Schritt herausfinden sollten, wie das beste ethische und wirtschaftliche System in England etabliert werden kann, bevor wir es als Exportgut in alle Ecken der Welt karren. Ein wissenschaftlicher oder kommerzieller Mensch, der sich sicher ist, einen Sprengstoff, der das Sonnensystem in die Luft fliegen lassen oder eine Kugel, die den Mann im Mond töten könnte, entdeckt zu haben, macht großes Gewese darum, diese Entdeckung zuerst seinem eigenen Land und erst danach dem Ausland anzubieten.

Ich persönlich kann mir nicht vorstellen, wie jemand überhaupt darauf kommt, derartige Dinge einer anderen Nation anzubieten, bin allerdings auch kein großes wissenschaftliches oder kommerzielles Genie. Wie auch immer unsere Vorstellung von ausgewogenen Besitzverhältnissen aussieht, werden wir sie sicherlich keinem anderen Land und nicht einmal irgendeiner Kolonie anbieten, bevor wir sie nicht unserem eigenen Land angeboten haben. Und wir halten es für dringend notwendig und auch praktisch, herauszufinden, wie viel davon in unserem eigenen Land verwirklicht werden kann. Niemand geht davon aus, dass die gesamte englische Bevölkerung auf dem englischen Land leben kann. Aber jeder sollte erkennen, dass dort unermesslich mehr Leute leben könnten als es zur Zeit tun; und sollte unser Programm einen solchen Bauernstand erschaffen, dann würde die Menschenmenge, die für die Städte und Kolonien übrig bleibt, spürbar schrumpfen. Wir schlagen vor, dass sie wirklich übrig bleiben sollte und so mit ihr verfahren wird, wie es am wünschenswertesten scheint, nachdem das Hauptexperiment dort abgeschlossen wurde, wo es am nötigsten ist. Worüber sich die meisten von uns bezüglich der Haltung der Auswanderungsbefürworter beschweren ist, dass diese zuallererst an die Kolonie denken und erst danach überlegen, was für die Heimat übrig bleiben muss, statt zunächst an das Heimatland zu denken und dann daran, was in die Kolonien überfließen könnte.

Die Leute sagen, ein Optimist sei immer in Eile, aber mir kommt es so vor, als sei ein Pessimist wie Mr. Galsworthy noch in viel größerer Eile. Er hat eine notwendige Reform Englands nicht wirklich versucht, und als sie zu scheitern drohte, ging er andernorts ins Exil, um sie dort auszuprobieren. Er versucht, die notwenige Reform überall in die Wege zu leiten, nur nicht dort, wo sie am nötigsten ist. Und darin gleicht er meines Erachtens unbewusst den Menschen, die wesentlich weniger vernünftig und respektabel sind als er.

Die Pessimisten haben die merkwürdige Angewohnheit, uns als einzige Lösung zum Verzagen zu raten bei Problemen, die sie zu lösen nicht einmal versucht haben. Sie erklären feierlich, irgendeine seltsame Sache würde notwendigerweise existieren, sobald bestimmte Umstände herrschen, und daraus schließen sie irgendwie, dass diese Umstände herrschen. Sie denken nicht eine Sekunde daran, zu beweisen, dass diese existieren, bevor sie beweisen, was aus ihrer Existenz folgt. Es ist der gleiche willkürliche und unausgereifte Pessimismus, den die Leute z. B. beim Thema der Geburtenkontrolle an den Tag legen. Ihr Wunsch ist die Zerstörung, ihre Hoffnung die Verzweiflung; bereitwillig greifen sie den düstersten und fragwürdigsten Vorhersagen vor. Eilfertig laufen sie den zögerlichen und unbequem trägen Statistiken vorweg. Wie der Hirsch schreit nach frischem Wasser[55], so dürsten sie danach, von Styx und Lethe vor ihrer Stunde zu trinken; sogar die Fakten, die sie anführen, bleiben weit hinter ihrem Glauben zurück, den sie strahlend vor sich sehen, weil Glaube die Grundlage dessen ist, was man erhofft, und ein Beweis dessen, das man nicht sieht. Wenn ich den fraglichen Kritiker auch nicht mit den Doktoren jener trostlosen Perversion vergleiche, so vergleiche ich ihn noch viel weniger mit denjenigen, deren Motive lediglich selbstprotektiv und plutokratisch sind. Aber es soll nicht unerwähnt bleiben, dass viele aus dem vollkommen simplen Grund auf die Auswanderung als Ausweg drängen wie viele andere auf Geburtenkontrolle als Ausweg, weil es der kürzeste Weg ist, auf dem die Kapitalisten ihrem kapitalistischen Fehlgriff entfliehen können.

Sie haben die Menschen mit dem Versprechen auf größere Vergnügungen in die Städte gelockt, richteten sie dort zugrunde und ließen sie mit einem einzigen Vergnügen zurück. Zunächst diente ihnen der Zustrom der Menschen als Arbeitskräfte, dann allerdings waren die schwer zu versorgen, und nun runden sie ihr Experiment angemessenerweise damit ab, den Menschen zu sagen, sie dürften entweder gar keine Familien haben oder sollten mit ihren Familien in das moderne Äquivalent von Botany Bay[56] umziehen. So stellen wir uns die Kolonisierung nicht vor. Und solange sie so betrieben wird, weigern wir uns, sie auch nur in Erwägung zu ziehen.

Zunächst einmal beharre ich darauf, dass eine echte Kolonialsiedlung nicht nur stabil, sondern auch sakrosankt, das neue Zuhause also nicht nur ein Zuhause, sondern ein

Schrein sein muss. Und deshalb glaube ich, dass es zuerst hier, in England, aufgebaut werden muss, in der Heimat unserer Väter und der Schreine unserer Heiligen, um unseren Kindern ein Licht und ein Vorbild zu sein. Ich habe bereits erklärt, dass ich bei meinem eigenen Ideal meine eigene Nationalität nicht außen vor lassen oder England als bloße Werkstatt oder Kohlenkeller anderer Länder wie Kanada oder Australien oder meinetwegen Argentinien behandeln will. Ich will, dass England vielmehr zu einer eher ländlichen Gesellschaft mit aufgeteiltem Besitz wird, und halte das auch nicht für unmöglich.

Sobald es möglich geworden sein sollte, wird niemand, der seine fünf Sinne beisammen hat, auch nur im Traum die reale Möglichkeit und sogar Notwendigkeit der Emigration und der Kolonialsiedlungen anzweifeln. Nur, wenn wir schon dabei sind, muss ich mich hier sehr scharf abgrenzen und darüber hinaus etwas erklären, das mit meiner Liebe zu England in keinerlei Widerspruch steht, mich jedoch, fürchte ich, bei den Engländern nicht besonders beliebt machen wird. Ich glaube nicht, wie mir die Zeitungen und die nationalen Geschichtsschreiber immer glauben machen wollen, dass wir »das Geheimrezept« erfolgreicher Kolonisierung kennen und nichts weiter benötigen, um anderswo eine demokratische Gesellschaft aufzubauen.

Ich verlange nicht mehr, als dass jemand in England englisch sein sollte. Aber ich denke, dass derjenige mehr als bloß englisch (oder zumindest etwas mehr als »britisch«) sein muss, der außerhalb Englands eine solide soziale Gleichheit aufbauen will. Wir brauchen etwas für diese solide Gesellschaftsschöpfung, wofür unsere koloniale Tradition nicht gesorgt hat. Ich werde versuchen, meine Gründe für diese höchst unpopuläre Meinung vorzubringen; aber allein die

Tatsache, dass es schwierig ist, sie vorzubringen, beweist, wie fremd sie sind, und offenbart auch eine weder nationale noch internationale, sondern schlicht imperiale Engstirnigkeit.

Ich spielte gern einmal Mäuschen bei einer Unterhaltung zwischen Mr. Saklatvala[57] und Dekan Inge[58]. Ich habe großen Respekt für die aufrichtige Ehrlichkeit des Dekans von St. Paul's, aber seine unterbewussten Vorurteile sind doch recht merkwürdig. Ich werde das Gefühl nicht los, dass er womöglich gewisse Sympathien mit einem Sozialisten hätte, wenn der kein christlicher Sozialist wäre. Ich gebe nicht jene Art banaler Toleranz vor, die einen Buddhisten akzeptiert, sich vom Bolschewisten aber abgrenzt. Ich denke, die Aussage dieser Haltung ist sehr leicht zu erfassen. Es bedeutet, fremde Religionen willkommen zu heißen, sofern sie uns ein angenehmes Gefühl vermitteln, und sie zu verfolgen, sobald sie uns unbehaglich werden.

Ich stelle im Moment diesen Kontext her, weil er eine größere Angelegenheit betrifft. Er betrifft in der Tat das, was gewöhnlich das Britische Empire genannt wird und das wir größtenteils deswegen großartig zu finden angehalten waren, weil es groß war. Und meine Kritik an dieser verbreiteten und recht vulgären Art des Imperialismus ist, dass sie noch nicht einmal die Vorteile der Größe sicherstellte. Wie schon erwähnt bin ich Nationalist; England genügt mir. Ich würde England gegen den gesamten europäischen Kontinent verteidigen, aber mit noch größerem Vergnügen gegen das gesamte Britische Empire. Ich würde England im romantischen Rausch gegen Mr. Ramsay MacDonald[59] verteidigen, nachdem er König von Schottland geworden wäre, würde die Wachtfeuer von Newark und Carlisle wieder entzünden und die alten Sturmglocken an der Grenze läuten lassen. Ebenso entschlossen würde ich England gegen Mr. Tim Healy[60] als König Irlands verteidigen, sollte dieser widerliche und wachsende Wohlstand jenes hilflosen und verfallenden keltischen Familienzweiges jemals offiziell in die Offensive gehen. Und mit der größten Begeisterung würde ich England gegen Mr. Lloyd George[61] als König von Wales verteidigen. Es wird sich noch zeigen, dass mein Patriotismus nichts Großzügiges an sich hat; noch die modernste Form von Nationalität ist mir nicht scharf genug umrissen.

Lasse ich aber meine eigenen lokalen Vorlieben einmal beiseite und betrachte das sogenannte große Ganze, dann fällt mir doch wieder auf, dass uns unser Imperialismus nicht die Vorteile bringt, die Größe mit sich bringen könnte. Und ich wurde an Dekan Inge erinnert, weil er vor einiger Zeit andeutete, dass die Iro- und Frankokanadier nicht deswegen immer zahlreicher würden, weil sie eine katholische Sicht auf die Familie hätten, sondern weil sie ein rückständiger und beinahe barbarischer Restbestand seien, der sich (so nehme ich an) natürlicherweise so blind vermehrt, wie ein wilder Dschungel wächst. Diesen amüsanten Trick, der sich in dieser Bemerkung zeigt, auf zwei Klavieren zu spielen, habe ich bereits weiter oben kommentiert.

Wenn die unzivilisierten Wilden aussterben, sagen wir, dass sie aussterben, weil sie unzivilisierte Wilde sind. Wenn sie sich misslicherweise vermehren, sagen wir, dass sie sich vermehren, weil sie unzivilisierte Wilde sind. Von hier ist es nur ein einfacher, logischer Schritt hin zur Aussage, dass die Landsleute Sir Wilfred Lauriers[62] oder Senator Yeats[63] unzivilisierte Wilde sind, weil sie sich vermehren. Aber was mir daran am meisten ins Auge sticht, ist, dass nie überlegt wird, welche Lehre aus der Ausdehnung über irgendein großes und vielgestaltiges Gebiet gezogen werden kann.

Wenn das französische Kanada wirklich ein Teil des Britischen Empires ist, wäre es naheliegend, dass das Empire zumindest eine Art Dolmetscher zwischen den Briten und Franzosen wäre. Der britische Staatsmann, wenn er denn wirklich ein Staatsmann gewesen wäre, hätte sagen müssen: »Es ist immer schwierig, eine andere Nation oder eine andere Religion zu verstehen; ich befinde mich jedoch in einer glücklicheren Lage als die meisten anderen Menschen. Ich weiß ein wenig mehr als so selbstgenügsame und isolierte Staaten wie Schweden oder Spanien. Ich habe mehr Verständnis für den katholischen Glauben oder das französische Volk, weil ich französische Katholiken in meinem eigenen Empire habe.« Nun hat aber offenbar der britische Staatsmann so etwas nie gesagt, war entweder nicht dazu in der Lage oder hat nie versucht, es zu sagen, oder vorgegeben, es sagen zu können. Er ist ein sehr viel engstirnigerer Nationalist, als ich es bin, der ich verzweifelt *Offa's Dyke*[64] gegen eine Horde walisischer Politiker verteidigen würde.

Ich bezweifle, dass es jemals einen Politiker gegeben hat, der auch nur ein französisches Wort, geschweige denn eines aus der lateinischen Messe dazugelernt hat, weil er eine ganze Bevölkerungsgruppe regiert hat, deren Traditionen aus Rom und Gallien stammen. In Kürze werde ich darlegen, inwiefern diese enorme internationale Engstirnigkeit die Frage nach einer Bauernschaft und der Ausdehnung von natürlichen Besitzverhältnissen des Landes betrifft.

Aber im Augenblick ist es wichtig, einen bestimmten Punkt über das Wesen der Engstirnigkeit herauszuheben. Und deswegen sollte etwas Licht auf dieses zärtliche, trauliche gegenseitige Herzausschütten zwischen Mr. Saklatvala und dem Dekan von St Paul's geworfen werden. Mr. Saklatvala ist in dieser Angelegenheit insofern eine Art Parodie oder ein extremes und extravagantes Schaustück, als wir eigentlich überhaupt nichts über die moralischen und philosophischen Elemente wissen, die Teil unseres Empires sind. Es ist recht offensichtlich, dass er nicht den Wahlkreis Battersea vertritt. Aber haben wir irgendeine Vorstellung davon, wie er Indien vertritt?

Es erscheint mir nicht unmöglich, dass die eher unpersönlichen und unbestimmten Lehren Asiens ein guter Nährboden für den Bolschewismus sind. Die meisten östlichen Philosophien unterscheiden sich von der westlichen Theologie darin, dass sie sich weigern, irgendwo eine Grenze zu ziehen; und die Weigerung, zwischen *meum* und *tuum*, zwischen Mein und Dein eine Grenze zu ziehen, wäre doch eine höchst naheliegende Perversion dieser Haltung. Ich glaube nicht, dass der indische Gentleman darüber urteilt, ob wir im Westen eine Hecke um unsere Felder oder eine Mauer um unsere Gärten haben möchten. Und da ich zufälligerweise der Meinung bin, dass die höchste Kunst menschlichen Denkens fast ausschließlich in dem Ziehen einer Grenze besteht, aber nicht darin, sie irgendwo zu ziehen, bin ich mir vollkommen sicher, dass die westliche Ausrichtung richtig und die östliche falsch ist.

In jedem Fall aber scheint uns in den zwei Parallelbeispielen eine harte Lektion erteilt zu werden: Der Inder wächst in unseren Kolonien zum Bolschewisten heran, ohne dass wir sein Heranwachsen beeinflussen können, und der Frankokanadier bleibt in unseren Kolonien ein Bauer, ohne dass wir irgendeinen Vorteil aus seiner Beständigkeit ziehen. Ich gebe nicht vor, sehr viel über die Frankokanadier zu wissen, aber ich weiß genug, um zu wissen, dass die meisten Leute, die viel über das Empire sprechen, noch viel weniger darüber wissen als ich. Und das Ärgerliche ist, dass sie im Allgemeinen nicht einmal versuchen, mehr zu wissen. Das von ihnen immer wieder beschworene, völlig verschwommene Bild vom Kolonisten, der in allen Ecken der Welt Wunderdinge vollbringt, beinhaltet tatsächlich nie, was die Frankokanadier können und was sie womöglich anderen Menschen beibringen könnten.

Diese ganze modische Begeisterung für die Kolonisierung krankt an gefährlicher Heuchelei. Sie versuchen, die Überseekolonien als ein Eldorado zu verkaufen, und benutzen sie immer noch als Botany Bay. Dorthin schicken sie die Menschen, die sie loswerden wollen, und zu allem Übel behaupten sie noch, dass diese Ecken der Welt sie voller Freude aufnehmen. Sie haben eine Art ausgefallenes Porträt einer Person heraufbeschworen, deren Tugenden und selbst Laster sie durchaus dazu befähigt, ein Empire, offenbar aber nicht eine Familie zu gründen. Sogar die von ihnen benutzte Sprache war irreführend. Sie nannten solche Menschen Siedler, aber das Letzte, was sie von ihnen erwarteten, war, sich anzusiedeln, sondern eine Art unbestimmte, individualistische Neulandgewinnung vorzunehmen, die die Welt von heute tatsächlich immer weniger interessiert. Sie schickten einen unbequemen Neffen zur Büffeljagd in die Straßen von Toronto wie eine x-beliebige Anzahl von unzähmbaren irischen Exilanten in den Krieg gegen die Rothäute in die Straßen von New York.

Sie wiederholten unermüdlich, die Welt brauche Pioniere, und hatten noch nie davon gehört, dass die Welt Bauern braucht. Es gab ein gewisses aufrichtiges und natürliches Gefühl gegenüber dem umherziehenden Exilanten, der unsere Tradition beerbt. Und es machte tatsächlich nicht den Anschein, dass er eine eigene Tradition begründen würde. In der Diskussion fehlten jegliche Vorstellungen von einem gesicherten gesellschaftlichen Status, niemand dachte an die Beständigkeit, die Bräuche, die Religion oder die Folklore des künftigen Kolonisten. Vor allem aber dachte niemand daran, dass er einen ausgeprägten Sinn für das Privateigentum haben könnte. In der diffusen Vorstellung, er gewönne irgendetwas für das Empire hinzu, schwang immer, wenn überhaupt etwas, die Idee mit, dass er das Eigentum eines anderen erwirbt. Ich spreche hier nicht darüber, ob das falsch war oder in bestimmten Fällen richtig sein könnte; ich weise nur darauf hin, dass niemand eine Vorstellung von einer anderen Art Recht hatte, nämlich dem besonderen Recht eines jeden Menschen auf das Seine.

Ich bezweifle, dass auch nur ein Wort aus selbst der besten Abenteuergeschichte oder dem heitersten hurrapatriotischen Lied zitiert werden könnte, das diesen Gedanken unterstreicht. Ich schätze alles an derartigen Liedern oder Geschichten, was wirklich gut oder lustig ist, und weise nur darauf hin, dass wir etwas versäumt haben und nun an diesem Versäumnis leiden. Und das Schlimmste daran ist, dass wir absolut nichts von den Völkern gelernt haben, die tatsächlich Teil des Empires waren, das wir verherrlichen wollten: absolut nichts von den Iren, absolut nichts von den Frankokanadiern und absolut nichts von den armen Hindus. Wir stecken aber mittlerweile in einer Krise, in der wir gerade diese vernachlässigten Talente benötigen, und wissen nicht einmal, wo wir anfangen sollten, um sie zu erlernen. Und der Grund für diesen Fehltritt besteht wie bei den meisten Fehltritten in der Schwäche, die Hochmut genannt wird: in anderen Worten, im Ton, der von Leuten wie dem Dekan von St. Paul's angeschlagen wird.

Zur Wiedereinführung eines Bauernstandes in der modernen Welt ist ein bestimmter Aspekt der Emigration wichtig. Ich werde im nächsten Abschnitt noch darauf eingehen. Aber ich glaube, dass alle Pläne dieser Art auf einer vollkommen anderen und tatsächlich diametral entgegengesetzten Geisteshaltung und einem vollkommen anderen Prinzip fußen müssen, als diejenigen, die im heutigen England für gewöhnlich auf die Emigration angewendet werden. Wir brauchen eine neue Idee, einen neuen Anreiz, sogar eine neue Sprache, bevor diese Lösung auch nur dabei helfen könnte, irgendetwas zu lösen. Was wir brauchen ist das Ideal des Eigentums, nicht nur des Fortschritts – und vor allem das Ideal des Fortschritts im Bezug auf das Eigentum anderer. Utopia braucht mehr Grenzen, nicht weniger. Und weil unsere Ethik des Eigentums an den Rändern des Empires schwach ist, verteidigt unsere eigene Gesellschaft hier das Eigentum nicht so, wie Menschen ein Recht verteidigen sollten. Der Bolschewist ist der Nachfolger und die Strafe des Bukaniers.

II. Die Religion des Kleinbesitzes

Wir hören heutzutage viel über die Nachteile von Anstand und Schicklichkeit, insbesondere von denjenigen, die uns immer mit der Beschreibung der ungeheuren und gewaltigen Tyrannei der Mrs. Grundy[65] beweisen wollen, die Frauen der letzten Generation seien hilf- und machtlos gewesen. So wie sie behaupten, die viktorianischen Frauen seien ganz besonders sanft und unterwürfig gewesen. Nur müssen sie hier zu ihrem großen Ärger in demselben Atemzug Königin Viktoria erwähnen. Aber vor allem taucht diese Frage im Zusammenhang mit der Schamlosigkeit in Kunst und Literatur auf, und es ist mittlerweile en vogue, zu behaupten, es gäbe keinerlei psychologische Grundlage für Zurückhaltung. Hier sollte die Debatte enden, aber glücklicherweise wissen diese Denker nicht, wie man eine Debatte bis zum Ende führt. Ich habe die Behauptung gehört, die Übertretung eines einzigen Gebotes zu beschreiben sei genauso schlimm wie die tatsächliche Übertretung eines anderen; aber das ist ganz offensichtlich ein Irrtum. Es gibt sicherlich den psychologischen Fall, dass bestimmte Bilder die Einbildungskraft und damit einen Charakter zum Schlechten anregen. Aber die Behauptung, allein die Betrachtung verschiedener Einbruchswerkzeuge wecke in uns das Verlangen nach einem Hauseinbruch, entbehrt jeder Grundlage.

Man kann nicht behaupten, allein die Möglichkeit, unsere unverheiratete Tante mit einem Schüreisen ermorden zu können, mache die schlechte Tat schon geschehen. Aber das Kurioseste an dieser Kontroverse ist meines Erachtens Folgendes: Während unsere heutigen Romanschriftsteller und Journalisten die Verbote weitgehend missachten, die sich logisch aus der Kenntnis von der menschlichen Natur ergeben hatten, beugen sie sich immer noch den Verboten, für die es nie auch nur irgendeine Grundlage gegeben hat. Und das Kurioseste an der Kritik am viktorianischen Zeitalter ist, dass sie sich nie gegen seine völlig willkürlichen Konventionen richtet.

Einer von mir noch sehr lebhaft erinnerten Konvention meiner Jugend nach galt es als peinlich und vulgär, über die eigene Religion zu sprechen. Über Geld zu sprechen, war von denselben Gefühlen begleitet. Nun können derlei Dinge unmöglich mit dem gleichen psychologischen Argument verfochten werden wie die anderen. Niemand wird durch den bloßen Anblick einer Kirchturmspitze verrückt oder beim

Gedanken an den Hut des Erzdiakons von unkontrollierbaren Emotionen überwältigt. Und doch ist unser Leben und unsere Literatur noch derart von dieser völlig irrationalen viktorianischen Konvention durchdrungen, dass man eine Verteidigung, wenn nicht sogar eine Entschuldigung vorbringen muss, sobald sich auch nur ein Argument auf diesen maßgeblichen Bereich des Lebens stützt.

Wenn ich heute anmerke, dass wir ein eher von den Frankokanadiern repräsentiertes Kolonisationsmodell verfolgen, dann gibt es wahrscheinlich immer noch etliche neunmalkluge Kritiker, die mit dem Finger auf mich zeigen und rufen, als hätten sie mich bei etwas sehr Unanständigem erwischt: »Sie glauben an die Frankokanadier, weil sie katholisch sind.« Und das ist nicht nur im gewissen Sinne wahr, sondern beinahe die ganze Wahrheit. Wenn damit aber gemeint ist, dass ich kein unabhängiges Urteil fällen würde, wenn ich glaube, dass wir genau das wollen, ist es überhaupt nicht wahr. Wenn diese Schwierigkeit und dieses Missverständnis aufkommen, kann man ihnen zum gegenwärtigen Stand der öffentlichen Kenntnis (oder fehlenden Kenntnis) nur auf eine konkrete Art und Weise begegnen: indem das angerufen wird, was gemeinhin als unparteiischer Zeuge bezeichnet wird, auch wenn es recht wahrscheinlich ist, dass er wesentlich weniger unparteiisch ist als ich selbst. Aber entscheidend ist, dass er, wäre er parteiisch, für die andere Seite Partei ergriffe.

Die gute alte *Daily News* aus meinen Jugendtagen, für die ich viele Jahre selig geschrieben habe und wo ich so viele gute und vortreffliche Freunde hatte, kann doch nicht beschuldigt werden, ein Organ der Jesuiten zu sein. Wie jedermann weiß, war und ist sie ein Organ der Nonkonformisten. Dr. Clifford[66] schwenkte dort seine Teekanne, als er sie verkaufte, um mit einem symbolischen Akt zu demonstrieren, dass er schon lange Abstinenzler und nun unter die passiven Widerständler gegangen war. Es sei uns verziehen, dass wir diesen Aspekt der Angelegenheit belächeln, aber es gibt viele andere Aspekte, die wahr sind und allen Respekt verdienen. Das alte puritanische Ideal stützt sich tatsächlich auf diese Zeitung, und eine Menge ehrlicher und scharf denkender Radikaler lasen sie in meiner Jugend und lesen sie auch heute noch.

Deswegen finde ich es durchaus erstaunlich, dass die folgenden Bemerkungen jüngst in einem Artikel von Hugh Martin aus Toronto ausgerechnet in der *Daily News* erschienen. Er behauptet darin, der Angelsache sei zu hochmütig geworden, um sich länger den Rücken krumm zu machen; und das eigentlich Erstaunliche ist, dass er in sehr vielen Worten zum Ausdruck bringt, die Rücken der Frankokanadier hingegen seien in Wirklichkeit nicht nur dadurch gestärkt, dass sie sich über bäuerliche Spaten, sondern auch vor heidnischen Altären beugen. Ich bin peinlich darauf bedacht, meinem unparteiischen Zeugen an dieser Stelle kein Unrecht zu tun, und deswegen möge man mir verzeihen, wenn ich ihn etwas ausführlicher zitiere. Nachdem er also festgestellt hat, dass es die Angelsachsen in die Vereinigten Staaten oder zumindest in deren Industriestädte zieht, führt er an, dass die Franzosen natürlich in Quebec und andernorts überaus zahlreich sind, sich dort aber diese erstaunliche Entwicklung nicht abzeichnet; und dass die große Stadt Montreal dieselben Anzeichen wirtschaftlichen Niedergangs zeigt, wie sie auch in anderen großen Städten beobachtet werden.

»Man schaue sich hingegen das an: Das einzige Volk, das Fortschritte macht, ist das französische Volk. […] Wo wie in Quebec bei einer Gesamtbevölkerung von 2 350 000 die Kanadier französischer Herkunft 2 000 000 Einwohner ausmachen, hätte dies vielleicht erwartet werden können. Aber die Franzosen machen die auffälligsten Fortschritte nicht in Quebec [...], noch ist der relative Erfolg der Französischstämmigen in Neuschottland oder Neubraunschweig am größten. Sie gedeihen vielmehr auf dem Land und gründen dort enorm große Familien. Zwölfköpfige Familien sind keine Seltenheit, und ich könnte selbst einige Fälle von zwanzigköpfigen nennen, deren Familienmitglieder noch alle am Leben sind. Eines Tages werden sie möglicherweise mit den Schotten gleichziehen oder sie sogar zahlenmäßig übertreffen, aber bis dahin dauert es noch eine Weile. Wenn man sehen möchte, was der Franzose erreichen kann, sollte man den nördlichen Teil der Provinz Ontario besuchen. Sie leisten dort Pionierarbeit. Sie machen ihre Rücken krumm, wie es die Männer früher taten. Sie vermehren sich und bleiben dem Ackerboden treu. Sie sind damit zufrieden, glücklich zu sein, ohne reich zu werden.«

»Auch wenn ich selbst kein religiöser Mensch bin, muss ich eingestehen, dass meiner Meinung nach die Religion sehr viel damit zu tun hat. Diese Frankokanadier sind katholischer als der Papst. Man mag sehr viele von ihnen verzweifelt ignorant und verzweifelt abergläubisch nennen. Mir kommt es so vor, als seien sie um ein Jahrhundert hinter der Zeit und um ein Jahrhundert näher am Glück.«

Das scheint mir, ich wiederhole mich, eine sehr bemerkenswerte Aussage zu sein; bemerkenswert, wenn sie irgendwo erscheinen würden faszinierend und absolut erstaunlich aber, wenn sie im traditionellen Blatt der Manchesterschule und der Nonkonformisten des 19. Jahrhunderts steht. Der literarische Ausdruck ist sehr direkt, völlig ungekünstelt, und aus den Worten spricht Ehrlichkeit und Erfahrung, die deshalb umso überzeugender sind, weil sie von jemandem geschrieben wurden, der meine verzweifelte Ignoranz und meinen verzweifelten Aberglauben nicht teilt. Aber er fährt fort, eine Ursache anzudeuten, und stellt ganz nebenbei auch seine eigene Unabhängigkeit in der Angelegenheit unter Beweis.

»Abgesehen von der Tatsache, dass ihre Frauen eine unglaubliche Anzahl von Kindern zur Welt bringen, hat ihre Unterordnung unter einen Priester noch eine ganz andere Folge, nämlich, dass ein sozialer Organismus erschaffen wird, der in der Provinz von unschätzbarem Wert ist. Die Kirche, die Schule und die Pfarrei verschweißen jede noch so kleine Gruppe zu einer Einheit. Man soll nicht einen Augenblick lang annehmen, ich glaubte, die allgemeine Verbreitung des Katholizismus würde uns wieder zu einem Volk der Pioniere machen. Genauso gut könnte man die Rückkehr zum frühen schottischen Protestantismus empfehlen. Ich beschreibe hier nur die Tatsache, dass die Einfachheit dieser Leute ihr Heil und eines der hoffnungsvollsten Dinge im heutigen Kanada ist.«

Natürlich gibt es so einiges, was dazu von einer Person mit meinen Ansichten angemerkt werden könnte. Ich kann im Schweinsgalopp den hochinteressanten Vergleich mit dem frühen schottischen Protestantismus anstellen. Der frühe schottische Protestantismus bestand so wie der sehr frühe englische Protestantismus hauptsächlich in Raubgut. Aber wenn wir annehmen, dass sich diese Äußerung hier auf die vollkommen reine und ehrliche Begeisterung der vielen Covenanter[67] oder frühen Calvinisten bezieht, dann stoßen wir auf den Gegensatz, der der springende Punkt der ganzen Angelegenheit ist. Der frühe Puritanismus war purer Puritanismus; und je purer er war, umso älter schien er gewesen zu sein. Wir sollten ihn uns nicht als etwas Gutes und Modernes vorstellen. Er mag eines der ehrlichsten Dinge im damaligen Schottland gewesen sein, aber niemand würde ihn eines der hoffnungsvollsten Dinge des heutigen Kanadas nennen. Wenn John Knox[68] morgen auf der Kanzel von St. Giles stünde, wäre er ein gescheiterter Geistlicher und würde seiner Unkenntnis der deutschen Metaphysik wegen als durchgedrehter Wilder angesehen werden. Der Vergleich trifft nicht den außerordentlichen Sachverhalt, der sowohl älter als auch jünger als Knox ist.

Ich könnte auch darauf hinweisen, dass die übliche Konnotation von »Unterordnung unter den Priester« irreführend ist, obgleich es der Wahrheit entspricht. Es ist in etwa so, als spräche man vom Todesritt der Leichten Brigade[69] als der Unterordnung unter Lord Raglan, oder eher noch, als würde man vom Sturm auf Jerusalem als einer Unterordnung unter den Grafen von Bouillon sprechen. Es trifft in einem Sinne durchaus zu, in einem anderen aber überhaupt nicht.

Ich habe allerdings hier nicht den geringsten Wunsch, die Unparteilichkeit meines Zeugen infrage zu stellen. Ich habe nicht die Absicht, ihn mit irgendwelchen Foltermethoden der Inquisition zu zwingen, etwas einzugestehen, was er nicht eingestehen möchte. Die Eingeständnisse sind so, wie sie dastehen, erstaunlich genug und dies nicht so sehr, weil es sich um eine Hommage an die Franzosen als Kolonisten handelt, sondern weil es eine Hommage an die Kolonisten als fromme und gottesfürchtige Menschen ist. Aber was mich in Bezug auf mein Thema am meisten interessiert, ist das Beharren auf Stabilität. Sie bleiben dem Ackerboden treu, sind ein sozialer Organismus und werden als Einheit zusammengehalten. Das sind die neuen Begriffe, die meiner Ansicht nach im ganzen Gerede über die Kolonisierung verwendet werden müssen, bevor sie wieder irgendeine Rolle für die Hoffnung der Welt spielen kann.

In einer kürzlich erschienenen Beschreibung der Fröhlichen Fabrik, wie sie in Amerika existiert oder in Utopia existieren wird, stieg sie in immer neue Höhen eines Idealzustandes auf, bis sie in einer Art Stille mit der endgültigen Öffnung der Himmel und folgenden Worten über den Arbeiter endete: »Er machte sich auf die Heimreise wie ein Mitglied der Wertpapierbörse.« Jeder Versuch, sich die Menschheit in ihrer vollendeten Vollkommenheit vorzustellen, hat immer etwas entfernt Unwirkliches an sich, wie etwas, das zu gut ist für diese Welt. Aber das visionäre Licht, das in dieser letzten Phrase durch die Wolken bricht, betont den Gegensatz zwischen solch einem Zustand und dem der Arbeit des gemeinen Mannes. Adam verließ Eden als Gärtner, wird sich aber auf die Heimreise begeben wie ein Mitglied der Wertpapierbörse. Der hl. Joseph war ein Zimmermann, aber er wird als Börsenmakler wiederauferstehen. Giotto war Hirte, weil er noch nicht würdig war, Börsenmakler zu werden. Shakespeare war ein Schauspieler, aber er träumte Tag und Nacht davon, Börsenmakler zu werden. Burns war ein Pflüger, aber wenn er schon auf dem Pflug sang, wie viel angemessener hätte er dann an der Börse gesungen.

Es wird bei dieser Art von Argumentation davon ausgegangen, dass die gesamte Menschheit bewusst oder unbewusst auf diese Vollendung gehofft hat; und wenn Menschen keine Börsenmakler waren, dann lag es daran, dass sie einfach nicht makeln konnten. Aber dieser bedeutende Absatz in Sir Ernest Benns Darstellung hat neben der offenkundigen noch eine weitere Bedeutung. In gewisser Hinsicht ist der Börsenmakler eine sehr poetische Figur, so poetisch wie Shakespeare und dessen idealer Poet, denn *»er benennt das luftge Nichts und gibt ihm festen Wohnsitz«.*[70] Er beschäftigt sich eingehend damit, was Ökonomen (auf ihre poetische Art) Imaginarien nennen. Wenn er zweitausend patagonische Kürbisse gegen tausend Anteile an Walfett aus Alaska eintauscht, hat er dabei nicht die sinnliche Freude eines Kürbisessens im Sinn, noch muss er den Walfisch mit bloßem Auge sehen. Es ist durchaus möglich, dass es gar keine Kürbisse gibt; und sollte es irgendwo so etwas wie einen Wal geben, ist es sehr unwahrscheinlich, dass er Thema eines Gesprächs an der Börse wird.

Das Problem der Finanzwelt besteht darin, dass sie zu sehr von der Imagination im Sinne von Fiktion bestimmt ist. Und wenn wir dagegen ankämpfen, dann kämpfen wir natürlicherweise für den Realismus. Wenn der Börsenmakler *»rudert schwer der Hütte zu und überläßt die Welt der Dunkelheit«*, wie Sir Ernest Benn[71] auch, dann möchten wir doch darauf bestehen, dass er die Dunkelheit auf seiner Seite hat und wir das Tageslicht. Er hat nicht nur die Dunkelheit, sondern auch die Träume; und all die unwirklichen Leviathane und unheimlichen Kürbisse gehen an ihm vorüber wie eine Schriftrolle voller Symbole aus den Träumen des Alten Testaments.

Wenn aber der Kleineigentümer Kürbisse anpflanzt, dann sind das echte Kürbisse und manchmal sogar ziemlich große Kürbisse für einen ziemlich kleinen Eigentümer. Sollte er jemals Gelegenheit dazu haben, Wale anzupflanzen (was unwahrscheinlich ist), dann wären es entweder echte Wale, oder aber die Wale brächten ihm keinen Nutzen.

Unsere Ungeduld wächst natürlich, wenn Leute, die sich selbst als realistisch bezeichnen, den Kleineigentümer verhöhnen, als sei er ein kleiner Poet. Nichtsdestotrotz hat der

Fall auch eine Kehrseite, und in einer Hinsicht wäre der Kleineigentümer besser ein kleiner Poet oder zumindest ein Mystiker gewesen. Nein, auf eine bestimmte merkwürdige, paradoxe Art ist sogar der Börsenmakler ein Geschäftsmann.

Dieser Kehrseite des Kleinbesitzes, die im Artikel in der *Daily News* am Beispiel der Frankokanadier aufgezeigt wird, habe ich meine letzten Anmerkungen gewidmet. Der Clou bei dieser höchst interessanten Aussage ist, dass eine fortschrittliche Lebensweise hier mit Stillstand gleichgesetzt wird. In diesem Fall ist der Pionier paradoxerweise tatsächlich der Siedler. Und das weitaus größere Paradox liegt darin, dass der Siedler jemand ist, der auch tatsächlich siedelt. Man wird bemerkt haben, dass der Erfolg des Experiments in der Tat auf der Fähigkeit beruht, Fuß zu fassen, von der wir als einer Schnell-Tradition sprechen könnten wie andere vom Schnell-Transit. Und der Boden unter den Füßen des Pioniers trägt ihn sicherlich ebendarum, weil er als heilig erachtet wird. Nur die Religion kann dem noch brach Liegenden und Unvollkommenen die geballte Kraft der Kultur und Tradition geben. Wenn es heißt, dem Säugling würde durch die Taufe seine Würde gegeben, klingt das wie der alte Witz vom Baby mit Brille, das mit fünf Jahren bereits als entkräfteter, seniler Greis stirbt. Und dennoch ist es zutiefst wahr, dass etwas ins Spiel kommt, das nicht nur in sich, sondern zum Teil schon allein seines Ursprungs wegen verehrungswürdig ist, nämlich der unergründlichen Tiefe seiner Menschlichkeit. In gewisser Weise kann eine neue Welt getauft werden, wie ein Neugeborenes getauft wird, und nicht nur auf der Landkarte, sondern im Geist Teil einer alten Ordnung werden. Statt dass primitive Menschen ihre Primitivität ausweiten und das ganze Kolonisation nennen, wäre es möglich, dass Menschen den Grund ihrer Seele kultivieren wie den Grund der Erde. Doch dafür ist es notwendig, gleichermaßen Respekt für den Erdboden wie für die Seele zu haben, ja sogar Ehrfurcht vor ihr zu empfinden, weil sie den heiligen Dingen verwandt ist. Daher brauchen wir einen Sensus dafür, heilige Dinge an uns zu nehmen und mit nach Hause zu bringen, und nicht bloß das Gefühl, Heiligkeit existiere in Form von Hoffnung. In pathetischen Worten ausgedrückt: Wir brauchen die Realpräsenz.[72] Und etwas landläufiger: Wir brauchen etwas, das immer an Ort und Stelle ist.

Wir verlangen etwas, das immer an Ort und Stelle ist und nicht nur hinter dem Horizont liegt. Der Pioniersinstinkt verkümmere, klagte vor Kurzem ein bekannter Reisender, aber ich bezweifle, dass er uns die Ursache dafür nennen könnte. Es ist durchaus möglich, dass er auch dann nicht verstehen und in helle Begeisterung ausbrechen wird, wenn ich ihm erzähle, dass ich mich durchaus für die Wildgansjagd begeistern kann, solange er auch wirklich glaubt, dass die Wildgans der Paradiesvogel ist, sie aber mit Himmelshunden[73] gejagt werden muss. Da ihm höchstwahrscheinlich auch dann die Sache noch nicht klar geworden sein wird, werde ich weiter ausholen und sagen, dass ein Reisender sowohl ein Ziel verfolgen als er auch etwas besitzen muss; anderenfalls wird er nicht einmal wissen, was er verfolgen soll. Man kann nicht immer dem Glanz folgen. Manchmal ist es auch notwendig, im Dämmer zu ruhen, um im Schein des Lagerfeuers und im Lichtstrahl des Polarsterns etwas Heiliges zu erkennen. Und dieselbe geheimnisvolle und für manch einen zwiespältige Stimme, die uns sagt, dass wir hier keine bleibende Stätte haben, ist die einzige, die innerhalb der Grenzen dieser Welt Stätten errichten kann, die bleiben.

Wie ich zu Anfang dieses Abschnitts bereits sagte, ist es sinnlos zu behaupten, der Glaube bilde nicht das Fundament einer wirklichen Veränderung. Sein konkreter Nutzen bei der Umverteilung des Eigentums besteht vielmehr darin, dass wir die Überfülle der Städte nicht durch Kolonisierung lösen können, wenn wir diesen Geist nicht begreifen. Die Menschen werden das Nomadentum in der Stadt dem Nomadentum in der Wildnis vorziehen. Sie werden keine Auswanderung akzeptieren, wenn diese lediglich bedeutet, genauso von den Politikern herumgejagt zu werden wie vorher von den Polizisten. Sie werden Brot und Spiele stets den Heuschrecken und dem wilden Honig vorziehen, solange der Pionier nicht weiß, welchem Gott er den Weg bereiten soll.

Aber selbst wenn wir für einen Moment die strengen geistigen Ideale, die an dem Wandel beteiligt sind, außer Acht lassen, müssen wir zugeben, dass auch die an ihm beteiligten säkularen Ideale durch und durch positiv und nicht bloß relativ wie das Ideal des Fortschritts sein müssen. Wir werden manchmal damit aufgezogen, allen anderen Utopien die in Wirklichkeit utopischste Utopie entgegenzusetzen und dass wir einen *Fröhlichen Landmann* beschrieben, der nur auf der Bühne existiert, und uns auf eine Hirtin aus Porzellan verließen, die bloß auf dem Kaminsims zu finden ist. Sollte uns wirklich ein völlig unmögliches Porträt einer idealen Menschheit vorschweben, so stehen wir damit allerdings nicht allein. Nicht nur dic Sozialisten, auch die Kapitalisten führen uns ihre imaginären und idealen Gestalten vor, der Kapitalist womöglich eher noch als der Sozialist. Auf eine einzige idealisierte, fiktive Gestalt, der wir in Mr. Wells' *Irdischem Paradies* begegnen, in dem anmutige Männer und Frauen in schlichten Kleidern umhergehen und eine Contenance an den Tag legen, die wir heutzutage (selbst als Autor utopischer Romane) gar nicht mehr kennen, kommen täglich zehn solche idealen Gestalten in der kommerziellen Werbung.

Uns wird vermittelt, wir sollten sein »wie dieser Mann«, oder eine aggressive Person imitieren, die für jemanden, der sich selbst als Vorbild der Jugend betrachtet, auf doch äußerst unhöfliche Art mit dem Finger auf uns zu zeigen scheint[74]. Aber dieses Porträt ist vollkommen fiktiv, denn es ist doch höchst unwahrscheinlich, dass irgendjemand von uns ein Kinn oder einen Finger dieses aufdringlichen Typus bekommen wird. Aber wir tadeln weder den Kapitalisten noch den Sozialisten dafür, solch eine Pappfigur oder Talismanfigur aufzustellen, um die Fantasie anzuregen. Wir wundern uns ja nicht darüber, *dass* sie uns eine perfekte Person zur Bewunderung darbieten, sondern nur über die Person, die sie bewundern. Natürlich muss es in unserer Bewegung, wie in jeder anderen auch, solche romantischen Motive geben.

Die Menschen haben in der Welt nie irgendetwas ohne dergleichen geschaffen; aber unsere sind sowohl der Realität als auch der Romantik wesentlich näher als die aus den Träumen der anderen Romantiker. Es kann kein Land der Millionäre geben, und bislang hat es auch noch nie eine Nation von Utopie-Genossen gegeben; Länder mit mehr oder weniger zufriedenen Bauern hingegen gab es schon. Wenn wir auch nicht gleich eine Religion des Kleinbesitzes fordern, so doch zumindest eine Poesie des Kleinbesitzes. Es handelt sich um etwas, bei dem es absolut und sogar zwingend notwendig ist, poetisch zu sein. Und es sind in Wirklichkeit gerade diejenigen, die uns beschimpfen, poetisch zu sein, die das reale Problem nicht erkennen.

Das reale Problem ist das Ziel. Der Pioniergedanke ist so geschwächt wie die Idee vom Fortschritt, und zwar aus dem gleichen Grund. Die Leute konnten über den Fortschritt reden, solange sie nicht nur über den Fortschritt nachdachten. Die Progressiven hatten wirklich eine gewisse Vorstellung vom Nutzen des Fortschritts, und selbst der pragmatische Pionier hatte eine vage und verschwommene Vorstellung davon, was er wollte. Die Progressiven vertrauten der Dynamik ihrer Zeit, weil sie wirklich an ein Zusammenspiel von demokratischen Lehren glaubten oder geglaubt hatten, und von denen sie annahmen, sie würden eingeführt.

Auch die Pioniere und Gründer des Empire waren voller Mut und Hoffnung, da die meisten von ihnen, wie gerechterweise gesagt werden muss, zumindest ein wenig daran glaubten, dass die von ihnen hochgehaltene Fahne für Recht und Freiheit für eine höhere Zivilisation stand. Sie suchten also nach etwas und waren nicht bloß auf der Suche nach dem Suchen. Sie gingen unbewusst von einem Ende der Reise aus und nicht von einer endlosen Reise; sie überwanden nicht nur einen Dschungel, sondern errichteten eine Stadt. Sie wussten mehr oder weniger, in welchem Stil sie erbaut würde, und sie waren ehrlich überzeugt davon, es sei der weltbeste Stil. Der Abenteuergeist ist gescheitert, weil er den Abenteurern überlassen wurde.

Das Abenteuer um des Abenteuers willen wurde zu etwas wie die Kunst um der Kunst willen. Diejenigen, die das Gespür für das Ziel verloren haben, haben jegliches Gespür für die Kunst und sogar für den Zufall verloren. Es ist an der Zeit, dass in jedem und insbesondere in unserem Bereich das Ziel hinter einem politischen Fortschritt oder einem kolonialen Abenteuer wieder klar definiert wird. Und es ist wesentlich konkreter, uns das Ziel der Pilgerreise als eine Art Bauernparadies vorzustellen, als völlig ziellos auf Pilgerfahrt zu gehen.

Aber noch wichtiger ist es, hervorzuheben, dass wir nicht nur auf sogenannten Pionierqualitäten bestehen und nicht nur von den Tugenden der Abenteurer sprechen. Wir wollen, dass die Menschen nicht nur einen Ort vor Augen haben, den sie finden wollen, sondern einen, an dem sie gerne bleiben möchten. Diejenigen, die lediglich die gesellschaftlichen Hoffnungen des 19. Jahrhunderts wieder zum Leben erwecken wollen, dürfen keine endlose Hoffnung anbieten, sondern die Hoffnung auf ein Ende. Diejenigen, die weiterhin alte Kolonialvorstellungen hegen, dürfen uns nicht länger weismachen wollen, die Kirche des Empires gründe allein auf Rastlosigkeit. Denn es ist eine Sünde wider die Vernunft, den Menschen zu erzählen, eine hoffnungsvolle Reise sei besser als das Ankommen. Sobald sie das einmal glauben, reisen sie hoffentlich nicht mehr.

Kapitel VI. Eine Zusammenfassung

Ich diskutierte einmal mit einem gebildeten Mann, der die merkwürdige Vorliebe hatte, die Korrespondenz einem mathematischem Schema zu unterwerfen; zunächst jeweils tausend Wörter und dann jeweils hundert Wörter – um sie dann wieder in ein anderes Schema zu pressen. Ich akzeptierte das, wie ich jede Herausforderung, insbesondere bei einem offenkundigen Aufruf zur Gleichberechtigung, annehmen würde, obwohl ich versucht war, ihm mitzuteilen, wie unglaublich unergiebig diese mechanische Methode für eine lebendige Diskussion ist. Man kann sicherlich tausend Wörter benötigen, um auf zehn zu antworten. Angenommen, ich eröffnete den philosophischen Dialog mit der Bemerkung: »Sie erwürgen Babys«, würde er sicherlich erwidern: »So ein Unsinn – ich habe noch nie irgendwelche Babys erwürgt.« Und selbst für diesen naheliegenden Ausruf würde er schon mehr als doppelt so viele Wörter verwendet haben wie ich. Es ist unmöglich, irgendeine ernst zu nehmende Diskussion ohne Abschweifungen zu führen. Jede Definition ist eine Abschweifung.

Angenommen, jemand legte mir cinc beliebige journalistische Überschrift vor, z. B.: »Spanische Jesuiten im Parlament bloßgestellt«, dann kann ich nicht darauf eingehen, ohne dem Journalisten zu erklären, wo ich schon bezüglich der Bedeutung und der Implikation jedes einzelnen Begriffes anderer Auffassung bin als er. Ich kann nicht auf die Schnelle antworten, wenn ich gerade erst beginne zu begreifen, dass der Mann an einer Reihe von außerordentlichen Wahnvorstellungen leidet: 1. dass das Parlament eine volksvertretende Versammlung ist; 2. dass Spanien ein verweichlichtes und dekadentes Land ist; 3. dass ein spanischer Jesuit eine Art auf leisen Sohlen schleichender Hofkaplan ist, obwohl es gerade ein spanischer Jesuit war, der die gesamte demokratische Theorie unserer Zeit vorweggenommen und sie dem göttlichen Recht der Könige entgegengeschleudert hatte.[75] Jede einzelne dieser Erklärungen wäre notwendig, und jede wäre eine Abschweifung.

Nun bin ich mir bewusst, dass es in diesem Buch viele auf den ersten Blick unnötig wirkende Abschweifungen gab, weil ich den Text aus einer ursprünglich kontroversen Plauderei zusammenstellen musste und dabei unmöglich die Plauderei herausstreichen und nur die Kontroverse übriglassen konnte. Außerdem kann niemand mit vielen Feinden streiten, ohne auf viele Themen einzugehen, wie jeder weiß, der einmal in die Zange genommen wurde. Und in diesem Fall freue ich mich sagen zu können, dass ich von vielen Feinden in die Zange genommen worden bin, die zugleich auch Freunde waren. In meiner Doppelfunktion schrieb ich also Essays und unterhielt mich zugleich beim Tee oder, noch besser, am Kneipentisch. Diese Mischung aus Plausch und Predigt in eine Art Philosophie des Distributismus zu überführen, war beinahe unmöglich. Ich kann mir vorstellen, dass sie selbst als Aneinanderreihung von Essays inkonsequenter erscheint, als sie in Wirklichkeit ist, und viele erkennen womöglich beim Lesen den roten Faden nicht.

Ich habe mich daher entschieden, in diesem letzten Teil eine Zusammenfassung anzufügen, uns sei es auch nur als Rekapitulation. Der Grund für viele meiner Abschweifungen wird vielleicht nicht klar, solange das Ganze nicht aus einem bestimmten Blickwinkel betrachtet wird. Wo die Abschweifung durch nichts anderes gerechtfertigt ist als den Wunsch, einem Freund zu erwidern, oder (was noch schlimmer ist) durch den Hang zu leichtsinniger und vorwitziger Heiterkeit, kann ich mich beim wissenschaftlichen Leser nur aufrichtig entschuldigen und versprechen, diese letzte Zusammenstellung so langweilig wie möglich zu gestalten.

Wenn wir so weitermachen, wird das Konzept von Eigentum verschwinden. Es ist keine revolutionäre Gewalt, die es zerstören wird, sondern vielmehr die verzweifelte und fahrlässige Gewohnheit, ohne Revolution zu leben. Die Welt wird in der Zukunft – oder sie wird es schon jetzt – von zwei Mächten in Schach gehalten, die jetzt *eine* Macht sind. Ich spreche natürlich von dem Teil der Welt, der von unserem System erfasst ist, und dem Teil der Weltgeschichte, der uns überdauern wird. Früher oder später werden die Menschen zweifellos ein so natürliches Vergnügen wie das Eigentum wiederentdecken. Es könnte allerdings erst nach Ewigkeiten wiederentdeckt werden, vielleicht nach einer Periode der heidnischen Sklaverei. Vielleicht wird es erst lange nach dem Untergang unserer Zivilisation wiederentdeckt werden. Womöglich entdecken es Barbaren wieder und halten es für etwas Neues.

Jedenfalls läuft die Entwicklung auf eine umfassende Vereinigung zweier Vereinigungen zu. Beide Mächte glauben ausschließlich an die Kombination. Sie haben nie begriffen oder auch nur davon gehört, dass in der Teilung die Würde liegt. Ihre Vorstellungskraft hat nie ausgereicht, um die Idee der Genesis und der großen Mythen zu verstehen: dass nämlich die Schöpfung selbst eine Teilung war. Im Anfang der Welt war die Trennung von Himmel und Erde, der Anfang der Menschheit die Teilung in Mann und Frau. Aber diese seichten und stumpfen Köpfe können den Unterschied zwischen der kreativen Teilung von Adam und Eva und der destruktiven von Kain und Abel nicht erkennen. Jedenfalls sind diese Mächte oder Köpfe heute beide in der gleichen Stimmung, in einer Stimmung gegen alle Teilung und demzufolge auch gegen alle Distribution. Sie glauben an Einheit, Einmütigkeit, Harmonie. Eine dieser beiden Mächte ist der Staatssozialismus, die andere das Big Business. Schon jetzt sind sie ein Geist – und bald schon werden sie ein Leib sein.

Denn weil sie nicht an die Teilung glauben, können sie nicht getrennt bleiben, und weil sie nur an die Vereinigung glauben, werden sie sich miteinander vereinen. Gegenwärtig nennt es der eine von ihnen Solidarität und der andere Konsolidierung. Offenbar muss man nur noch eine Weile abwarten, bis beiden Monstern beigebracht sein wird, Konsolidarität zu sagen. Aber wie auch immer es genannt wird, es besteht kein Zweifel darüber, wie eine Welt aussehen wird, die sie zusammen gestalten werden. Alles wird immer starrer und gewohnter werden, eine Welt der Organisationen, der Zusammenschlüsse, der Standardisierung. Die Menschen werden universell genormte Hüte, Häuser, Ferien und patentierte Medikamente bekommen. Sie werden durch ein umfassendes und komplexes System mit Nahrung versorgt, gekleidet, ausgebildet und kontrolliert werden. Aber fragte man sie zu irgendeinem Zeitpunkt, ob die Instanz, die sie umsorgt und behütet, noch kommerziell oder schon kommunal ist, würden sie es wahrscheinlich nicht wissen, und wahrscheinlich wäre es ihnen sogar egal.

Viele glauben, die Menschen wären glücklich in diesem neuen Frieden, die sozialen Klassen miteinander versöhnt und die Seelen mit sich im Reinen. Ich selbst glaube nicht, dass es so schlimm kommen wird. Aber ich gebe zu, es gibt vieles, was eine derartig katastrophale Zufriedenheit wahrscheinlich macht. Menschen haben sich massenweise der Sklaverei unterworfen, und Menschen unterwerfen sich natürlicherweise dem Staat, insbesondere einem despotischen. Aber jedem intelligenten Menschen muss klar sein, dass dieser Staat mehr als nur despotisch sein wird. Es liegt im Wesen des Trusts, nicht nur wie ein Staat die Macht zu haben, den militärischen Rivalen oder rebellierenden Pöbel auszuschalten, sondern darüber hinaus jeden neuen Brauch oder jene neue Mode oder jedes Handwerk oder Privatunternehmen zu vernichten, das ihm missfällt.

Der Militarismus kann die Menschen lediglich vom Kämpfen abhalten, das Monopol aber kann verhindern, dass sie irgendetwas kaufen oder verkaufen außer dem (für gewöhnlich minderwertigen) Produkt mit dem Markenzeichen des Monopols. Wenn irgendetwas aus der Historie und der menschlichen Natur abgeleitet werden kann, dann dass Despotien immer despotischer und Produkte immer minderwertiger werden. Es gibt kein erdenkliches psychologisches Argument, mit dem belegt werden könnte, dass die Menschen, die solche Macht innehaben, sie nicht von Generation zu Generation mehr und mehr missbrauchten oder nicht alles andere mehr und mehr vernachlässigten.

Wir wissen, was aus wesentlich weniger strikt geregelten Staaten geworden ist, obwohl ihre Gründer überaus geistvoll und intelligent waren. Wir können daher die Auswirkungen größerer Macht in den Händen kleinerer Geister nur dunkel erahnen. Und wenn der Name Cäsars letzten Endes für all das stehen sollte, was wir byzantinisch nennen, welcher Grad der Stumpfsinnigkeit wird uns erst erwarten, wenn der Name Harrod[76] noch stumpfsinniger klingen wird als jetzt schon? Wenn China letztlich zum Sinnbild für Härte und Gleichförmigkeit wurde, obwohl es über Jahrhunderte mit

Konfuzius' Lehren gespeist wurde, in welcher Verfassung werden dann erst die Köpfchen sein, die über Jahrhunderte von Callisthenes[77] ernährt worden sind?

Ich klammere hier den speziellen Fall meines eigenen Landes aus, wo uns kein langfristiger Verfall, sondern vielmehr ein unangenehm kurzfristiger Zusammenbruch droht. Aber wenn man den monopolistischen Kapitalismus in einem Land wie etwa den Vereinigten Staaten beobachtet, wo er in einem vulgären Sinne durchaus noch erfolgreich ist, erkennen wir die langfristigen und immer düsteren, auf Byzanz oder Peking rückverweisenden Zukunftsaussichten nur noch umso deutlicher und in einem weitaus kolossaleren Ausmaß. Es liegt klar auf der Hand, dass die ganze Angelegenheit eine Maschine zur Fertigung von zehntklassigen Dingen ist und dazu dient, die Menschen über die Möglichkeit zu erstklassigen Dingen in Unkenntnis zu lassen.

Die meisten zivilisierten Systeme haben ihren Gipfelpunkt überschritten, aber dieses System beginnt schon auf einem niedrigen Niveau und auf dem platten Land, und selbst die morbideste Fantasie wird sich nur schwer vorstellen können, wie es sein würde, wenn dieses System all seine Kritiker und Rivalen vernichtet und das Monopol für die nächsten zweihundert Jahre wasserdicht machte. Aber was auch immer die letzte Etappe dieser Geschichte sein wird, kann kein vernünftiger Mensch länger bezweifeln, dass wir uns längst mitten in der ersten Etappe befinden. Die kollektivistische und die herkömmliche Wirtschaftsordnung unterscheiden sich weder strukturell noch in ihren Aussagen.

Der Kommerzialismus hat seine Bürokratie und der Kommunismus seine Unternehmensstruktur. Privatangelegenheiten sind bereits im schlimmsten Sinne des Wortes öffentlich, d. h. sie sind unpersönlich und entmenschlicht.

Öffentliche Angelegenheiten sind bereits im schlimmsten Sinne des Wortes privat, d. h. sie sind mysteriös und geheim und weitgehend korrupt. Diese neue Art Wirtschaftsstaat wird alles, was an allen Plänen für eine bessere Welt verkehrt ist, in sich vereinen. Es wird keine Exzentrik mehr geben, keinen Humor, keine hochherzige Verachtung der Welt. Es wird nichts geben als ein abscheuliches Ding namens Sozialdienst, was gleichbedeutend ist mit loyalitätsloser Sklaverei. Dieser Sklavendienst wird eines der Ideale sein. Ich habe vergessen zu erwähnen, dass es natürlich Ideale geben wird. Die wohlhabendsten Männer der Bewegung haben sehr deutlich gemacht, dass sie bereits jetzt eine beträchtliche Anzahl dieser kleiner Annehmlichkeiten haben. Menschen haben immer Ideale, wenn ihnen die Ideen ausgehen.

Die betreffenden Philanthropen werden wahrscheinlich überrascht sein zu erfahren, dass einige von uns diese Zukunftsaussichten betrachten wie die Theorie, wir würden uns zum Affen zurückentwickeln. Daher erwägen wir, schon jetzt diese lang vergessene Sache namens Selbstverwaltung wieder zu etablieren, d. h. die Macht des Bürgers, über sein eigenes Leben bis zu einem gewissen Grad selbst zu bestimmen und seine eigene Umwelt zu gestalten, zu essen, was er möchte, die Kleidung zu tragen, die er auswählt, und (was ihm der Trust notwendigerweise vorenthalten muss) eine große Auswahl zu haben. In dieser Skizze der grundlegenden Idee habe ich mich mit der Frage beschäftigt, ob es möglich wäre, dem furchtbaren Übel der Vereinheitlichung oder Zentralisierung zu entkommen. Was ich gesagt habe, lässt sich am besten unter zwei Überschriften oder in zwei parallelen Aussagen zusammenfassen. Manchen wird es so vorkommen, als widersprächen sie sich, aber tatsächlich bestätigen sie sich gegenseitig.

Erstens behaupte ich, dass es hier um etwas geht, das *von den* Menschen und nicht um etwas, das *für* die Menschen getan werden kann. Hierin liegt der Unterschied zu allen sozialistischen Plänen oder denen der plutokratischen Philanthropie. Ich sage nicht, dass ich, der ich diese Pläne hasse und verachte, sie davor retten könnte. Ich sage, dass sie mich und auch sich selbst davor retten können, wenn sie diese ebenfalls hassen und verachten. Aber es muss im Geiste einer Religion stattfinden, im Geiste einer Revolution und (ich füge noch hinzu) durch Verzicht. Sie müssen es mit einer solchen Unbedingtheit wollen, mit der sie Eindringlinge aus dem Land vertreiben oder eine Seuche aufhalten.

Und an diesem Punkt haben unsere Kritiker die merkwürdige Art an sich, im Kreis zu argumentieren. Sie fragen, warum wir uns die Mühe machen, zu zerreden, was wir eh nicht zerstören können, und bieten uns dabei ein Ideal an, dass wir nicht erreichen können. Sie sagen, wir wollten bloß das Schmutzwasser wegschütten, bevor wir sauber werden können, oder vielmehr, dass wir lediglich die Mikroorganismen im Schmutzwasser unter dem Mikroskop analysieren, während wir nicht einmal wagten, es wegzuschütten. Warum schürten wir die Unzufriedenheit der Menschen über Zustände, mit denen sie sich zufriedengeben müssen? Warum verunglimpften wir eine unerträgliche Sklaverei, die ertragen werden muss?

Aber wenn wir unsererseits fragen, warum unser Ideal unmöglich oder das Übel unzerstörbar ist, lautet die Antwort: »Weil Ihr die Menschen nicht davon überzeugen könnt, dass sie es zerstört haben wollen.« Mag sein; aber nach ihren eigenen Vorstellungen können sie es uns nicht übelnehmen, es zu versuchen. Sie können nicht sagen, dass die Menschen die Plutokratie nicht genug hassen, um sie zu zerstören, und uns dann vorwerfen, dass wir sie bitten, sie genau zu betrachten, um sie hassen zu lernen. Wenn sie sie nicht angreifen, solange sie sie nicht hassen, dann müssen wir so pragmatisch vorgehen wie möglich und ihnen zeigen, wie hassenswert sie ist. Eine moralische Bewegung muss irgendwo anfangen, und vor allem bin ich definitiv der Überzeugung, dass es unbedingt überhaupt eine moralische Bewegung geben muss. Das ist keine finanzielle Schwankung oder polizeiliche Bestimmung oder private Rechnung oder ein buchhalterisches Detail. Es ist entweder ein großer menschlicher Willensakt wie beim Abwerfen jeden anderen großen Übels auch – oder es ist nichts. Ich sage, dass wenn Menschen willens sind zu kämpfen sie möglicherweise auch siegen können. Ich habe an keiner Stelle behauptet, es gäbe irgendeinen Sieg ohne Kampf.

In diesem Zusammenhang habe ich an entsprechender Stelle z. B. die Möglichkeit eines organisierten Boykotts der Großgeschäfte vorgeschlagen. Zweifellos bedeutete es ein gewisses Opfer, die großen Geschäfte zu boykottieren, und wäre mit gewissen Unannehmlichkeiten verbunden, kleine Läden aufzusuchen. Aber es wäre etwa ein Hundertstel der Opfer und der Unannehmlichkeiten, die von etlichen Völkern, die wirklich protestieren wollten, bei patriotischen oder religiösen Aufständen auf sich genommen worden sind. Unter dem gleichen allgemeinen Grundsatz habe ich angeführt, dass das Abenteuer eines echten Lebens auf dem Land, also nicht lediglich das Wohnen der Menschen auf dem Land, sondern ein Leben vom Land, sowohl Hartnäckigkeit als auch Verzicht erfordert. Und es wäre trotzdem nur halb so asketisch wie die Sorte Abenteuer von Kolonisten und Gründern des Empire und gar nichts im Vergleich zu dem, was gewöhnlich Millionen von Soldaten und Mönchen auf sich nehmen. Sicherlich haben die Mönche ihren Glauben und die Soldaten ihre Fahne, und sogar die Gründer des Empires glaubten sicherlich daran, dass sie dem Empire helfen. Aber es scheint mir in Anbetracht der Vielgestaltigkeit von religiösen Erfahrungen nicht ganz undenkbar, dass Menschen der Erde so viel Beachtung schenken wie die Mönche dem Himmel, dass Menschen womöglich tatsächlich an den Spaten glauben könnten, der Brunnen erschafft, wie an Schwerter, die zerstören; und dass die Engländer, die überall sonst kolonisiert haben, womöglich anfangen werden, England zu kolonisieren.

Nachdem dergestalt eingestanden oder vielmehr darauf bestanden wurde, dass dies nur getan werden kann, wenn die Menschen es auch für lohnenswert halten, habe ich darauf hingewiesen, dass es in den verschiedenen Bereichen mehr Menschen gibt, die es für lohnenswert halten, als Menschen gibt, die es noch nicht einmal für bemerkenswert halten, dies zu bemerken. Man hört sogar die massenweise in die großen Geschäfte drängenden Menschen über die großen Geschäfte schimpfen – nicht so sehr, weil diese groß, sondern weil sie schlecht sind. Aber diese realen Äußerungen der Kritik werden unabhängig voneinander vorgebracht, während die realitätsfernen Lobhudeleien miteinander zusammenhängen wie jede Verschwörung. Wenn der Millionär, dem die Läden gehören, kritisiert wird, dann von seinen Kunden. Wenn er großzügig gelobt wird, dann von sich selbst. Im stillen Kämmerchen wird er verflucht, wird er aber (von sich selbst) gepriesen, schallt es von den Dächern herab. Das ist mit Öffentlichkeitsarbeit gemeint – eine Stimme, die laut genug ist, um alle Äußerungen der Öffentlichkeit zu übertönen.

Im Bezug auf das Land und auf die Läden habe ich darauf hingewiesen, dass es, wenn es auch noch keinen moralischen Aufruhr gibt, so doch alle Voraussetzungen dafür bestehen. So wie die Unzufriedenheit über die Kaufhäuser selbst unter denen zu finden ist, die dort kaufen, so findet sich selbst unter denen eine Sehnsucht nach dem Land, denen es kaum gestattet ist, auf der Erde zu gehen. Ich führte die gewaltsam in hohe Mietshäuser gehievte Slumbevölkerung von Limehouse als Beispiel an, die seither den Verlust ihrer selbst angelegten lustigen kleinen Höfe bitter beklagt. Es ist absurd zu behaupten, nicht ein Mensch in der ganzen Nation wolle Bauer werden, wenn sogar die Cockneys versuchen, Bauern zu sein.

Ich habe hinzugefügt, dass momentan sowohl unter den Grundbesitzern als auch unter den Pächtern eine allgemeine Unzufriedenheit herrscht. Alles scheint auf das einfachere Leben des einen Mannes mit seinem einen Feld hinzudeuten, der so weit wie möglich von allen Komplikationen einer Pacht und der Arbeitskräfte befreit ist. Insbesondere, wenn die Pacht so häufig unbeglichen oder unprofitabel bleibt und die Arbeiter so häufig im Streik oder auf Stütze sind. Auch in diesem Punkt denken womöglich eine Million Individuen gleich; aber diese Million wurden noch nicht zum Mob, und ein Mob ist eine moralische Angelegenheit.

Aber ich werde niemals so unpatriotisch sein und vorschlagen, die Engländer könnten in England niemals einen Agrarkrieg führen wie die Iren in Irland. Im Allgemeinen müsste also nach diesem ersten Prinzip eher wie zu einem Kreuzzug aufgerufen werden; aber es ist ziemlich fragwürdig und auch historisch falsch, zu behaupten, es gäbe in der Regel keine Kreuzritter, wenn zum Kreuzzug aufgerufen worden ist.

Und mein zweites allgemeines, womöglich widersprüchlich scheinendes, aber eher untermauerndes Prinzip ist Folgendes: Ich denke, dass die Sache Schritt für Schritt und mit Geduld und Teilzugeständnissen vorangebracht werden muss. Nicht, weil ich auch nur einen Funken an den lächerlichen Kult der Langsamkeit glaubte, der manchmal Evolution genannt wird, sondern wegen der besonderen Umstände des Falls. Zunächst einmal könnte der Mob den reichen Mann sehr zu dessen geistiger Erbauung und zu seinem seelischen Wohl plündern und brandschatzen und ausrauben. Es wäre nicht verwunderlich, wenn der Mob das fast geistesabwesend tut, während er an etwas anderes denkt, etwa an seine Abneigung gegenüber Juden oder Hugenotten.

Es ist jedoch nicht in unserem Sinne, das Gefühl für Eigentum zu erschüttern, nicht einmal dort, wo es völlig unangebracht oder unangemessen ist; denn es ist ja eben genau dieses Gefühl, das wir versuchen wiederzubeleben. Aus psychologischer Sicht wäre es doch äußerst dumm, eine unfeminine Feministin zu beleidigen, nur um eine zarte Ritterlichkeit gegenüber den Frauen zu wecken. Es wäre unklug, den Ikonoklasten mit einem heiligen Bild zu knüppeln, um ihn zu lehren, keine heiligen Bilder mehr anzurühren.

Wenn das altmodische Gefühl für Eigentum noch aufrichtig ist, denke ich, sollte es nach und nach sorgfältig gepflegt werden. Wo der Sinn für Eigentum überhaupt nicht vorhanden ist wie z. B. bei Millionären, kann es durchaus anders behandelt werden; es könnte zur Debatte gestellt werden, ob Eigentum, das auf eine bestimmte Art und Weise beschafft wurde, überhaupt Eigentum genannt werden kann. Das Horten und die Errichtung von Monopolen zur Schwächung des Einzelhandels fällt unter das erste meiner beiden Prinzipien. Es ist schlechterdings die Frage, ob wir den moralischen Mut haben zu bestrafen, was fraglos unmoralisch ist. Es gibt über diese Operationen der Hochfinanz genauso wenig Zweifel wie über die Piraterie auf hoher See. Es geht lediglich um ein Land, das so chaotisch und schlecht regiert wird, dass es von Piraten heimgesucht wird. Ich habe folglich Trusts und Anti-Trust-Gesetze in diesem Text nicht bloß deshalb erwähnt, weil ihnen mit allgemeinen Protesten in Form von Boykotts oder Streiks begegnet werden sollte, sondern damit der Staat konkrete Maßnahmen gegen Kriminelle ergreift. Aber wenn die Kriminellen stärker sind als der Staat wird jeder Versuch, sie zu bestrafen, zweifellos eine Rebellion genannt und zu Recht als Kreuzzug bezeichnet werden.

Um noch einmal auf das zweite Prinzip zurückzukommen, gibt es einen weiteren und weniger abstrakten Grund dafür, das Ziel Schritt für Schritt zu erreichen. Ich musste hier einige Dinge in Betracht ziehen, die uns dem Distributismus einen Schritt näher bringen, auch wenn sie glühende oder strenge Distributisten nicht zufriedenstellen werden. Ich führte den Ford als Beispiel an, der zwar in der Massenproduktion gefertigt, aber für individuelle Unternehmungen benutzt wird; denn immerhin ist ein Privatauto privater als ein Zug oder eine Straßenbahn. Zudem nannte ich die allgemeine Stromversorgung, die womöglich vielen kleinen Werkstätten zum ersten Mal überhaupt eine Chance geben könnte.

Ich behaupte nicht, dass alle Distributisten mit meinen Vorschlägen einverstanden wären; aber im großen Ganzen möchte ich mich dafür aussprechen, mithilfe dieser Maßnahmen den hoffnungslosen Block konzentrierten Kapitals und der Verwaltung aufzubrechen, auch wenn wir zur Unterlassung dieser Maßnahmen aufrufen, sobald sie ihren Dienst getan haben. Wir wollen eine bestimmte Sorte von Menschen hervorbringen, die Maschinen nicht vergöttern, obwohl sie sie benutzen. Aber es ist wichtig, in jeder Phase darauf zu bestehen, dass es uns nicht nur freisteht, die Maschinen nicht länger zu vergöttern, sondern auch, sie nicht länger zu benutzen.

In diesem Zusammenhang habe ich gewisse Äußerungen Mr. Fords und die ganze Idee der Standardisierung kritisiert, die er angeblich vertritt. Aber überall sehe ich einen Unterschied zwischen den Methoden, mit denen wir eine vernünftigere Gesellschaft hervorbringen können, und den Dingen, die eine solche vernünftigere Gesellschaft selbst herzustellen vernünftig genug wäre. Beispielsweise würde ein Volk, das tatsächlich herausgefunden hat, wie viel Freude es macht, Dinge herzustellen, diese niemals mit Maschinen herstellen wollen. Bildhauer wollen keine Statue an der Drehbank drechseln, und Maler wollen kein Bild als Muster abdrucken; und ein Handwerker, der wirklich fähig ist, Töpfe oder Pfannen zu fabrizieren, würde sich ebenso wenig zu einer sogenannten Fabrikarbeit herablassen wollen.

Nebenbei bemerkt ist es merkwürdig, dass das Wort »Fabrikation« ursprünglich das Gegenteil von dem bedeutete, was es heute bezeichnet, nämlich eine Kunst, eine Werkstatt oder ein Handwerk. Es zeugt in sich von einer besseren Zeit, in der es noch keine modernen Industrieanlagen gab. Im strengen Wortsinne fabriziert ein Bildhauer eine Statue, der Fabrikarbeiter aber fabriziert nicht die Schraube.

In jedem Fall aber wäre eine Welt mit vielen unabhängigen Menschen wahrscheinlich eine Welt mit vielen einzelnen Handwerkern. Haben wir erst eine solche Welt erschaffen, können wir darauf vertrauen, dass in ihr eher als in der modernen Welt die den Maschinen innewohnende Gefahr, das Schöpferische abzutöten, und auch der Wert dessen, was sie abtöten, erkannt wird. Und ich behaupte, dass eine solche

Welt sehr wohl bestimmte Vorschriften bezüglich der Maschinen erlassen könnte, wie wir alle sie auch auf Waffen anwenden; wir lassen sie für bestimmte Zwecke zu, behalten sie aber auf bestimmte Art im Auge.

Aber all das fällt in eine spätere Verbesserungsphase, wenn die Gemeinschaft freier Menschen bereits existiert. Ich halte es nicht für unvereinbar mit der Anwendung harmloser Methoden, die diesen Bürgern helfen, Fuß zu fassen. Ich habe außerdem angemerkt, dass ich Maschinen für genauso wenig unmoralisch halte wie staatliche Eingriffe. Der Staat könnte in den ersten Phasen, insbesondere im Bereich der Ausbildung in den neuen und notwendigen Handwerken und Arbeitsfeldern, durch Subventionen und Zölle zum Schutz distributiver Experimente und durch Sondergesetze wie der Besteuerung von Verträgen einiges bewirken. All das wird davon abgedeckt, was ich das zweite Prinzip nenne, nämlich dass wir mittelfristig wirksame oder unvollkommene Instrumente benutzen dürfen. Dies geht jedoch mit dem ersten Prinzip einher, demgemäß wir nicht nur von äußerster Geduld, sondern auch von Leidenschaft und anhaltender Empörung durchdrungen sein müssen.

Schließlich gibt es die allgemeinen und offensichtlichen Probleme wie das der Bevölkerung, und in diesem Zusammenhang gebe ich offen zu, dass früher oder später die Emigration Teil des Prozesses sein muss. Aber ich denke, dass nur diejenigen auswandern sollten, die das neue England verstehen – und nicht diejenigen, die ihm oder seinen Anforderungen entfliehen möchten. Die Menschen müssen die neue Bedeutung der alten Wendung von der »Heiligkeit des Privateigentums« verstehen. Es muss eine Gesinnung herrschen, die den Kolonisten sich wie zu Hause fühlen lässt und nicht wie in der Fremde. Und hier liegt zugegebenermaßen eine Schwierigkeit. Denn ich gebe zu, dass ich nur eine Sache kenne, die eine neue Scholle mit altehrwürdiger Heiligkeit und unserer mystischen Liebe erfüllt. Und diese Sache ist ein Schrein – die Realpräsenz einer sakramentalen Religion.

Daher schließe ich unweigerlich mit dem Hinweis auf eine weitere Kontroverse – eine Kontroverse, die ich hier keinesfalls weiterverfolgen möchte. Aber es wäre nicht aufrichtig, sie unerwähnt zu lassen, und es ist in diesem Zusammenhang unmöglich zu leugnen, dass eine Lehre hinter unserer politischen Position steht. Es ist nicht notwendigerweise die Lehre der religiösen Autorität, die ich anerkenne, aber es kann nicht geleugnet werden, dass sie in einem gewissen Sinne religiös sein muss. In dem Sinne, dass sie sich zumindest auf eine ultimative Sicht auf das Universum und insbesondere auf das Wesen des Menschen beziehen muss.

Diejenigen, die bereit sind, das Eigentum derart verkümmern zu lassen, werden letztlich auch dazu bereit sein, sich Arme und Beine amputieren zu lassen. Sie werden tatsächlich glauben, dass es sich um unnötige Organe wie den Blinddarm handelt. Anders gesagt besteht tatsächlich ein fundamentaler Unterschied zwischen meiner persönlichen Sicht auf den Menschen und der, nach der er bloß eine vorläufige Übergangsform ist – ein Bindeglied, wenn nicht sogar ein fehlendes Bindeglied. Diese Kreatur, so wird behauptet, ging einst auf vier Beinen und nun auf zweien. Die naheliegende Schlussfolgerung bestünde darin, dass er auf der nächsten Evolutionsstufe auf einem Bein stehen wird. Und das wird für die kapitalistischen oder bürokratischen Kräfte, die sich nun seiner annehmen, von großem Wert sein. Denn dann muss z. B. die arbeitende Bevölkerung nur mit halb so vielen Stiefeln ausgestattet werden. Dann werden alle Löhne für nur ein Bein ausreichen müssen. Aber ich möchte letzten Endes wie zu Beginn bekräftigen, dass ich an den Menschen glaube, der auf zwei Beinen steht und zwei Stiefel benötigt, und dass ich will, dass diese Stiefel seine eigenen sind. Man mag es konservativ nennen, das zu wollen. Man mag es revolutionär nennen, das erreichen zu wollen. Aber wenn das konservativ ist, dann bin ich konservativ; wenn das revolutionär ist, dann bin ich revolutionär – in jedem Fall bin ich zu demokratisch, um evolutionär zu sein.

Hinter dem Bolschewismus und vielen anderen modernen Ideen steht ein neuer Zweifel. Es ist nicht lediglich der Zweifel an Gott; es handelt sich vielmehr um einen Zweifel am Menschen. Die alten Moralvorstellungen, die christliche Religion, die katholische Kirche, sie alle unterscheiden sich von dieser neuen Mentalität, weil sie tatsächlich an die Rechte der Menschen glaubten, d. h., sie glaubten, dass der ganz normale Mensch mit Fähigkeiten und Privilegien und einer Art Autorität ausgestattet war. Der normale Mensch hatte das Recht dazu, bis zu einem gewissen Punkt mit der toten Materie zu verfahren; das ist sein Recht auf Eigentum.

Der normale Mensch hatte das Recht, in einem vernünftigen Rahmen die Tiere zu beherrschen; darin besteht der Einwand gegen den Vegetarismus und vieles andere. Der ganz normale Mensch hatte ein Recht darauf, seine eigene Gesundheit zu beurteilen und welche Risiken er bezüglich der gewöhnlichen Dinge in seiner Umwelt eingeht; darin besteht der Einwand gegen die Prohibition und viele andere Dinge. Der Mensch hatte ein Recht darauf, die Gesundheit seiner Kinder zu beurteilen und die Kinder im Allgemeinen nach bestem Wissen und Gewissen großzuziehen; das ist der Einwand gegen viele Interpretationen der modernen staatlichen Erziehung. In diesen grundsätzlichen Dingen vertraut die alte Religion dem Menschen, während die neue Philosophie dem Menschen grundsätzlich misstraut. Sie besteht darauf, dass nur eine sehr seltene Art von Mensch diesbezüglich irgendwelche Rechte hat; und wenn einer von ebendieser seltenen Art ist, dann hat er das Recht, andere mehr zu beherrschen als sich selbst.

Diese tiefe Skepsis gegenüber dem normalen Menschen ist den widersprüchlichsten Ausprägungen des modernen Denkens gemeinsam. Deswegen will Mr. Bernard Shaw ein neues Tier erschaffen, das langlebiger und weiser als der Mensch werden soll. Deswegen will Mr. Sidney Webb die Menschen hüten wie Schafe oder wie Tiere, die wesentlich dümmer sind als der Mensch. Sie rebellieren nicht gegen eine abnormale Tyrannei, sie rebellieren gegen das, was sie für eine normale Tyrannei halten – die Tyrannei der Normalität. Sie revoltieren nicht gegen den König. Sie revoltieren gegen den Bürger. Der alte Revolutionär, der auf dem Dach stand (wie der Revolutionär in *Der Dynamitverschwörer*[78]) und die Stadt überblickte, sagte zu sich selbst: »Denke daran, wie die Fürsten und Aristokraten in ihren Palästen feiern; denke daran, wie Hauptleute und Kohorten durch die Straßen reiten und das Volk niedertrampeln.«

Aber der neue Revolutionär brütet nicht darüber. Er sagt zu sich: »Denke an all die dummen Menschen in ihren vulgären Villen oder dummen Slums. Denke daran, wie schlecht sie ihre Kinder unterrichten; denke daran, wie falsch sie mit dem Hund umgehen und wie sie die Gefühle des Papageien verletzen.« Kurz gesagt, diese Weisen trauen, sei es zu Recht oder Unrecht, dem normalen Menschen nicht zu, Herr im eigenen Haus zu sein – und ganz sicher nicht Herr im Staat. Sie wollen ihm in Wirklichkeit überhaupt keine politische Macht geben. Sie sind durchaus gewillt, ihm einen Stimmzettel zu geben, weil sie seit Langem wissen, dass dieser ihm keine Macht verleiht. Sie sind aber nicht gewillt, ihm ein Haus, eine Frau, ein Kind, einen Hund, eine Kuh oder ein Stück Land zu geben, weil diese Dinge ihm tatsächlich Macht verleihen würden.

Wir wollen verstanden wissen, dass unser Programm darin besteht, ihm Macht zu verleihen, indem wir ihm diese Dinge zugestehen. Wir wollen bekräftigen, dass hierin der wesentliche moralische Unterschied besteht, der all unseren Disputen zugrunde liegt und der womöglich auch der einzige ist, den es wirklich lohnt zu diskutieren. Es liegt uns besonders in diesen Zeiten fern, zu leugnen, dass die andere Seite noch viel zu sagen hat. Wir sind womöglich die Einzigen, die wirklich darauf bestehen, dass der Durchschnittsbürger etwas zum Beherrschen haben sollte. Wir allein haben daher das Recht, uns in dem gleichen Maß und aus dem gleichen Grund als demokratisch zu bezeichnen. Die Republik wurde einst eine Nation der Könige genannt, und in unserer Republik werden die Könige auch tatsächlich Königreiche besitzen. Alle modernen Staaten, sei es nun der preußische oder der russische, alle modernen Bewegungen, sei es die kapitalistische oder die sozialistische, nehmen dem König dieses Königreich. Weil ihnen die Unabhängigkeit dieses Königreiches missfällt, sind sie gegen das Eigentum. Weil ihnen die Loyalität dieses Königreiches missfällt, sind sie gegen die Ehe.

Aus diesem Grund beobachte ich die mit den sinkenden Löhnen einhergehenden himmelstürmenden Visionen mit einem gewissen traurigen Amüsement. Ich sehe, dass die sozialen Propheten den Obdachlosen immer noch etwas Höheres und Reineres als ein Heim anbieten und den Menschen, denen nicht gestattet wird, gewöhnlich zu sein, eine außergewöhnliche Überlegenheit versprechen.

Ich begnüge mich damit, von der alten Plackerei der Demokratie zu träumen, durch die jedem Menschen ein so menschengerechtes Leben wie nur erdenklich ermöglicht werden sollte; während der brillante Autor von *Die Ersten Menschen auf dem Mond*[79] uns zweifellos bald in einem Roman namens *Die Letzten Menschen auf der Erde* verspotten wird. Und tatsächlich glaube ich, dass die Menschen etwas verlören, was zu ihrer aufrechten Haltung und zu ihrem Stand und ihrem Sein auf diesem Planeten gehört, wenn ihnen der Stolz des Privatbesitzes abhanden käme. Derweil sitze ich zwischen den unzähligen gehetzten Angestellten und unterbezahlten Arbeitern in der U- oder S-Bahn, lese von *Menschen, Göttern gleich*[80] und frage mich, wann Menschen wieder Menschen sein werden.

Anmerkungen

1 Eine politische Strömung und Freihandelsbewegung in Großbritannien im 19. Jahrhundert, die in der Stadt Manchester ihren Ausgang nahm.
2 Walisischstämmiger liberaler Politiker (1863–1945) und britischer Premierminister (1916–1922).
3 *The Morning Post* war eine von 1772 bis 1937 erscheinende hochkonservative englische Zeitung.
4 Von 1922 bis 1922 erschienene britische Literaturzeitschrift, die oft mit der deutschen Kunst- und Literaturzeitschrift *Der Sturm* verglichen wurde.
5 Von Hilare Belloc (1870–1953) geführte britische Wochenzeitung, die 1925 in *G. K.'s Weekly* überging und 1948 eingestellt wurde.
6 Mitglieder der *Fabian Society*, eine intellektuelle Vereinigung des britischen Sozialismus.
7 George Bernard Shaw (1856–1950) war ein irischer Dramatiker, Politiker, Satiriker, Musikkritiker und Pazifist, der 1925 den Nobelpreis für Literatur und 1939 den Oscar für das beste adaptierte Drehbuch erhielt. Chesterton war mit Shaw in zahlreiche öffentliche Debatten verwickelt, mit dem er trotz gegensätzlicher Ansichten freundschaftlich verbunden war.
8 Ein Außenbezirk Londons.
9 Ende des 19. Jh. eingeführter Begriff des Anarchismus und Libertarismus, dem zufolge eine Mensch über seinen Körper und Lebensweise selbst bestimmen soll.
10 Gemeint ist *Die Schatzinsel*, engl. Originaltitel *Treasure Island*, des schottischen Autors Robert Louis Stevenson.
11 Britischer Lebensmittelgroßhändler und als Minister für Lebensmittel zuständig für die Rationierungen im Ersten Weltkrieg.

12 Der Londoner Hafen war von wiederkehrenden Streiks der Dockarbeiter geprägt.
13 Anekdotische Figur und Pseudonym des amerikanischen Humoristen Benjamin Penhallow Shillaber (1814–1890).
14 Englische Wahrsagerin des 16. Jahrhunderts.
15 Richard Cobden (1804–1865) war ein britischer Unternehmer und die führende Figur der Manchesterschule und der Freihandelsbewegung.
16 Nach einem 1920 erschienenen Science-Fiction und Sozialutopie von Edward R. B. Shanks *The People of the Ruins*, in der die englische Bevölkerung nach einer kommunistischen Revolution in den Ruinen der Städte lebt.
17 Auf die Amerikanerin Mary Baker Eddy (1821–1910) zurückgehendes und sich auf das Christentum berufendes metaphysisches System mentalen Heilens. Der Begriff wird auch oft allgemein angewendet auf die Religionsgemeinschaft, die neben der Bibel auch Baker Eddys Buch »Science and Health« als Glaubensgrundlage ansieht.
18 Nach einem Gedicht von Frederic W. H. Myers (1843–1901).
19 Der utopische Roman *Ein Rückblick aus dem Jahre 2000 auf das Jahr 1887* von Edward Bellamy, erstmals erschienen 1888 unter dem Originaltitel *Looking Backward or Life in the Year 2000*.
20 *It Pays to Advertise*, eine Farce von Roi Cooper Megrue und Walter Hackett, nach der Uraufführung am 8. September 1914 lief das Stück im Cohan Theater über ein Jahr.
21 *Land War* der *Irish National Land League* für Landreformen und für die Rechte der irischen Pächter in Irland während der 1870er bis 1890er Jahre.
22 *Euklids Elemente*, Satz 5 von Buch 1, bekannt als der gleichschenklige Dreieckssatz, eine der Brücke ähnliche Gestalt. Daher auch *Pons Asinorum*: die Eselsbrücke.
23 Geschworene, die sich erst ab einem bestimmten Einkommen zum Geschworenendienst qualifizierten (1949 in England abgeschafft).
24 Ein Stadtteil Londons.
25 Vererbung eines landwirtschaftlichen Besitzes an einen einzigen

Erben. In der feudalen Tradition entspricht die Primogenitur dem Anerbenrecht.

26 Ringstrecke der Londoner U-Bahn.

27 1714 erlassenes Gesetz, durch das Teilnehmer illegaler öffentlicher Versammlungen mit dem Tode bestraft werden konnten. (in Großbritannien 1973 aufgehoben).

28 Charakter aus Hilaire Bellocs *Klein-Kinder-Bewahr-Anstalt. 15 erbauliche Geschichten zur Warnung vor den schlimmen Folgen jugendlichen Überschwangs* (Cautionary Tales for Children 1907), »der zu nahe am Wasser gebaut hatte, was ihm als Politiker schwer geschadet hat«.

29 Harry Gordon Selfridge (1858–1947), Begründer einer gleichnamigen Warenhauskette in England.

30 Frank Winfield Woolworth (1852–1919), US-Unternehmer und Begründer der gleichnamigen Warenhauskette.

31 Bei einem Trust (engl. für Treuhandschaft) handelt es sich um einen Zusammenschluss mehrerer Unternehmen zum Zweck der Monopolbildung. Er ähnelt einem Konzern oder einem Wirtschaftskartell.

32 Der engl. Penny-Katechismus ist ein einfacher ethnischer Katechismus der christlichen Lehre, der einen Penny kostete und im frühen 20. Jh. Standardlektüre war.

33 *Corner* bzw. *Cornering* bezeichnet das Erlangen weitgehender Kontrolle über eine Ware o. Ä. durch das Aufkaufen und Horten derselben.

34 Die britische Massenarmee im Ersten Weltkrieg.

35 Gaststättenwerbungen im England der 30er Jahre.

36 Eine Straße im Londoner Stadtzentrum.

37 Einwohner Londons bzw. der Arbeiterviertel Ost-Londons.

38 George Heseltine (1895–1980), englischer Journalist, Anwalt und Agrardistributist.

39 Guy Fawkes wurde am 5. November 1605 als Teil einer zuletzt verratenen Verschwörung strenggläubiger Katholiken gegen den protestantischen König James I. und seiner Regierung in einem Keller mit 36 mit Schießpulver gefüllten Fässern auf frischer Tat ertappt. Nach der öffentlichen Zurschaustellung seines gefolterten Leichnams wurden überall Feuer zur Feier

der Regierung erlaubt; ein heute noch traditionell begangenes Fest.

40 Arthur Joseph Penty (1875–1937), englischer Architekt und Autor von Schriften über den Gildensozialismus und Distributismus.

41 Berg und Stadtteil in London, auf dem sich bis 1780 ein Gefängnis befand.

42 Richard Arkwright (1732–1792) war ein britischer Erfinder und gilt als Begründer der Textilgroßindustrie.

43 Textilarbeiter, die Anfang des 19. Jahrhunderts gegen die drohende Verelendung durch die einsetzende industrielle Revolution in England kämpften und dabei gezielt Maschinen zerstörten.

44 Eine von britischen Industriellen errichtete Arbeitersiedlung.

45 David Kirkwood, 1. Baron Kirkwood (1872–1955), britischer Politiker, Gewerkschafter und sozialistischer Aktivist aus Schottland.

46 Britischer Industrieller und Politiker deutsch-jüdischer Abstammung (1868–1930).

47 Lat. für »eine Stimme und sonst nichts« im Sinne von »unverständliches Gerede« oder »unverständliche Laute.«

48 Verweis auf H. G. Wells *Outline of History* (auf Dt. 1925 unter dem Titel »Die Grundlinien der Weltgeschichte« erschienen).

49 Mugby Junction ist ein fiktiver viktorianischer Bahnhof in einer gleichnamigen Reihe von Kurzgeschichten von Charles Dickens. Bei Hugby-in-the-Hole handelt es sich um ein fiktives »Kleinkleckersdorf«.

50 Kreidehochebene im zentralen Südengland, bekannt für ihre zahlreichen archäologischen Fundstellen, von denen Stonehenge die bekannteste ist.

51 Ursprünglich ein General in der Kontinentalarmee der 13 rebellierenden Kolonien der nordamerikanischen Ostküste, der später zu den Briten überlief und aus diesem Grund in den Vereinigten Staaten als Urbild eines Verräters gilt (1741–1801).

52 Arnold Bennett (1867–1931), englischer Schriftsteller.

53 Englischer Schriftsteller und Literaturnobelpreisträger (1867–1933).

54 Teil der Romanreihe *Moderne Komödie* des englischen Literaturnobelpreisträgers John Galsworthy (1867–1933).

55 Psalm 42, 1-5.
56 Eine frühere britische Strafkolonie in Australien.
57 Shapurji Dorabji Saklatvala (1874–1936) war ein britischer Kommunist und Parlamentsabgeordneter parsischer Herkunft.
58 William Ralph Inge (1860–1954) war ein einflussreicher anglikanischer Priester, Autor, Theologieprofessor in Cambridge und Domdekan in St. Paul's, London.
59 Schottischstämmiger Politiker (Labour) und zweimaligen britischer Premierminister (1924; 1929–1931).
60 Irischer Politiker und Generalgouverneur des Irischen Freistaates (1922–1927).
61 Siehe Anm. 2.
62 Premierminister Kanadas (1896–1911).
63 William Butler Yeats (1865–1939), irischer Dichter und Politiker.
64 Frühmittelalterlicher Grenzwall zwischen den angelsächsischen Gebieten und den walisischen Fürstentümern.
65 Personifizierung der pedantischen, auf die bürgerlichen Moralvorstellungen und Anstandsregeln pochenden Dame.
66 John Clifford (1836–1923) war ein britischer Baptistenpastor und prominenter Vertreter der liberalen Bewegung Großbritanniens.
67 Schottische Gruppierungen, die sich 1638 mit einem Treueeid auf den *National Covenant* verpflichteten, für ihre Kirche am Presbyterianismus festzuhalten.
68 Schottischer Reformator und Mitbegründer der Presbyterianischen Kirchen (1514–1572).
69 Der Todesritt der Leichten Brigade (englisch *Charge of the Light Brigade*) war ein Angriff britischer Kavalleristen in der Schlacht von Balaklawa während des Krimkriegs 1854.
70 Aus: William Shakespeare, *Ein Sommernachtstraum.*
71 Sir Ernest John Pickstone Benn, 2nd Baronet, (1875–1954) brit. Verleger, Schriftsteller und politischer Publizist, vertrat die Prinzipien des reinen Laisser-faire, veröffentlichte u. a. *Bekenntnisse eines Kapitalisten*
72 Die Lehre in der christlichen Theologie, dass Leib und Blut Christi in der Eucharistie wahrhaft gegenwärtig sind.
73 »The Hound of Heaven«, ein 182-zeiliges Gedicht des von Ches-

terton sehr geschätzten englischen Dichters Francis Thompson (1859–1907), erstmals 1893 veröffentlicht.

74 Gemeint ist Lord Kitchener, dessen Darstellung, die ihn direkt auf den Betrachter weisend zeigt, auf Rekrutierungsplakaten aus dem Ersten Weltkrieg zu sehen war.

75 Gemeint ist Juan de Mariana (1536–1624), spanischer Jesuit, Historiker und Staatstheoretiker, in seinem bekanntesten Werk »*De rege et regis institutione*« (1598).

76 Der Begründer des gleichnamigen Warenhauses »Harrods« in London.

77 Pseudonym Harry Gordon Selfridges, Begründer der gleichnamigen Warenhauskette in England, unter dem er u. a. für die Vorzüge des modernen Einkaufens warb.

78 Robert Louis und Fanny Stevenson: *The Dynamiter*; zuerst erschienen 1885; dt. *Dynamitverschwörer – Neue arabische Nächte*, übers. von Rainer G. Schmidt, Butjadingen 2006.

79 H. G. Wells, *The First Men in the Moon*, erstmals erschienen 1901; dt. *Die ersten Menschen auf dem Mond*, übers. von Werner von Grünau, München 1996.

80 Ders., *Men like Gods*, erstmals erschienen 1923; dt. *Menschen, Göttern gleich*, Berlin-Leipzig 1927.

Gunnar Decker

Chesterton oder *Die Kunst, im Wesentlichen abzuschweifen*

Für alle, die ihn auf eine eindeutige Position festlegen wollten, machte er sich trotz seiner 150 Kilo Gewicht bei 1,93 Meter Körpergröße unsichtbar. Das funktioniert noch heute, liest man seine Bücher. Als hätte er eine Tarnkappe, die ihn vor all den fahnenschwenkenden Bekennern und Parteimenschen gnädig verbirgt.

Insofern ist Gilbert Keith Chesterton ein glücklicher angelsächsischer Nachfahre des Franzosen Pascal, für den die Kunst des Lebens bekanntlich darin bestand, sich gut zu verbergen. Wovor? Vor der Welt an sich, den aufdringlichen Mitmenschen, gar vor sich selbst? Das ist nicht so einfach zu sagen, vor allem nicht, wenn man sich selbst so beharrlich in diesem Akt des Verbergens erkennen will, wie es Chesterton unternimmt, dessen Geist nur so sprüht – und das nach allen Seiten, in allen Facetten und so gegensätzlich, dass der Leser gegen die vollständige Verwirrung ankämpfen muss. Wie bekennt dieser Bekenntnisverweigerer doch in *Orthodoxie. Eine Handreichung für die Ungläubigen*: »Ich habe das Buch geschrieben und keine zehn Pferde werden mich dazu bringen, es auch zu lesen.« Wer es immer noch nicht weiß: Dieser Autor ist dem Leser kein Komplize, sondern ein fintenreicher Gegner.

Genau darin besteht die Meisterschaft Chestertons, die man auch eine Kriegslist nennen kann: Gut verbergen kann man sich nur in der unablässig herausgeschleuderten Masse selbstproduzierter Gedanken. Mitten im Schwall der Sentenzen und Aphorismen aber lauert ein bitterernstes Schweigen; das ist dann der Gipfelpunkt seines ständig gegen das eigene vorbestimmte Schicksal revoltierenden Humors. Man kann das im Selbstversuch überprüfen, liest man die 37 Bände seiner im Englischen vorliegenden *Collected Works*, zu denen noch die in elf Bänden gesammelten Beiträge für die *Illustrated London News*, für die er bis zu seinem Tod 1936 schrieb, und die acht Bände seiner frühen Texte für die *Daily News* hinzukommen. Aber wer macht denn so etwas? Doch nur ein Archivwurm, kein lebendiger Geist, der auswählt, das eine emphatisch bevorzugt, das andere ignoriert oder entschieden ablehnt. Chesterton zwingt den Leser immer wieder sich zu entscheiden, indem er ihn in Situationen bringt, wo genau das unmöglich scheint. Immer dann, wenn er das Paradox feiert. Und eigentlich macht er nie etwas anderes. Die ganze Welt, miniaturisiert man sie, passt in ein wohlformuliertes Paradox. Das Paradox ist der Antriebsmotor aller längst vom Meinungseinerlei ermüdeten Geister, ein nie versiegender Kraftquell, den es zu pflegen gilt.

Doch lässt sich der Leser von diesem derart unbekümmert voranstürmenden Elan verführen, prallt er unweigerlich sofort auf eine schwer wie ein Felsblock den Weg versperrende Antithese. Der Mann wagt es, sich selbst zu widersprechen – und zwar ständig: »Ich kenne nichts Verdächtigeres als das bloße Paradox, die bloße, spitzfindige Verteidigung von Unhaltbarem.«

Wie man sich verbergend über das eigene Leben spricht, ohne dabei bewusst etwas zu verschweigen, aber auch ohne jenes Geheimnis preiszugeben, aus dem man schöpft – daran soll sich der Leser als Detektiv abarbeiten. Im Detail kann man das an der 1936 – seinem Todesjahr – erschienenen Autobiografie studieren. Chesterton poetisiert hier nach Kräften das profane Geschehen, sodass man, wären die ketzerischen Töne darin nicht unüberhörbar, gar von einer selbstverfassten Heiligenlegende sprechen könnte.

Da zeigt sich einer, der am liebsten Detektivgeschichten schreibt, gesellschaftstechnisch als Mann mit Durchblick, trotzt energisch jeder vorsätzlichen Blickverneblung durch die interessengelenkt Handelnden. Ebendieses scheinbar so vernünftige und leicht nachvollziehbar interessenhafte Handeln mündet in ein Labyrinth, aus dem niemand mehr herausfindet, der blindlings an Wegeplanung glaubt. Alle Ordnung mündet in Chaos – aber in dessen diffusesten Momenten blinkt auch etwas auf, das nur dazu Begabte erblicken können: ein Licht! Handelt es sich hier um Erleuchtung oder ein Irrlicht? Man muss es mittels Selbstversuch herausfinden wollen. Und dazu gehört, dass man ihm entschlossen nachgeht, immer querfeldein, abseits der gangbaren Wege, im Niemandsland zwischen Erwähltsein und Verdammung.

Damit sind wir beim Thema von *Umriss der Vernunft* (erschienen 1926) der hier nunmehr erstmals in deutscher Übersetzung vorliegt. Chesterton entwirft darin – auf seine ungestüm fabulierende Weise – die Vision nichtentfremdeter Existenz, die für ihn nur jenseits von Kapitalismus und Kommunismus denkbar ist. Eine sozioökonomische Programmschrift? Ja, aber immer nach den rhetorischen Maßgaben des glanzvollen Sophisten, der Chesterton, obwohl auch spätromantischer Fantast, vor allem ist. Ein Sophist ist ein radikaler Aufklärer, aber einer mit allzu vielen Worten, einer, der Völlerei mit Geist und Witz betreibt, über die er eben darum so reichlich verfügt, weil er sie vor einer bloßen Instrumentalisierung bewahrt. Wohin es ihn bei der blitzschnellen Verfertigung der Gedanken beim Schreiben treibt? Darauf ist er selbst am meisten gespannt.

Der 1874 in Kensington (einem Stadtteil von London) als Sohn eines Immobilienmaklers geborene Gilbert Keith Chesterton macht mit der Schilderung seiner Geburt auch gleich das Grundprinzip seiner Autorschaft deutlich: Vernunft und Fantasie sind nicht zu trennen. Das folgt seinem Urteil, verrückt sei nicht, wer seinen Verstand verloren, sondern wer alles außer seinem Verstand verloren habe. Aber auch darüber, was Verrücktheit sei, wird er sich etwa am Beispiel Franz von Assisis gegenteilig äußern. Dieser, so heißt es, sei verrückt, weil aus unbedingter Liebe handelnd.

Über seine eigene Geburt kann man schlecht als Augenzeuge schreiben. Man ist auf die Zeugnisse anderer angewiesen. Für den passionierten Detektiv, der Chesterton bekanntlich ist, liegt darin ein Ungenügen. Welche Indizien gibt es? So hebt dann auch seine Autobiografie an, den Leser gleichsam zu Gläubigkeit bei gleichzeitiger Skepsis in diese Gläubigkeit verknechtend: »In blinder Leichtgläubigkeit, wie ich es gewohnt bin, beuge ich mich der reinen Autorität und der Tradition der Älteren, und abergläubisch schlucke ich eine Geschichte, die ich seinerzeit nicht durch das Experiment des persönlichen Urteils nachprüfen konnte: ich bin der festen Überzeugung, daß ich am 29. Mai 1874 zu Campden Hill in Kensington geboren bin und daß ich getauft wurde nach dem Ritual der englischen Staatskirche in der kleinen Sankt-Georgs-Kirche gegenüber dem großen Wasserturm …«

Kaum ist dies von ihm vermeldet, setzt sich etwas in Bewegung, was man die Kunst der wesentlichen Abschweifung nennen kann, bezüglich der Lage der Kirche direkt gegenüber dem Wasserturm. Der Assoziationsmotor arbeitet. Allerdings steht vor dem ketzerischen Gedanken, bevor er ihn ausspricht, ein negatives Vorzeichen, mit dem Resultat, dass er – gerade wegen des Dementis – noch nachdrücklicher, bizarrer, geradezu obszön erscheint. Er weise die Behauptung energisch zurück, schreibt Chesterton, dass man gerade diese Kirche gewählt habe, »weil es der ganzen Wasserkraft von Westlondon bedurfte, mich in einen Christen umzuwandeln«.

Aber damit längst nicht genug. Ist dies noch eine den Tathergang seiner Taufe umspielende Volte, die die fraglosen Fakten zwar auf einem Karussell im Kreis fahren lässt, bis den Leser ein leichter Schwindel befällt, forciert er im Weiteren die Frage seiner Herkunft auf eine offensiv-bodenlose Art und Weise. Es ist eine Warnung: Du sollst mich nicht nach meinem Leben fragen, das ist allein mein Reich der Träume! Aber weil die Leser der Autobiografie es offenkundig nicht anders wollen, erfolgt nun die jedes biografische Prinzip ad absurdum führende Machtdemonstration des Autors seiner eigenen Biografie gegenüber: »Die Geschichte meiner Geburt könnte unwahr sein. Ich könnte der lange verschollene Erbe des Heiligen Römischen Reiches scin oder ein Kind, das von Gesindel aus Limehouse auf einer Türschwelle in Kensington ausgesetzt wurde, um im späteren Leben ein abscheulich verbrecherisches Erbe zu entwickeln. Es könnten einige skeptische Methoden, wie man sie auf den Ursprung der Welt anwendet, auch auf meinen Ursprung angewendet werden, und ein gewichtiger und ernst zu nehmender Forscher könnte zu dem Schluß kommen, ich sei überhaupt nie geboren worden.« Das heißt, die alternative Lesart ins Extrem zu treiben – genau da will Chesterton sie auch haben.

Den Mysterien der Erinnerung folgend, setzt Chesterton einen Anfang, der ein Bild ist, das ihn lebenslang begleiten wird: »Der Mann mit dem goldenen Schlüssel«. Ein junger Mann schreitet über eine Bücke, einen goldenen Schlüssel in der Hand und eine goldene Krone auf dem Kopf. Dieser erste prägende Eindruck des Kindes stammt bereits aus einer Fantasiewelt: dem Puppentheater, das sein Vater für ihn gebaut hatte. Der Mann mit dem goldenen Schlüssel war in Wirklichkeit eine Figur aus Pappe. Aber spielt das eine Rolle? Und ist das, was wir Wirklichkeit nennen, auf das triste Material zu reduzieren, das zum Vehikel unserer Vorstellungswelten wird?

Der Mechanismus, der das Puppentheater der Kindheit mit der Gegenwart vor unseren Augen verbindet, bleibt störanfällig. Chesterton, der Dialektiker aus Instinkt und Neigung, schöpft aus den Havarien der großen Bewusstmachungsmaschine, die das Erwachsenwerden ist, jenen utopischen Stoff, der nirgendwo gehandelt wird: »Tatsächlich sind die Dinge, an die wir uns erinnern, die Dinge, die wir vergessen. Ich meine, wenn eine Erinnerung scharf und plötzlich auftaucht, indem sie den Wall der Vergessenheit durchbricht, erscheint sie einen Augenblick genau so, wie sie wirklich war.« Fortan ist für Chesterton die ganze Welt nicht mehr als ein Theater – aber das ist in seinen Augen eben viel mehr, als sich bloßer Pragmatismus auch nur vorzustellen vermag.

Seine Kindheit vergisst der Autor keinen Augenblick, auch nicht, wenn es um scheinbar fernliegende Dinge wie Ökonomie geht. Chestertons Vater war Immobilienmakler, er hinterließ ihm ein beachtliches Vermögen, das der Autor durch eigenes geschäftliches Geschick noch vergrößerte. Als er mit zweiundsechzig Jahren starb, besaß er ein Vermögen von umgerechnet 2,6 Millionen Dollar. Und dennoch klingt es glaubwürdig, wenn Chesterton in seiner Autobiografie schreibt, seine Familie habe zum »ziemlich altmodischen englischen Mittelstand« gehört. Das ist jener leicht skurrile Typus, über den auch der von Chesterton bewunderte Charles Dickens immer wieder mit freundlicher Ironie nachdenkt, wobei er auch bereits den Gegentypus des skrupellos-intriganten Spekulanten auftauchen lässt – man denke an Uriah Heep aus *David Copperfield*, den bereits physisch unangenehmen schmierig-glatten Aufsteiger, für den die altehrwürdigen Mittelständler bloß Verachtung übrig haben – nicht ahnend, dass diesem Uriah Heep (der die gleichnamige Rockgruppe in ihrer Musik zu Expeditionen ins Reich der menschlichen Abgründe inspirierte) bereits die Zukunft gehört.

Chesterton bringt diese altmodisch kultivierte Welt der Geschäftsleute aus seiner Vaterwelt in seiner Autobiografie so auf den Punkt: »Sie hatten noch keinen Schimmer von unserer späteren und luftigeren Vision, von jener späteren und abenteuerlichen Auffassung des Handels, wonach man von einem Geschäftsmann voraussetzt, er müsse jedes andere Geschäft bekämpfen, ruinieren, vernichten, verschlingen und aussaugen.«

Diese Kindheitserfahrung ist dann auch die Basis für seine Vision eines dritten Weges zwischen Kapitalismus und Kommunismus, wie er sie in *Umriss der Vernunft* entwickelt: »In Wahrheit ist die Annahme, Kleinbesitz würde sich zu Kapitalismus entwickeln, eine genaue Darstellung dessen, was faktisch nie passiert.« Für ihn basiert das kapitalistische System auf zwei Voraussetzungen. Zum einen darauf, dass die Reichen reich genug bleiben, um Arme zur Arbeit anzustellen. Zum anderen darauf, dass die Armen arm genug bleiben, um sich anstellen zu lassen. Dieses Prinzip werde im Kommunismus nicht aufgehoben, nur pervertiert. Ihm aber gehe es – das ist der Kern seiner Theorie des Distributismus – darum, dass jeder genug Privateigentum besitze, um für sich arbeiten zu können. Eine Gesellschaft aus vielen kleinen Privateigentümern, die sich untereinander im Austausch befinden, das wird zur Basis von Chestertons Gesellschaftsvision, die er im Übrigen nicht Utopie genannt wissen will. Ihm liegt nichts am Ausmalen von Zukunft, jedenfalls nicht über einen Schattenriss dessen hinaus, was Kapitalismus und Kommunismus gleichermaßen an Unheil heraufführen.

Der Mystiker Franz von Assisi als Ökonom verstanden

Paradoxe sind es auch, die die metaphysische Basis für alle Schriften Chestertons bilden. Die Basis hierfür ist der Glauben. Franz von Assisi ist für ihn ein Mystiker par excellence, was bedeutet: Er ist kein Feind der Kirche, so wie es die Ketzer sind, er arbeitet nicht im Verborgenen am Siegeszug einer Gegenkirche, er ist kein Fanatiker. Aber er ist auch kein Mann der Kirche, er behandelt sie so wie alle äußeren Dinge um sich herum: als gleichgültig für jene unmittelbare Geistbeziehung zwischen Mensch und Gott, um die es ihm geht.

Franz von Assisi sei, so Chesterton in seiner überaus exzentrischen Monografie *Der heilige Franziskus von Assisi*, zweifellos ein »Verrückter«, also einer, dessen Verstand sich einer für andere immer unverständlich bleibenden Liebe unterordnet – nicht zu einem abstrakten Prinzip, sondern zu einzelnen Menschen, und seien sie noch so abstoßend wie die Stadtarmen oder die Leprakranken.

Dieses Maß an Verrücktheit erlaubt es Franz von Assisi, die Dinge neu zu sehen. Und Chesterton kultiviert an diesen verrückten Außenseitern, die im 13. Jahrhundert beharrlich in den Mittelpunkt der Gesellschaft drängen, seine eigene Exzentrik als normalste Sache der Welt. Und dem Leser überantwortet er die Frage, wie viel Vernunft in der Verrücktheit steckt – und umgekehrt, wie viel Verrücktheit in der Vernunft.

Chesterton weiß, dass die Ideale des Franz von Assisi von der Kirche verfälscht und missbraucht wurden, dass er keinen Orden, sondern eine Bruderschaft wollte – und als Gipfelpunkt der Verkehrung: dass die Franziskaner zusammen mit den Dominikanern (beide Reformorden des 13. Jahrhunderts) keine hundert Jahre nach dem Tod des Heiligen, der immer auch den Ketzer in sich kultivierte, zum Träger der Inquisition wurden. Brüder schicken bevorzugt ihre Brüder im Namen eines Dogmas auf den Scheiterhaufen – das zieht sich von hier aus durch die Revolutionsgeschichte über die Jakobiner bis zu den Kommunisten des 20. Jahrhunderts.

Man hat Chesterton, vor allem wegen seines Eintretens für die Orthodoxie, also die katholisch gebundene Form des Religiösen, einen Reaktionär genannt. Das wiederum ist nur eine halbe Wahrheit, oder soll man sagen eine ganze Lüge? Liest man *Umriss der Vernunft*, weiß man, dass hier zugleich ein Anarchist auf dem Sprung sitzt.

Vor allem stritten Franz von Assisi und seine frühen Gefährten um ökonomische Fragen. Wie arm ist Jesus tatsächlich gewesen, besaß er Eigentum? Für Franz von Assisi, den lebensfrohen Asketen und entlaufenen Sohn eines reichen Tuchhändlers, steht eines außer Frage: Geld ist schmutzig, es entwertet alles Wertvolle, das wir in uns tragen. Neben dem Geld verachtet Franz von Assisi auch jegliche falsche Befestigung auf Erden mittels Bautätigkeit und Vorratswirtschaft, ebenso jede Art von einer lebendige Erfahrung abtötenden Gelehrsamkeit. Verbrennt die Bibliotheken! In Büchern, so dieser Urvater Henri Rousseaus und Max Stirners, findet man keine Weisheit. Von Franz selbst heißt es, er habe die Bibel immer nur wahllos auf der Suche nach einem passenden Spruch aufgeschlagen, sei an theologischer Unterweisung nicht nur nicht interessiert gewesen, sondern hielt sie gar für gottlos.

Das ist Franz von Assisis früher Beitrag zur Maschinen- und Bilderstürmerei, etwas, das Chesterton ebenfalls beschäftigt, wohlwissend, dass er selbst eine Inkarnation des *homme de lettre* ist, also etwas, das das dämonische Prinzip in sich birgt. Ich bin ein Mensch, trage ich darum den Teufel in mir? Ja, denn ohne das Böse gibt es auch das Gute nicht, weiß der Dialektiker.

Was kann man gegen die Herrschaft der Ideologie über die Idee tun? Immer den ursprünglichen Geist wachhalten – und der bleibt paradox. Und weil Chesterton keineswegs mit einem Parteigänger der Franziskaner verwechselt werden will, schreibt er auch gleich noch ein Buch über Thomas von Aquin, den dominikanischen Dogmatiker der katholischen Kirche schlechthin. Aber genau in dem Moment, da man sicher zu wissen meinte, dass Dogmen und Institutionen der Tod jeder lebendigen Idee sind, kommt Chesterton mit seiner brutalen Dialektik und lobt nun dieselben Dogmen und Institutionen. Denn wohin triebe der wildwüchsige Geist durch die Jahrhunderte, ohne eine ihn zähmende, traditionell beglaubigte Ordnung?

Wenn ihn etwas zur dialektischen Weißglut treiben kann, dann sind das Autoren, die sich »für die ganze Pointe einer Geschichte stockblind« zeigen, wie er in *Der heilige Franziskus von Assisi* schreibt. Es ist billig, sich von seinem Haupthelden in dem Moment abzuwenden, in dem man nicht mehr seine Position teilt oder ihn schlicht nicht mehr versteht. Für Chesterton ist diese aus Einseitigkeit resultierende Blindheit eines denkenden Menschen schlicht unwürdig, für einen Biografen gar ein Verbrechen. Im Falle Franz von Assisis, der für ihn ein »Troubadour«, ein »Jongleur de Dieu«, also ein »Spielmann Gottes« ist, lasse sich dieser nicht begreifen, »ohne den eigenen mystischen Glauben zu verstehen«. Das ist der neuralgische Punkt für den Freigeist Chesterton, der im anglikanischen England von 1922 zum Katholizismus konvertiert, vermutlich vor allem aus Renitenz gegen die allzu tolerante Gemeinschaft der Unitarier, der seine Eltern angehören. So klingt es überaus wehrhaft, wenn er in *Die Paradoxa des Christentums* postuliert: »Während die kraftlosen Ketzereien am Boden hingestreckt liegen, steht die ungestüme Wahrheit schwankend, aber aufrecht.«

Orthodoxie contra Ketzerei

Lebe wie ein Eremit, doch zugleich an der Opulenz teilhabend, mit der weltliche und kirchliche Institutionen sich – einander durchdringend – der eigenen Bedeutsamkeit versichern! Darum geht es ihm: sich zu etwas zu bekennen und zum Gegenteil davon gerechterweise auch. So trainiert man den ironischen Blick auf sich selbst – und den Rest der Welt.

Chesterton bleibt ein Ordnungs-Denker auf der Bühne, aber eben in wechselnden Rollen und bevorzugt maskiert. Ihm geht es immer um den dramatischen Effekt – aber der ist kein Selbstzweck, sondern das Bewegungsprinzip in den Dingen, das es sichtbar zu machen gilt. Wundert es da noch jemanden, dass er – der inneren Balance wegen – polemische Texte sowohl über Ketzerei als auch über Orthodoxie schreibt? In diesen stärkt er die Positionen beider so über die Maßen, wie sich das für einen redlichen Denker gehört – um dann im Ungenügen an der abstrakten Vereinseitigung zu befinden, dass beide ausschließlich in Bezug aufeinander existieren, ein ewiger Wettkampf, mit deutlichen Punktvorteilen für die Orthodoxie, die für ihn so etwas wie der Sandsack der sympathisch wild drauflosboxenden Ketzerei geblieben ist: »Ich strebte danach, eine Ketzerei zu finden, die mir passt; und kaum hatte ich ihr den letzten Schliff gegeben, musste ich feststellen, dass es die Orthodoxie war.«

Tatsächlich, während wir die Dinge des Lebens einzuhegen und zu definieren bemüht sind, verändern sie sich schon wieder, zuweilen bis in ihr Gegenteil. Manchmal tauschen sie schlicht die Rollen – und aus dem anfänglichen Opfer wird ein Täter und umgekehrt. Verlässlich ist in dieser Welt nichts außer dem Tod, über den Chesterton nicht gern spricht, aber dieser droht dem massigen Stück Mensch schweigend damit, dass auch für ihn Zeit Frist ist. Doch wir sind dabei abzuschweifen, allerdings ohne uns von dem zu entfernen, worum es geht.

In ebendieser Sportart der Abschweifung im Wesentlichen, wurde Chesterton zum Champion. Er umkreist das

Objekt der Begierde beharrlich, beleuchtet es von allen Seiten, sondiert das Terrain. Begierig ist er darauf, Zusammenhänge herzustellen, vor allem den einen zwischen Gedanke und Tat.

Hermann Hesse, der passionierte und hellsichtige Leser, der bereits Kafka pries, als dieser noch nicht in Mode war, schrieb mehrfach über Chesterton, 1930 über *Der unsterbliche Mensch*. Darin heißt es, Chesterton sei »der witzige und mir sympathischere Gegenspieler von G. B. Shaw«, der sich zu Zeiten etwas »nach der Seite der Unterhaltungsliteratur hinüber verirrt« habe, womit er die Father-Brown-Geschichten meint, die Chesterton den deutschen Lesern bekannt machten. Doch dieses neue Buch zeige »alle prachtvollen Vorzüge und liebenswerten Mängel dieses edlen Verteidigers von Christentum und gesundem Menschenverstand (die für ihn eigentlich eines sind)«.

Da langen wir mit Hesse bei einem Sophisten an, mitsamt seiner Kunst der Abschweifung im Wesentlichen wie im weniger Wesentlichen: »Auch wo er offene Türen einrennt, rennt er mit eigenem Antrieb und einem Jünglingsmut, der ihn uns lieb macht. Seine größte Kunst aber ist es, uns vor tausendmal diskutierte, langweilig gewordene Fragen so zu stellen, daß sie plötzlich nagelneu und wie soeben geboren erscheinen.« Hier scheint ein Erfindungsgeist am Werk, unermüdlich damit beschäftigt, über das Altbekannte hinaus Neues zu sehen. Das nennt man auch eine Vision. Und Chesterton, dem Magischen immer zugetan, glaubt an Eingebungen.

Kein Zufall, dass er sich schreibend einem Detektiv anverwandelt. Denn die Wahrheit gilt es erst noch herauszufinden. Sie existiert noch gar nicht, ersteht erst dadurch, dass sie jemand – anhand von Indizien und Inspiration – entdecken will. Eine Frage von Kombinatorik in höherem Sinne. Sträflich wäre es, sich dabei selbst aus dem Spiel zu lassen.

In seinem frühen Text »Verteidigung der Detektivgeschichte« von 1901 geht es Chesterton bereits um die urbane Dimension des neuen Erzählens. Detektive gehören in die Großstadt, ein Detektiv auf dem Dorf wäre ein Anachronismus. Genau den wird er dann mit den Father-Brown-Geschichten so erfolgreich kultivieren. Aber dieser frühe Text ist so etwas wie eine Programmschrift – an die sich Chesterton dann selbst als Erster nicht halten wird, getreu dem Motto: Haben Sie schon mal einen Wegweiser gesehen, der den Weg, den er weist, auch geht?

Hier heißt es kühn, die Detektivgeschichte sei die Ilias der Großstadt, so wild und archaisch wie das moderne Leben. Und umgehend gibt er auch eine Probe von der Poesie, wie sie dieses Dickicht der Großstadt – grell erleuchtet und unaufklärbar dunkel zugleich – in sich birgt: »Die Lichter der großen Stadt beginnen zu glühen wie die Augen unzähliger schatzhortender Kobolde, denn sie sind die Wächter eines Geheimnisses – sei es auch noch so grobschlächtig zusammengezimmert –, das der Autor kennt und der Leser nicht. Jede Biegung der Straße weist wie ein Finger darauf; jede phantastische Silhouette aus Dächern und Kaminen scheint mit wilden Hohngesten den Sinn des Rätsels zu signalisieren.« Und schon ist er mitten in London, das poetischer sei als eine beliebige Landschaft, »denn während die Natur ein Chaos unbewußter Kräfte ist, ist die Stadt ein Chaos von bewussten«.

Was im Moloch der Großstadt für Dämonen wachsen, können wir nur ahnen. Gewiss ist nur, dass sie Angst machen und zugleich von grotesk unscheinbarer Gestalt sind. »Der Mann, der Donnerstag war« etwa treibt die Realgeschichte in jene Regionen des Absurden, in die sie tatsächlich gehört. Es geht hierin um Realität gewordene Science-Fiction, genauer, um einen Anarchisten-Zirkel, der Anschläge plant. Von Geheimagenten nach und nach unterwandert, besteht er schließlich bloß noch aus solchen von Staats wegen eingeschleusten Spionen. Was sind diese nun: Immer noch staatstreue Geheimpolizisten oder bereits doppelt geheime Terroristen, die ihre Rollen allzu lange verinnerlicht haben? Ist diese Konstellation nun das Ende oder erst der Anfang aller Anarchie?

Chesterton ist sich jederzeit klar darüber, vielleicht allzu klar, dass er nicht für die Nachwelt, sondern für die Mitwelt schreibt. Er weiß, dass er ein Journalist ist und es auch dann bleiben wird, wenn er Biografien, Erzählungen oder gar Romane schreibt. Und wie jeder Autor, der sich nicht selbst mit anderen verwechselt, wenn er in den Spiegel blickt, weiß er auch, dass es diesen Nachteil (so es denn tatsächlich einer ist) in einen Vorteil zu verwandeln gilt. Was er veröffentlicht, das sind, wie am Beispiel des *Fliegenden Wirtshauses* zu demonstrieren wäre, lauter »Harlekinaden«. Plötzlich ist der Alkoholausschank verboten, werden von der Obrigkeit die Wirtshausschilder eingesammelt. Ein gerettetes Wirtshausschild erscheint nun wie ein himmlisches Zeichen des Widerstandes, die Fahne eines mobilen Wirtshauses, hinter der das Heer der hochprozentig Enthusiasmierten marschiert. Trinken kann man, wie Gott loben, auch unterwegs! So verbindet Chesterton in *Das fliegende Wirtshaus* virtuos – voller Hingabe an das Groteske – theologische mit ökonomischen Fragestellungen.

Antisemitische Anwandlungen

Eine beunruhigende Frage ist die nach dem Antisemitismus, den man Chesterton nachsagt. Er selbst hat in seiner *Autobiographie* versucht, darauf zu antworten. Zweifellos ist er nicht der Auffassung, es gäbe »arische Herrenmenschen«, die über »jüdischen Untermenschen« stehen. Der bissige Polemiker scheint im Jahre 1936 durchaus vom Vorwurf getroffen, er sei ein »Judenhasser« und versucht nun, diesen zu entkräften: »Seltsam genug erlebte ich es später, daß man mich einen Antisemiten nannte, während ich von meinen ersten Schultagen an weithin als Prosemit galt. Ich erwarb mir manche Freunde unter den Juden, und einige von diesen habe ich lebenslänglich als Freunde behalten.«

Er sieht sich selbst offenbar als einen Mittler zwischen den Parteien, wenn er schreibt: »Ich schäme mich in keiner Weise, daß ich Arier gebeten habe, mehr Geduld mit Juden zu haben, oder dass ich Anglo-Sachsen gebeten habe, mehr Geduld mit Judenhetzern zu haben. Das ganze Problem der beiden verstrickten Kulturen und Überlieferungen ist auf beiden Seiten viel zu tief und schwierig, um mit Ungeduld entschieden zu werden.« Es scheint, dass Chesterton in den Juden die »Fremden« schlechthin erblickte, nicht ohne sofort hinzuzufügen, dies bilde »kein Hindernis für Freundschaft und Zuneigung«. Er kenne, so notiert er, die verschiedenen Thesen über den Antisemitismus, die er alle für falsch halte, angefangen von der »Rassentheorie, die aus dem Teutonismus entsprang«, ebenso die vom »revolutionären Neid auf ein paar Juden, die zufällig die großen Bankleute des Kapitalismus waren«, wie auch die vom »kapitalistischen Widerstand gegen die paar Juden, die zufällig die Hauptbegründer des Kommunismus« gewesen seien.

Doch was provoziert ihn dann so an den Juden, dass er immer wieder gegen sie polemisiert? Es ist vor allem eine Eigenschaft, die er selbst in höchsten Maße besitzt – aber offenbar an anderen nicht schätzen kann: »Skepsis«! In seinen Berichten aus der Schulzeit zeigt sich zudem, dass es auch in den britischen Bildungseinrichtungen eine Art Gewohnheitsantisemitismus gab, der sich bis in die geringschätzige Art der Schilderung Chestertons zieht, wenn er schreibt, er erinnere sich, wie er einmal »eine seltsame schwärzliche Kreatur mit einer krummen Nase davon befreite, daß sie gequält oder vielmehr geneckt wurde. Denn die schlimmste Mißhandlung bestand wirklich darin, daß er leicht von einem Jungen zum andern geschubst wurde, wobei unter wildem Starren gefragt wurde: ›Was ist das?‹ und: ›Ist es lebendig‹?«

Dreißig Jahre später sei dieser »kleine Kobold ein großer erwachsener bärtiger Mann« geworden und zu ihm gekommen, um ihm »seine Dankbarkeit für diesen unbedeutenden Vorfall« zu bezeugen, was ihn »ganz in Verlegenheit« gesetzt habe. Was für Chesterton ein »unbedeutender Vorfall« blieb, war für diesen ehemaligen Schulkameraden offenbar so bedeutsam, dass es ihn lebenslang beschäftigte.

Distributismus als Vision vom Dritten Weg

Der im 20. Jahrhundert in England herrschende Kapitalismus, der dem amerikanischen Monopolprinzip folgt, sei ein »in Wüsten wachsendes Monster«, so Chesterton. Stefan Zweig hatte von einer fortschreitenden »Monotonisierung der Welt« gesprochen, für Chesterton ist das eine noch viel zu zahme Formulierung. Er schreibt in *Umriss der Vernunft*: »Vor uns liegt nichts als wüste Ödnis der Vereinheitlichung durch Bolschewismus oder das Big Business. Aber es ist denkwürdig, dass manche von uns eine Vernunft gesichtet haben sollen, und sei es bloß ein Traumbild, während der ewig an ein Wachstum ohne Freiheit und einen Fortschritt ohne Hoffnung gekettete Rest weiterstapft.«

Vergegenwärtigung heißt für Chesterton, den inneren Widerspruch seiner Zeit in einen pointierten Ausdruck zu bringen. Aber das ist nicht zu verwechseln mit einem blindwütig verbalen Zuschlagen, denn Polemik hat bei ihm immer (mindestens) zwei Seiten. Da zeigt sich der Philosoph, der er auch ist (wenn auch ein zügelloser), der weiß, zu jeder Sache, die gedacht werden kann, ist auch das Gegenteil denkbar. Und für jedes Denken, das zum Überschreiten von Gewohnheitsmeinungen wird, ein Verflüssigen des Status quo, gilt: es ist nicht vorherbestimmt, sondern innerhalb eines Möglichkeitsfeldes variabel. Im Unterschied zu den notorischen Nihilisten weiß Chesterton, dass am weitesten kommt, wer Glauben (Ekstase) und Skepsis (Distanz) zusammenbringt. So erreicht man ein Neuland, das weltverbessernden Ideologen, den Kommunisten etwa, verschlossen bleibt, ebenso den weltverschleißenden Kapitalisten, dem »monströsen Größenwahn der Großunternehmen«. Konzerne seien schlicht »Räuberbanden«.

Aber lässt sich die vollständige Kapitulation vor dem modernen Monopol überhaupt aufhalten? Nichts ist Chesterton so zuwider wie Feigheit vor dem Feind. Es sei unwahr, dass wir nichts tun könnten, befindet er: »Solange noch eine Tür offen steht, sind wir nicht im Gefängnis.« Ein einziger Stolperstein kann zum entscheidenden Wendepunkt werden.

Die überaus gegenwärtig klingende Forderung Chestertons, diesmal ganz ohne Abschweifung in naheliegende Paradoxe ausgesprochen, besagt, Kleinbesitz müsse geschützt werden, um Kleinbesitz überhaupt erst einmal bilden zu können! Hier klingt der Geist der katholischen Soziallehre eines Oswald von Nell-Breuning mit, der Verantwortung mit privatem Eigentum verknüpfte, aber eben ein Eigentum, an dem jeder Einzelne teilhaben kann. Es ist für Chesterton eine simple Sache, die schon der gesunde Menschenverstand begreift: »Wenn das Eigentum in die Hände weniger geraten ist, ist es nur eine natürliche Reaktion, es wieder in die Hände vieler zu geben.«

Klingt das nicht nach sozialistischen Umverteilungsideen? Für Chesterton nicht, denn er sieht den Kommunismus in der Sowjetunion als Ausdruck der Lenin'schen Forderung, Kommunismus sei Elektrifizierung plus Sowjetmacht. Für ihn bedeutet das: »Der Sozialismus ist nichts anderes als die Vollendung kapitalistischer Konzentration, die so unbedacht vollzogen worden ist wie ein Fehltritt.«

Was aber wäre – wie der Buchtitel ankündigt – in dieser Lage vernünftig? Für Chesterton steht es außer Frage, dass dies der sich selbst versorgende Kleineigentümer ist, per se ein Antiideologie und zu demokratischen Umgangsformen befähigt: »Die einzig vernünftige Person ist der Bauer, der seinen eigenen Brunnen besitzt.« Was meint das? Für Kommunisten und Großkapitalisten gewiss gleichermaßen kleinbürgerliche Verhältnisse, gar ein Zurück zur bäuerlichen Scholle? Blut und Boden jedoch liegen Chesterton fern, dafür ist er ein viel zu fein und scharf arbeitender urbaner Geist.

Freizeit ist ein Produkt, das Gegenteil von Freiheit. Das eine ist eine Form der vorbestimmten Beherrschung, das andere eine von Selbstgesetzgebung, identisch mit Menschenwürde. Gefordert ist eine Rückkehr zum Maßhalten, freiwillige Beschränkung (nicht Askese!). Der Mensch lebt nicht, um möglichst viel zu konsumieren. Darin erkennt Chesterton eine Werbelüge, erfunden von Verkäufern, die von Gier nach immer mehr getrieben sind. Können uns davor scheinbar antiquierte Theorien retten? Zu denken wäre an Fichtes *Der geschlossene Handelsstaat*. Soll er Menschen daran hindern, ihre Langeweile in anderen Ländern spazieren zu tragen?

Das wäre die heitere Sicht auf eine ernste Gefangensetzung, wie sie allen Inselutopien von Thomas Morus' *Utopia* bis Campanelles *Sonnenstaat* zugrunde liegt. Chesterton selbst hat darüber anhand von Daniel Defoes *Robinson Cruso* und Stevensons *Schatzinsel* nachgedacht. Robinson Crusoe, ein Schiffbrüchiger auf einer ihn zugleich rettenden und gefangensetzenden Insel, macht eine Beute, die ihn irritiert: den Eingeborenen Freitag. Ein Gefährte und zugleich erstes Objekt der Kolonisation. Die Rollenverteilung zwischen beiden scheint klar und bleibt – innerhalb dieser Inselsituation, Synonym einer abgeschlossenen Gesellschaft – unveränderbar. Freitag ist, wenn auch kein Sklave mehr, so doch der erste Angestellte der Welt, er muss für Robinson arbeiten.

Die Bande, die sie halten, sind einerseits die der Ökonomie und andererseits die der Mentalität. Herr und Knecht haben sich hier gefunden – bis heute. In Hegels Philosophie wechseln sie immer wieder die Rollen. Der aktive Knecht beherrscht den passiven Herrn und wird damit de facto der neue Herr. Diese Dialektik funktioniert in der *Phänomenologie des Geistes*, aber auch im sozialen Leben?

Stevensons *Schatzinsel* ist bereits eine anarchistische Gegenvision zur Utopie einer neuen gerechten Weltordnung, der die Insel als Experimentierfeld dient: Seeräuber lassen sich nicht domestizieren, sie jagen nur immer einer – imaginären – Beute nach, koste es, was es wolle. Die Nachfahren dieser Räuberbanden sind für Chesterton die Großbanken – ihr gesetzloses Tun bestimmt die Ordnung der Welt.

Wenn die Monopole aktive Menschen zu passiven Konsumenten degradieren, dann gleichen, so Chesterton, diese großen Maschinerien Geschützen, die auf uns gerichtet sind. Es wäre dumm, sie in dieser Position zu belassen. Ist Chesterton am Ende doch ein Revolutionär? Ja, aber eben einer, der nach selbstgesetzten Maßstäben handelt: »Wir sind revolutionär in dem Sinne, dass eine Revolution eine Umkehr bedeutet: eine mit einer Verlangsamung des Tempos einhergehende Richtungsumkehr.« Kein Wunder, dass Ernst Bloch über den erklärten Utopiefeind Chesterton urteilt, dieser sei einer »der mir liebsten Menschen«. Es ist wohl vor allem die immense Wandlungskraft des Gedankens, die Bloch an ihm fasziniert.

So erwacht dann in Chesterton, dem Anwalt der Orthodoxie, der Bilderstürmer. Seine Forderung, die er aus diesem unhaltbaren Zustand ableitet, feiert fortgesetzt das – weltverändernde – Paradox: »Ich bin kein Fanatiker und denke, dass Maschinen sehr nützlich dabei sein können, die Maschinen zu zerstören.«

Da zeigt sich dann, was *Der Umriss der Vernunft* sein will: kein sozialreformerisches Handbuch, keine Programm- oder gar Parteischrift! Aber eine unerhörte Demonstration des freien Geistes, der sich seine Individualität von niemandem abkaufen lässt. Die Kunst, Chesterton zu lesen, erfordert jenen »unparteiischen« Typus Leser, für den Gottfried Arnold 1700 seine *Unparteiische Kirchen- und Ketzerhistorie* schrieb, ein zutiefst aufklärerisches Werk, mitten aus der Krise der protestantischen Kirche hervortretend. Grundtenor dieses großartigen Buches: Die eigentlichen Ketzer (hier im negativen Sinne als Abtrünnige der Wahrheit verstanden) seien immer die Ketzermacher. Natürlich auch ihre späteren Nachfahren, all die Tschekisten, die nur dafür – und davon – leben, Feinde zu überführen, zu denunzieren und zuletzt zu töten, jene Funktionäre und Beauftragten einer Wahrheit, die ihnen scheinbar erlaubt, alles und jeden zu kontrollieren, zu maßregeln und sich zu unterwerfen.

Wider die Tyrannei des als normal empfundenen Ausnahmezustands, in den uns grenzenloser Kapitalismus und dogmatischer Kommunismus gebracht haben!, so lautet Chestertons Kampfruf, der die Kunst verlangt – und sie gleichzeitig bildet –, auf des Messers Schneide zu balancieren. Nichts macht dieses Messer dann als Waffe so unschädlich wie solch befriedende Inbesitznahme.

Literatur von G. K. Chesterton

Autobiographie, Bonn 2002.
Der heilige Franziskus von Assisi, Freiburg i. Br. 1959.
Orthodoxie. Eine Handreichung für die Ungläubigen, Frankfurt a. M. 2000.
Ketzer. Eine Verteidigung der Orthodoxie gegen ihre Verächter, Frankfurt a. M. 1998.
Die Paradoxe des Mr. Pond und andere Überspanntheiten, Berlin 2012.
Das unlösbare Problem. Zehn Pater-Brown-Geschichten, Berlin 1977.
Die Wildnis des häuslichen Lebens, Berlin 2006.
Der Mann, der Donnerstag war. Eine Nachtmahr, Stuttgart 1982.
Das fliegende Wirtshaus, München/Zürich 1967.

Weitere Literatur

Hermann Hesse, *Sämtliche Werke* Bd. 19.

Copyright © 2020

MSB Matthes & Seitz Verlagsgesellschaft mbH
Göhrener Str. 7, 10437 Berlin
info@matthes-seitz-berlin.de

Die Originalausgabe *The Outline of Sanity* erschien 1927.

Alle Rechte vorbehalten.

Umschlaggestaltung: Dirk Lebahn, Berlin
Satz: psb, Berlin
Druck und Bindung: Pustet, Regensburg

ISBN 978-3-95757-787-0